大金融 书系

Macro-Finance Book Series

International Monetary Institute of RUC

中国人民大学中国财政金融政策研究中心系列报告

人民币国际化报告2023

2023 Annual Report of Renminbi Internationalization

更广泛多层次经贸合作

中国人民大学国际货币研究所

中国人民大学出版社
·北京·

编委名单

主　编　王　芳　钱宗鑫

编　委（以姓氏笔画为序）

王　博　石慧敏　曲凤杰　庄毓敏

宋　科　陆利平　范小云　罗　煜

赵雪情　涂永红

导　论

　　《人民币国际化报告 2023》是中国人民大学课题组发布的第 12 本年度报告。这项研究旨在忠实记录人民币国际化历程，深度研究各个阶段的重大理论问题和政策热点难点。人民币国际化，是指人民币在国际经济往来中发挥国际货币职能，经过若干年实践发展和市场选择，成为贸易、投融资等跨国交易的主要计价结算货币以及重要的国际储备货币。静态看，它是指在现行国际货币体系下，人民币这种主权信用货币作为国际货币使用的状态和结果；动态看，它代表了人民币逐步成长为一种主要国际货币的历史进程，并且实时反映了国际货币格局调整的全过程。

　　2022 年国际局势更加动荡飘摇。疫情冲击还没有结束，地缘政治冲突又骤然爆发，全球市场不稳定不确定因素急剧增加。乌克兰危机升级深刻改变了全球安全形势和世界政治经济格局，能源、粮食等大宗商品价格剧烈波动，国际金融市场大幅调整，全球贸易投资发展严重受阻，经济复苏前景黯淡且增长乏力。主要发达经济体在通货膨胀、债务、利率"三高"压力下自顾不暇，无力担当世界经贸巨轮的压舱石。更糟糕的是，与发展中国家普遍放宽投资限制、渴望更多融入全球市场的开放政策截然相反，美国等发达国家"基于国家安全标准"不断收紧贸易投资政策，并且将科技和经贸问题政治化、工具化、武器化，叫嚣怂恿"脱钩断链"，动辄实施金融制裁，不惜撕裂全球产业链价值链而拖累世界经济复苏步伐。

在此背景下，我国统筹疫情防控和经济社会发展，加快构建双循环新发展格局，以中国式现代化促进高质量发展，在全球经济动荡中发挥稳定器和增长引擎的关键作用。在贸易保护主义和新冷战零和思维抬头之际，我国高举多边主义旗帜，坚定推进高水平制度型开放，深度参与全球产业合作，全力推动多元稳定的国际经济格局和经贸合作关系。通过全球发展倡议、全球安全倡议、全球文明倡议，中国呼吁世界各国人民团结合作、共克时艰，身体力行地推动构建人类命运共同体。2022年，人民币国际使用程度继续在历史高位攀升，市场信心与价值基石更加稳固。

截至2022年底，人民币国际化指数RII达到6.40，较上一年度增长了18.08%，继续保持长期向上趋势。过去五年，RII在波动中快速升高，年均增速达到16.73%。目前人民币已经稳定跻身于主要国际货币行列，继美元、欧元之后排在全球第三位。RII由中国人民大学国际货币研究所编制，自2012年起对外发布，用以客观描述国际经济活动中人民币的实际使用程度。通过这个综合量化指标，可以了解人民币在贸易计价结算、金融交易和官方储备等方面执行国际货币职能的发展动态，也可以与其他主要国际货币进行横向比较，为国内外各方主体研究人民币国际化问题提供分析工具。

2022年RII保持历史高位主要得益于以下几个方面。第一，跨境贸易人民币结算的认可度、接受度更高，人民币国际贸易计价结算职能继续巩固。2022年，经常项下跨境人民币结算金额达到10.51万亿元，同比增长32.4%。在我国对外货物和服务进出口总额中，2022年人民币结算占比为22.7%，较上一年度提高近4个百分点。在全球范围内，国际贸易的人民币结算份额为3.47%，较上年提高0.63个百分点。第二，人民币成为国际资产配置的重要选项，境外主体人民币投资金额创历史新高，人民币国际金融计价交易职能更加明确。2022年人民币直接投资规模达到6.76万亿元，同比增长16.55%，在全球投资环境日趋复杂的大背景下继续保持稳健增长态势。由直接投资、国际信贷、国际债券与票据等共同决定的人民币国际金融计价交易综合指标达到13.07%，较上一年提高约2.46个百分点。第三，广泛开展双边和多边货币合作，增加人民币使用场景，提高使用便利性，更好地发挥人民币国际储备职能。截至 2022 年底，全球官方外汇储备中的人民币资产为 2 984.4 亿美元，占比为 2.69%，较上年同期略有下降。2022 年 5 月，国际货币基金组织公布 SDR 定值审查结果，将人民币份额从 10.92% 上调到 12.28%，表明人民币国际使用程度在过去 5 年中稳步提高。面对一些国家寻求国际支付和储备货币多元化的需要，人民币提供了安全资产和避险货币的备选项。

根据课题组的设定，所有货币的国际化指数之和为 100。截至 2022 年底，美元国际化指数为 50.50，较上年降低 0.81；欧元国际化指数为 25.16，较上年升高 2.14；英镑国际化指数为 4.38，与上年基本持平；日元国际化指数为 4.59，较上年升高 0.36。一方面，美元、欧元的优势明显，其主要货币地位难以被撼动；另一方面，人民币已经超越英镑和日元，并有望逐步拉大领先差距。

在主权信用货币国际化的时代，决定货币国际地位的关键在于市场信心与信任。中国人民正在中国共产党的领导下以中国式现代化全面推进中华民族伟大复兴。实现高质量发展，实现共同富裕，促进物的全面丰富和人的全面发展，促进人与自然和谐共生，走和平发展道路，创造人类文明新形态……中国式现代化的内在属性赋予了人民币国际化鲜明的时代特征和中国特色。双循环新发展格局与主权信用货币国际化的本质要求高度契合。国内国际双循环相互促进，可以增强国家整体经济实力，有效化解内外冲击，稳定市场信心，是人民币国际化的坚实基础和持久动力。将国内庞大市场和宝贵发展机会分享给全世界，追求共商共建共享共同治理的全面合作，以中国新发展创造世界新机遇……中国在全球化过程中传递出的互相尊重、美美与共、人类命运共同体的价值理念，就是人民币国际化最好的名片与标签。

《人民币国际化报告 2023》的主题为"更广泛多层次经贸合作"，系统阐述了构建覆盖全球范围的全方位经贸合作网络对于高质量发展和人民币国际化的重要意义和作用机制。本报告从主权信用货币的市场信心与信任来源出发，在文献梳理、经验比较和实证研究的基础上，按照从一般到特殊的分析逻辑，聚焦《区域全面经济伙伴关系协定》《中欧全面投资协定》《数字经济伙伴关系协定》等三个不同面向、不同层次的国际合作协定，根据不同阶段的建设重点和发展路径分别讨论各自框架下人民币国际化所面临的机遇与挑战。课题组强调，国际货币竞争进入战略相持阶段，人民币国际化要保持战略定力、坚持有序推进，内要积蓄力量、抓紧补短板，外要广泛合作、重视防风险，不断提高人民币国际使用的便利性和安全性，进一步增加应用场景，为促成人民币货币区创造条件。

跨国经验表明，随着一国与伙伴国区域经贸合作的增强，其货币在伙伴国相关交易中的重要性不断提升。国际经贸合作可以通过直接和间接两个渠道作用于货币的国际使用。签订区域贸易协定，一方面直接增加了国际贸易和投资机会，为区域内贸易和投资主要国家的货币国际化创造了有利条件；另一方面，由于广泛深入的国际合作有利于伙伴国家经济金融的发展和稳定，非居民市场主体对区域内国际货币发行国的信任与信心也随之增强，从而间接促进了货币的国际使用。据WTO统计，截至2023年7月全球已有360个自由贸易协定（FTA）生效实施。自由贸易协定不仅数量众多，而且区域分布广泛，已形成跨地区、跨大洲、跨大洋、跨越不同经济发展程度和政治制度的区域贸易网络。而且FTA中陆续加入投资、竞争政策、知识产权政策、标准协调等新内容，条款覆盖的广度和深度不断深化。FTA覆盖范围不断扩大、协议深度不断提高，说明全球经贸联系日益强化，开放合作是世界经济发展的主流方向。

对于主要面向发展中国家的国际经贸合作，要充分发挥区域内大国整合要素资源及产业链供应链的核心作用，不断优化成员使用和持有人民币的硬件和软件条件，使之发展成促进人民币国际使用的重要机制平台。《区域全面经济伙伴关系协定》（RCEP）是由东盟主导建立的传统的区域自由贸易协定，主要反映发展中国家诉求，重点关注货物贸易以及贸易投资便利化等内容。RCEP的正式生效，标志着世界最大自贸区的启航。RCEP的全面实施对区域内贸易和投资的促进作用明显，对强化东亚生产网络、提高区域供应链韧性而言具有重大意义。在RCEP框架下积极推动人民币国际化，应当特别重视以下三个方面的问题：第一，以区域经济金融一体化促进成员的经济发展和金融发展，不断提高资源整合效率，适时推进经贸规则升级，共享多边合作的发展红利，建设开放型世界经济，构建经贸领域的人类命运共同体。第二，推动人民币在贸易计价结算、金融交易和储备资产等各方面更好地发挥全球公共产品职能，及时满足区域内成员对安全可靠的国际流动性资产的现实需求。

第三，继续完善跨境金融基础设施建设，兼顾硬件与软件，重视提高 CIPS 服务"一带一路"建设和全球人民币离岸市场发展的能力。

对于主要面向发达经济体的国际经贸合作，要以高标准经贸规则为抓手，为以高水平开放促进高质量发展创造有利条件，为建立东西方强大的经济共生关系提供制度保障，为稳定全球经贸发展大局发挥积极作用。《中欧全面投资协定》（中欧 CAI）是一项全面、平衡、高水平、互利共赢的协定，旨在"为双方投资者提供可预见的、长期进入欧盟和中国市场的渠道"，将为中欧双向投资提供统一的法律框架。该协定聚焦制度型开放，不仅惠及中欧双方，也将助力构建开放型世界经济。中欧 CAI 生效进程因被欧洲议会冻结而受阻，时至今日重启前景仍不明朗，映射出现阶段国际经贸合作饱受各种非经济因素的严重干扰。想要打破中欧关系僵局、突破霸权围堵，不仅需要市场竞争实力和商务谈判技巧，更加需要配合以坚定而且智慧的政治外交努力。与发达经济体的经贸合作，对人民币国际化既是机遇也是挑战，要特别做好以下重点工作：第一，要在加强与世界经济联系的同时，进一步提高自身综合经济实力。在深化供给侧结构性改革的过程中，要特别重视培育适应更高开放水平的微观经济主体，全方位提高中资企业和金融机构的国际竞争力和抗风险能力。第二，要在参与重构国际经贸新规则的过程中，努力提高在全球经济金融治理中的话语权。对内聚焦建设更公平的营商环境，对外致力于构建更安全的国际环境。继续深化金融改革，不断提高金融市场服务实体经济的能力。扩大经济金融双向开放，提高开放进程中的宏观金融管理能力。第三，加强区域内贸易投资和货币金融深度合作，促进双边本币使用。加强与发达经济体在低碳经济转型和绿色金融发展方面的交流互鉴，重视开发人民币服务全球气候合作和低碳发展的潜力。

对于面向未来的数字贸易规则制定和全球数字经济治理建设，要发挥我国在数字化转型和央行数字货币研发测试方面的优势，做好数字经济时代国际货币供应的技术准备和制度准备。新加坡、智利、新西兰三国签订《数字经济伙伴关系协定》（DEPA）的主要目的在于促进数字经济的发展，加强成员在数字经济领域的合作与交流。申请加入该协定可将中国的数字经济发展成果和经验分享给世界，争取数字贸易治理主动权，为人民币国际化的未来成长注入新动力。有序推动中国加入 DEPA

的谈判进程，要抓住数字合作的历史机遇，同时解决好相关多元挑战。第一，综合研判各种风险挑战。特别是数字货币跨境使用的技术路线选择、法律风险和流动性约束等重点难点，扎实推进理论创新和实践创新。第二，支持香港建设全球数字金融中心。依托粤港澳大湾区推动金融科技创新发展和数字金融生态建设，为普惠金融、消费金融、产业金融、跨境互联互通以及技术应用、法制建设、机构培育、虚拟资产交易等关键问题探索解决之道。第三，下好数字货币跨境使用的先手棋。继续支持由国际清算银行牵头的多边央行数字货币桥项目，更好发挥技术委员会主席的作用，为推动数字货币跨境支付基础设施建设做出更大贡献。

人民币国际化是中国向国际社会提供全球公共产品，为广大新兴市场和发展中经济体提供国际支付货币和国际储备货币的新增选项。人民币国际化也为推动国际货币体系改革、改善全球金融治理增添稳定因素。战略相持期的制胜关键在于转变力量对比。重要的是积累条件，发展壮大自己，同时更要团结争取更多支持，"把朋友搞得多多的"。得道多助，失道寡助，相信人民币国际化定能水到渠成！

目　录

第 1 章

人民币国际化指数

人民币国际化，指人民币在国际范围内行使货币功能，逐渐发展成为国际贸易和国际投融资的主要计价结算货币以及重要的官方国际储备货币的过程。中国人民大学编制的人民币国际化指数（Renminbi Internationalization Index，RII）是一个综合量化指标，可以客观描述人民币在国际经济活动中的实际使用程度，也方便与其他主要国际货币进行横向比较。[①]

1.1 人民币国际化指数及变动原因

1.1.1 人民币国际化指数现状

2022 年，百年变局和世纪疫情交织，地缘政治冲突频发，国际环境更趋复杂与动荡，全球经济衰退压力上升，国际金融脆弱性加剧。面对复杂严峻的国内外形势和多重超预期因素冲击，我国统筹疫情防控和经济社会发展，加大宏观调控力度，加强各类政策协调配合，共促高质量发展，持续扩大高水平金融对外开放，有序推进人民币国际化。2022 年

---

① 本书附录 1《人民币国际化指数编制方法》对 RII 指标体系、资料来源与数据处理等做了详细介绍。

四个季度，RII 分别为 4.20、5.28、5.55、6.40（见图 1-1）。与 2021 年第四季度的 5.42 相比[①]，2022 年第四季度的 RII 增长了 18.08%。人民币国际使用程度保持历史高位，市场信心与价值基石更加稳固。

人民币国际化继续阔步向前，保持较快增长态势。从 2018 年到 2022 年，尽管受到多种黑天鹅、灰犀牛事件冲击，RII 波动性加大，但上升趋势依然不变，未来发展潜力巨大。过去 5 年，RII 平均年增长率达到 16.73%，保持两位数的较快增长，反映出支撑人民币国际化的动力充足而且持久。

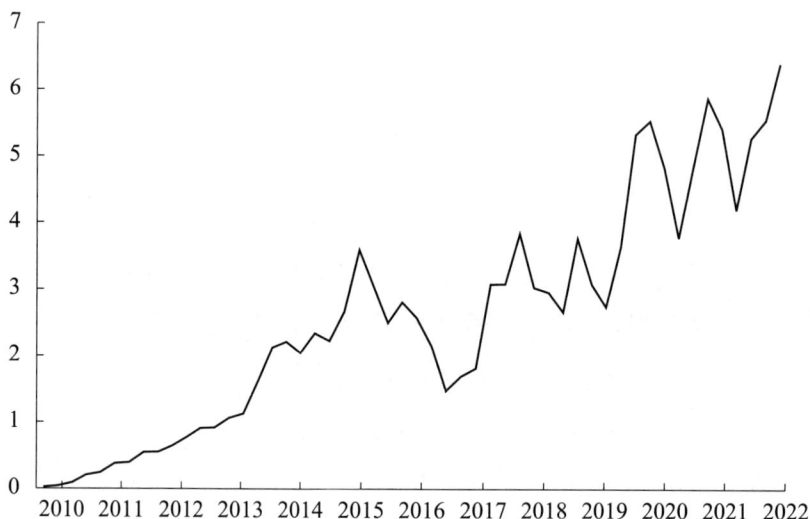

图 1-1　人民币国际化指数

注：OECD 的统计数据显示，2020 年第四季度全球对外直接投资流出量为负，与实际情况存在较大出入。根据定义，全球直接投资的流入量和流出量应该相等，然而在实际操作中存在统计差异，故将 2020 年第四季度全球直接投资的流入量乘以 2，近似作为该期全球直接投资规模。此外，2022 年第四季度荷兰和卢森堡陷入经济衰退，直接投资数据失常，不能体现真实情况，故在全球统计中去掉这两国的数据。

1.1.2　人民币国际化的推动力

2022 年，全球经济面临滞胀风险，地缘政治格局复杂多变。我国保持战略定力，稳步推进高水平的金融开放与货币合作，为人民币国际化再上新台阶添能蓄势。

第一，中国经济展现出较强的韧性和潜力，为人民币国际化提供重

[①]　OECD、BIS 等数据库在更新季度数据时会对历史数据进行微调，所以历史 RII 也会相应调整。

要的基础性支撑。2022 年，中国经济经受多重内外部因素的较强冲击，在高效统筹疫情防控和经济社会发展、多项稳定宏观经济大盘的政策陆续推出并加快落地的情况下，稳住了宏观经济大盘，经济总量持续扩大，发展质量稳步提高。中国 GDP 突破 121 万亿元，按不变价格计算同比增长 3.0%，在全球主要经济体中居领先地位。创新能力不断提升，研发投入首次突破 3 万亿元，R&D 占 GDP 的比例达到 2.55%，规模以上高技术制造业增加值增长 7.4%，快于全部规模以上工业增加值 3.8 个百分点。贸易对经济增长的拉动作用显著，2022 年货物贸易顺差达 6 856 亿美元，同比增长 22%，货物贸易进出口总值达 42.07 万亿元人民币，同比增长 7.7%，规模再创历史新高，连续 6 年保持世界货物贸易第一大国地位。我国抓住《区域全面经济伙伴关系协定》（RCEP）生效的机遇，扩大与成员的经贸往来，加速构建新发展格局，国内循环与国际循环相互促进，稳定产业链和供应链，推动贸易结构不断优化。面对多重超预期因素的冲击，我国展现出强大的宏观经济管理和全球贸易能力，经济韧性强、潜力大、活力足，为人民币国际化提供了坚实支撑和强大信心。

第二，金融开放明显提速，人民币资产对全球投资者保持较高吸引力。债券市场开放水平进一步提高。2022 年 5 月 27 日，中国人民银行、中国证监会、国家外汇管理局发布联合公告，统筹同步推进银行间和交易所债券市场对外开放，统一债券市场资金管理规则，迈出深入推进中国债券市场制度型开放的重要一步。截至 2022 年末，境外机构在中国债券市场的托管余额为 3.5 万亿元，市场份额为 2.4%；其中 3.4 万亿元为在银行间债券市场托管余额。2022 年 7 月，中国人民银行、香港证监会、香港金融管理局发布联合公告，香港与内地利率互换市场互联互通合作（互换通）启动建设，便利境外投资者参与境内人民币利率互换市场，为境外投资者提供人民币资产的利率风险管理工具，进一步增强其持有人民币资产的动机。外商投资准入负面清单条目越来越少，经过 7 次缩减，由 2013 年的 190 项缩减到 2022 年的 27 项，制造业条目归零，服务业开放持续扩大。营商环境改善为各类机构提供了广阔的发展舞台，吸引了更多国际投资者进入中国市场，为人民币资产吸引力持续增强营造了制度环境。

第三，稳步推进货币合作，为进一步便利本币计价结算创造条件。

2022 年，中国人民银行与印度尼西亚、阿尔巴尼亚、土耳其、新加坡、欧元区、澳门特别行政区、匈牙利等的中央银行或货币当局续签双边本币互换协议，积极推动贸易与直接投资本币结算，提高贸易和投资便利化水平。同时，中国人民银行与香港金融管理局将本币互换协议升级为常备互换安排，互换规模显著扩大，进一步深化香港与内地的金融合作，为香港离岸人民币市场增加流动性保障。2022 年，东盟与我国进出口 6.52 万亿元，增长 15%，占我国进出口总值的 15.5%，继续保持我国第一大贸易伙伴地位。RCEP 生效带来开放红利，经济区域化进一步加强。RCEP 其他成员与我国进出口 12.95 万亿元，增长 7.5%，占我国进出口总值的 30.8%；同时我国与 RCEP 其他成员的经贸与金融往来更加紧密。通过继续扩大与相关国家的人民币清算安排，为人民币跨境使用提供了更多的应用场景。

第四，地缘政治改变经贸格局，为人民币国际化扩大空间。俄乌冲突爆发后，国际供应链受到较大冲击，国际贸易碎片化，经贸格局重塑也影响到国际货币格局调整。正如美国财长珍妮特·耶伦所指出的，美元呈现"武器化"特征，动摇了美元自由流动的基石，削弱了市场对美元的信任基础。各国更加重视金融安全，设法降低对美元的依赖，选择安全资产和其他国际支付备选货币。相对稳健的人民币成为主要的避险货币之一，扩大了人民币的国际使用范围并提高了人民币的国际使用程度。俄罗斯、伊朗等被制裁国家大幅减持美元、美债，加大黄金和人民币的储备比例，并在石油贸易中使用人民币作为计价结算货币。例如，2022 年 10 月初，莫斯科外汇交易所完成了 6.49 万笔人民币对卢布的交易，总交易额达到 703 亿卢布，大约折合 11.7 亿美元；美元对卢布的现货交易总额为 682 亿卢布，大约是 2.95 万笔交易——人民币超过美元成为该交易所最大的交易货币。一些中东国家也实行货币多元化策略。2022 年底，沙特阿拉伯和中国完成了首单跨境人民币支付业务，在中东地区具有一定的示范效应。

第五，数字经济快速发展，为人民币国际化开辟新的赛道。数字技术不仅推动世界经济步入数字贸易、数据跨境流动、经贸规则重构的全新阶段，也推动数字货币成为支付结算的新工具、新手段，越来越多的国家重视和开展央行数字货币研发。2014 年中国人民银行成立数字人民币研究部门，在央行数字货币研发方面走在世界前列。近年来已在全国各地陆续推出数字人民币试点，不断丰富数字人民币产品和应用场景。2022年，数字人民币 App 可在苹果、华为等多个手机应用商店下载；微信和支付宝平台可直接使用数字人民币进行支付；多边央行数字货币桥（mBridge）项目完成测试，数字人民币未来或可增加跨境使用新场景。

第六，经济绿色低碳发展，为人民币国际化提供新的突破口。气候变化对人类生存与发展构成严峻挑战，绿色低碳发展成为全球共识。我国制定了双碳目标，加速国民经济绿色低碳转型，绿色金融成为重要的推动力。2022年，我国境内外绿色债券新增发行规模约为 9 839 亿元，发行数量为 568 只，呈现发行规模持续扩大、创新品种不断丰富的特点。上海自由贸易试验区成功发行全球首单绿色双币种（人民币、欧元）明珠债①，在绿色金融发展方面位居全球领先地位，不断增强人民币在国际金融市场上的影响力。碳排放权交易市场能够有效助力低碳发展。2022年，全国碳市场建设和地方碳市场试点继续稳步推进，生态环境部以数据质量治理体系和碳配额分配方案为工作重点，陆续出台多个政策文件以推动碳市场的制度建设与标准完善。鉴于我国二氧化碳排放量和年减排量居于世界第一，争取碳市场定价权对于进一步促进人民币国际化具有重要意义。

1.1.3 人民币国际化面临的主要挑战

第一，我国需求收缩、供给冲击、预期转弱三重压力仍然较大，经济恢复基础仍不牢固。受到多重超预期因素冲击，中国经济增长速度显著放缓。从需求侧来看，受疫情冲击、居民收入增长乏力等因素影响，国内居民消费需求整体保持疲软态势；房地产周期下行、房地产投资走弱持续对经济产生拖累；出口在上半年保持了高位增长，但下半年受到美国和欧盟紧缩货币政策的影响，外部需求转弱。从供给侧来看，2022年第二季度由于上海、北京等经济重镇暴发疫情，产业链、供应链受到明显冲击，工业生产两度走弱，服务业受到沉重打击，供给弱势难改。

---

① 上海自贸区债券，又称"明珠债"，于2016年9月正式推出，是一种在上海自贸区发行、面向上海自贸区及境外投资者的创新离岸债券品种，在外债备案、资金回流与监管等方面等同于境外债，在债券发行、交易等方面实行英美法和国际规则。

从微观主体来看，2022年持续频发的疫情进一步加剧了企业尤其是中小企业面临的风险和压力，市场信心不足，预期走弱，投资意愿下降，实体经济融资低迷，"宽货币"向"宽信用"的传导受限；三年疫情冲击下居民消费增长放缓，对未来收入预期较为悲观，谨慎性动机增强，消费倾向较低。

第二，人民币国际使用的便利化程度有待进一步提高。目前我国的资本管制措施主要有三方面：一是对外国投资者进入国内金融市场和本国投资者进入国外金融市场的准入限制；二是对借款的限制；三是直接投资的负面清单还可继续压缩。这些措施对跨境资本流动有明显抑制作用，可能造成人民币国际循环不畅。随着人民币不断强化在国际市场上的计价结算职能，要在安全、有序的前提下，进一步提高外国企业、机构和货币当局获得和持有人民币的便利性，通过国内金融市场和全球人民币离岸市场更好地满足广大非居民对人民币的需求。人民币国际化正在进入更高发展阶段，对资本自由流动的要求必然将会更高。

第三，"全球加息潮"使人民币贬值压力加大。对主要国际货币的经验研究表明，在货币国际化初期，升值有利于坚定市场信心、促进货币国际使用。2022年大宗商品市场剧烈动荡，石油、粮食等多种大宗商品价格创下多年新高，使得多数发达经济体出现40多年来的高位通货膨胀。为遏制通胀上行，美元从3月开启高频次、大幅度的加息进程，驱动了"全球加息潮"。美联储、欧央行、英格兰银行年内累计分别加息425、250和325个基点。随着美联储持续加息，美元指数走强，美债收益率震荡上升，跨境资本加速回流美国。2022年，中美经济表现和货币政策分化导致美国10年期国债收益率上涨超过我国10年期国债收益率，继2010年以来首次出现利差倒挂，使我国承受了较大的跨境资本外流压力。我国的非储备性质金融账户逆差为2 110亿美元，主要在于证券投资中的债券投资逆差达创纪录的2 811亿美元。在美元走强、资本流出背景下，人民币承受较大的贬值压力，全年出现两轮幅度较大的贬值，汇率呈现宽幅波动态势，对现阶段人民币国际化进程形成一定挑战。

第四，地缘政治冲突影响全球经贸合作。正常的国际贸易受到拉帮结派、冷战思维的损害，全球供应链和贸易流按照友好和敌对关系被重定秩序,"友岸化""近岸化"已在一些产业中出现。国际分工、全球产业链的发展演进以前主要受技术、市场、成本等因素影响,如今地缘政治冲突正在加速"全球化"向"区域化"转变,经贸合作更多考虑"安全"和"结盟",而非仅仅考虑经济"效率"。欧盟、美国是我国重要的贸易伙伴,2022年在我国贸易总额中的占比分别为13.4%和12%。如果发生大规模"脱钩断链",我国外贸活动势必承受较大压力;由于贸易是人民币国际化的基石,因此也将不利于人民币国际化。

第五,跨境贸易和投融资活动仍然存在美元依赖。路径依赖和网络效应是历史形成的。市场主体对传统主要国际货币存在较强的路径依赖,习惯一旦养成,在短期内将很难实现货币替代的突破。目前我国贸易结算仍然以美元结算为主。实际上,当下世界经济进入低增长、高通胀、气候变化、地缘政治冲突加剧时期,经济金融风险增加,全球避险情绪高涨。局势越是动荡,作为最重要避险货币的美元的国际地位越是巩固。2022年国际货币基金组织(IMF)对特别提款权(SDR)进行新一轮定值审查,将美元权重提高了1.65个百分点,高于人民币权重上调幅度。

专栏1-1

跨境人民币收付规模稳步增长且结构改善

2022年,我国跨境人民币收付金额合计42.1万亿元,同比增长15%。其中实收20.5万亿元,实付21.6万亿元,人民币收付逆差1.1万亿元,收付比为0.95,收付更加平衡(见图1-2)。

2022年,资本账户下人民币收付金额合计36.1万亿元,同比增长11%,占跨境人民币收支总额的比重为85.7%,较2021年末上升9.5个百分点。2014年跨境人民币结算收支口径扩大为包括资本和金融项下的人民币结算收付后①,由于金融交易规模和波动性较大,跨境人民币收付波动性增大,顺差、逆差不断交替。资本项下跨境人民币收付规模不断增大,成为跨境人民币收付规模扩大的主要驱动力。

---

① 2014年及以前统计口径是跨境贸易人民币结算收付,此后是全口径、包括资本和金融项下的人民币结算收付。

导致跨境人民币收付规模扩大、结构变化的主要原因在于：一是跨境人民币结算使用更加自由化、便利化，我国对外贸易市场不断拓展，货物和服务进出口规模不断扩大。二是美联储加息引发国际资本回流美国，加剧了资本项下人民币跨境流动，而且流出规模更大。

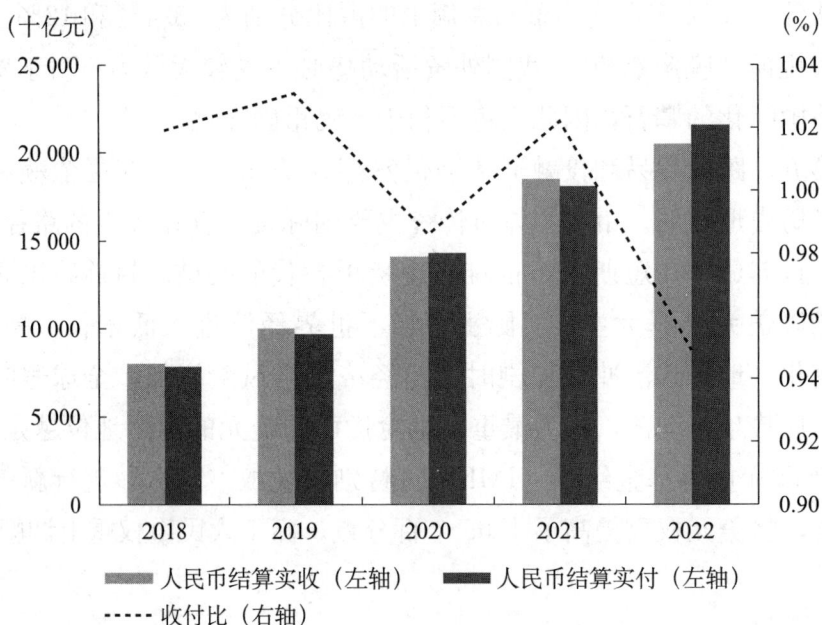

图1-2 跨境人民币结算收付比

资料来源：中国人民银行。

香港地区在人民币国际支付领域发挥了重要作用。作为高度成熟的国际金融中心，香港是全球最大的离岸人民币业务枢纽。据环球银行金融电信协会（SWIFT）数据，2022年香港地区人民币国际支付份额占比稳定在70%以上。2022年7月4日，中国人民银行、香港证监会、香港金融管理局发布联合公告，开展香港与内地利率互换市场互联互通合作，增加香港人民币利率风险管理工具，强化香港人民币资产风险对冲和管理机制。同日，中国人民银行与香港金融管理局签署常备互换协议，将货币互换安排升级为常备互换安排，中国人民银行完成第一次签署常备互换协议，为香港获得充足的人民币流动性提供制度保障。两大举措有利于巩固香港的国际金融中心地位，更好发挥香港的离岸人民币业务枢纽功能。

专栏 1-2

人民币国际化年度大事

> **SDR 定值审查，人民币权重上升**

2022 年 5 月，国际货币基金组织执董会完成了五年一次的特别提款权（SDR）定值审查，将人民币权重上调 1.36 个百分点。人民币 SDR 权重上升，反映了中国在全球经济中的地位不断提升，有利于增强国际社会对人民币的信心。2022 年，中国 GDP 突破 121 万亿元人民币，占全球经济的比重超过 18%；中国对全球经济增长的贡献超过 30%。人均 GDP 达到 1.27 万美元，接近高收入国家门槛。人民币 SDR 权重上升，反映了人民币国际使用水平的提高，有利于形成人民币使用网络。

> **签署常备互换协议，促进香港离岸人民币市场发展**

2022 年 7 月，中国人民银行与香港金融管理局签署人民币/港币常备互换协议，将双方自 2009 年起建立的货币互换安排升级为常备互换安排，互换规模由原来的 5 000 亿元人民币/5 900 亿港元扩大至 8 000 亿元人民币/9 400 亿港元。香港是全球最大的人民币离岸业务中心，常备互换协议具有重要意义。一是有利于推动内地和香港之间的贸易投资便利化。常备互换协议提供了稳定的离岸人民币流动性输出渠道，外资企业可利用香港发达的金融市场筹集人民币资金，用于跨境贸易和投资支付。二是有利于推动人民币国际化。随着离岸人民币资金池的丰富，相应的金融创新产品和衍生品将得到快速发展，特别是随着股票、债券、基金、理财等细分市场双向投资渠道的增加和投资产品的丰富，国际投资者持有人民币资产的信心和热情将继续提升。三是有利于巩固和提升香港国际金融中心的竞争力和吸引力。为香港金融市场提供更多长期稳定且低成本的人民币资金，叠加前期跨境理财通、互换通等业务的推出，将进一步强化香港国际资产管理中心、风险管理中心、人民币离岸金融中心的功能定位。

> **"明珠债"放量发行，上海全球金融中心增加新优势**

由于中美利差倒挂，美元融资成本持续升高，因此发行人民币债券具有一定的优势。"明珠债"全年发行规模突破 50 亿美元，离岸人民币融资功能进一步增强。发展壮大自贸区债券市场，发挥"明珠债"的创新优势，有利于完善人民币离岸市场结构、更好地推进人民币国际化，同时对于进一步提升上海全球金融中心的国际地位也具有重大意义。

> 二十大报告明确要求"有序推进人民币国际化"

人民币国际化进入新阶段，要适应新时代中国经济在全球的贡献率、影响力，要适应畅通双循环为中国和世界带来的增长新动力，以自身发展为世界创造更多机遇。要抓住贸易结算的"牛鼻子"，依托超大市场规模优势，以国内大循环吸引全球资源要素，增强国内国际两个市场两种资源联动效应；要深度参与全球产业分工与合作，提升贸易投资合作质量和水平，维护多元稳定的国际经济关系和经贸格局。要鼓励居民在对外经贸往来中，在计价、支付、结算、交易等领域优先使用本币，将大宗商品、跨境电商等领域作为推动人民币贸易结算新的增长点，逐步降低对单一外币的依赖度。要加快金融市场制度型开放，推动全球人民币离岸市场建设。要依托制定和完善跨境人民币支付结算的法律法规，为国内外市场主体使用人民币支付提供法律保障。要进一步清除体制机制障碍，不断提高各方主体在全球范围内获得和使用人民币的便利程度。

1.2 人民币国际贸易计价结算

1.2.1 跨境人民币结算规模强势增长

2022 年，面对地缘政治风险外溢、美联储激进紧缩、国内疫情反复散发等复杂严峻的国内外形势，我国统筹国内国际两个大局，统筹疫情防控和经济社会发展，出台了旨在"稳增长、稳就业、稳物价"的系列政策措施，推进高水平开放。精准施策，化危为机，贸易规模再创新高，质量稳步提升。跨境贸易人民币结算规模保持较大增幅。2022 年，经常项目下跨境贸易人民币结算业务[①]发生 10.51 万亿元，比 2021 年增加 2.57 万亿元，增长 32.4%。进出口企业对跨境人民币结算的需求持续扩大，人民币贸易结算总额在货物与服务贸易进出口总额中的占比不断上升，由 2018 年的 14.4% 升至 2022 年的 22.7%（见图 1-3）。跨境贸易人

---

① 包括以人民币进行结算的跨境货物贸易、服务贸易及其他经常项目。

民币结算的认可度、接受度越来越高，彰显了人民币跨境使用在促进贸易投资便利化中的独特优势。

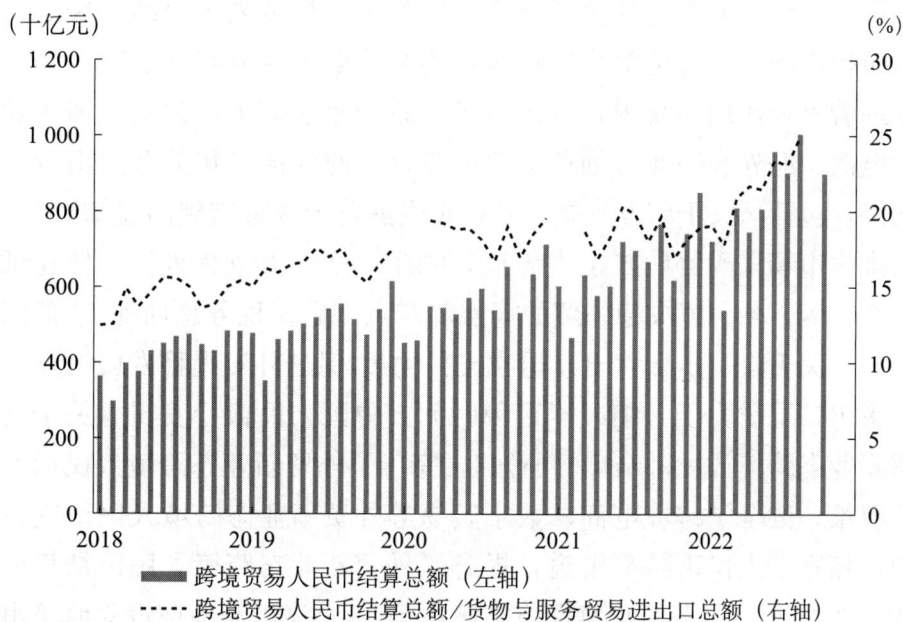

图1-3 跨境贸易人民币结算规模

资料来源：中国人民银行、国家外汇管理局。

注：2020—2021年进出口总额数据1月缺失，只有1、2月合计数据；2022年9、11、12月数据缺失。

2022年，跨境人民币贸易结算规模强劲增长，呈现以下几个主要特征：

第一，跨境贸易与跨境人民币结算的相互促进关系更加突出。2022年，我国财政、货币、产业、贸易等宏观经济政策协同发力，支持贸易企业稳定市场和拓展客户，抓住国外通胀高企的机会激发需求潜力，劳动密集型产品和绿色低碳型产品等的出口竞争优势进一步彰显。据海关统计，我国全年进出口总值为42.07万亿元，首次突破40万亿元关口，不断刷新历史新高，连续6年保持世界货物贸易第一大国地位。自由贸易试验区进一步改革体制机制，促进贸易投资便利化，吸引外资，稳定国际产业链供应链，全年进出口7.5万亿元，增长14.5%，增长速度远高于全国平均水平。海南自由贸易港建设加快推进，打造我国高水平对外开放的高地，货物进出口继2021年首次突破1 000亿元后，2022年再上新台阶，达到2 009.5亿元，增长36.8%。进出口贸易规模的不断扩大，夯实了人民币贸易计价结算的根基。与此同时，人民币结算为跨境贸易提供了规避汇率风险的有力手段，为我国扩大贸易增添了确定性。

第二，跨境电商等外贸新业态不断发展，拓宽人民币结算渠道。在疫情防控措施下，传统贸易渠道难以为继，电子商务和数字贸易等新业态发挥着重要作用。我国政府出台了一系列重磅政策，为企业加快发展跨境电商、海外仓等业态创造必要的条件。商务部与相关部门出台了多个文件，包括《关于印发支持外贸稳定发展若干政策措施的通知》《关于加快推进市场采购贸易方式试点工作的函》《关于开展内外贸一体化试点的通知》等，着力解决稳外贸的痛点和难点问题。税务总局等 10 部门联合发布《关于进一步加大出口退税支持力度 促进外贸平稳发展的通知》，加大了出口退税力度，缩减了退税时间。中国人民银行发布《关于支持外贸新业态跨境人民币结算的通知》，完善了外贸新业态跨境人民币业务相关政策，健全了跨境电商、数字贸易等外贸新业态跨境人民币支付的机制，拓宽了人民币结算渠道，提升了外贸新业态跨境人民币结算的便捷性。2022 年，国务院批复同意在廊坊等 33 个城市和地区设立跨境电子商务综合试验区，我国跨境电商综合试验区扩至 165 个。在诸多政策支持下，贸易新业态蓬勃发展。据海关统计，2022 年我国跨境电商进出口 2.11 万亿元，增长 9.8%。其中，出口 1.55 万亿元，增长 11.7%，进口 0.56 万亿元，增长 4.9%。随着跨境电商等新业态新模式的快速发展，我国跨境贸易的运行效率得到提升，外贸产业链供应链的稳定性进一步增强，有力推动了外贸转型与增长，提高了我国在全球贸易体系中的话语权，也拓展了跨境人民币结算的场景和渠道。

第三，经常账户下人民币结算以货物贸易为主。相对于服务贸易而言，我国货物贸易的国际竞争优势明显，定价权有所提升，跨境人民币结算在货物贸易中的占比较高。2022 年，货物贸易人民币结算累计发生 7.92 万亿元，较 2021 年增长 37.3%，占当年跨境贸易人民币结算总额的 75.4%。服务贸易人民币结算累计发生 2.59 万亿元，同比增长 19.4%，占当年跨境贸易人民币结算总额的 24.6%。图 1-4 和图 1-5 分别给出了近年来以人民币结算的货物贸易和服务贸易的规模及其占比。

第四，人民币结算基础设施不断完善，清算网络持续扩大。一是人民币跨境支付系统服务能力进一步提升。截至 2022 年 12 月末，人民币跨

（十亿元）

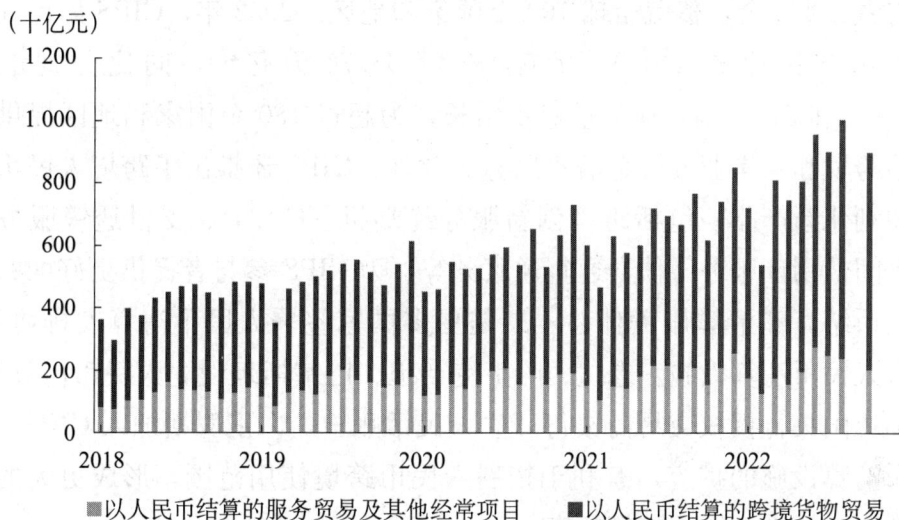

以人民币结算的服务贸易及其他经常项目　■以人民币结算的跨境货物贸易

图1-4　以人民币结算的货物贸易和服务贸易规模

资料来源：中国人民银行。

注：2022年9、11、12月数据缺失。

（%）

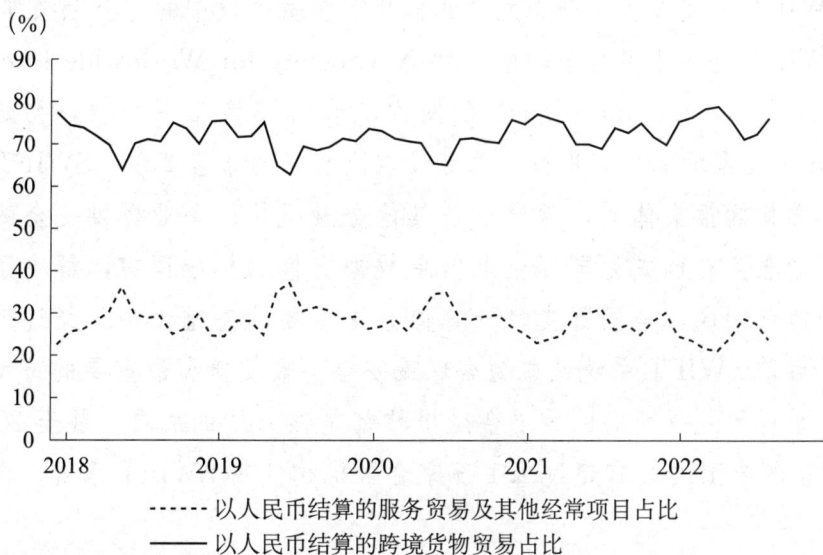

-------- 以人民币结算的服务贸易及其他经常项目占比

———— 以人民币结算的跨境货物贸易占比

图1-5　以人民币结算的货物贸易和服务贸易规模占比

资料来源：中国人民银行。

注：2022年9—12月数据缺失。

境支付系统（CIPS）共有参与者 1 360 个，其中直接参与者 77 个，间接参与者 1 283 个，覆盖全球 109 个国家和地区。2022 年，CIPS 累计处理人民币支付业务 440.04 万笔，金额 96.70 万亿元，同比分别增长 31.68% 和 21.48%，业务量稳步增长，为超过 180 个国家和地区提供人民币跨境和离岸业务资金清算服务。此外，CIPS 还推出了跨境人民币业务便利化新产品，包括跨境创新服务终端机（CISD）、支付透镜服务①、银企间信用证服务、债券通直通服务等，为 CIPS 参与者提供更好的跨境人民币结算和清算服务体验。二是更多国家签署人民币清算安排协议，接入人民币清算设施。老挝、哈萨克斯坦、巴基斯坦设立人民币清算行，孟加拉国央行授权交易商银行开立人民币账户，白俄罗斯加入 CIPS。人民币清算设施的扩容，有利于拓展人民币跨境使用范围，形成更大的网络效应，提升人民币清算效率。

专栏 1-3

美元"武器化"有利于其国际地位吗？

SWIFT 制裁被认为是美元"武器化"制裁手段中的"金融核弹"。

SWIFT 是环球银行金融电信协会（Society for Worldwide Interbank Financial Telecommunications）的简称，于 1973 年 5 月成立，初始成员来自 15 个国家的 239 家银行，总部设在比利时的布鲁塞尔。SWIFT 系统基于标准化的报文体系，为银行及其他金融机构、企业提供安全的金融信息传输服务，已成为国际金融信息数据交换的标准语言，解决了信息传递的信任问题，是国际支付清算体系中重要的基础设施。经过近半个世纪，目前 SWIFT 系统已成为全球最安全、最便捷和最重要的跨境支付系统，全世界几乎所有的重要金融机构都是该系统的成员。截至 2022 年 2 月，全球范围内共有超过 1.1 万家金融机构使用 SWIFT 系统，该系统

---

① 2022 年 6 月 26 日，跨境清算公司基于 CIPS 标准收发器，正式上线创新增值功能——CIPS 支付透镜服务。CIPS 支付透镜服务面向银行、非银行金融机构、跨境支付业务相关企业等各类 CIPS 标准收发器用户，融合运用大数据、人工智能等金融科技，为用户提供即时、完整、覆盖全链路、一站式支付状态穿透式展示服务，可满足企业、银行等跨境支付主体对跨境支付状态的全天候查询需要，有效提高跨境支付透明度及可预测性。

每日处理金融信息超过 4 200 万条。

虽然 SWIFT 是全球银行的合作组织，但由于美元在收付清算中占据主导地位，美国对 SWIFT 具有重要影响力。美国常常基于本国利益，强制 SWIFT 按照自己的意图对一些国家进行制裁，要求其封锁、限制受制裁国的美元交易。

一国金融机构如果无法使用 SWIFT 系统，就无法与国际市场进行包括支付指令在内的信息交流，跨国交易的成本和风险将显著增加，该国的国际贸易和经济发展必然受到沉重打击。例如，2012 年和 2018 年美国因伊核问题，两次对伊朗发动 SWIFT 制裁。在伊朗中央银行和伊朗金融机构被踢出 SWIFT 系统之后，伊朗损失了近一半的石油出口收入和 30% 的对外贸易，经济陷入衰退。按照 2015 年不变价计算，2013 年和 2019 年伊朗人均 GDP 增速分别为 -5% 和 -3.7%。

2014 年，乌克兰的克里米亚公投加入俄罗斯后，西方一些官员曾提出利用 SWIFT 制裁俄罗斯。俄罗斯前财政部长阿列克谢·库德林曾估计，若将俄罗斯排除在 SWIFT 系统之外，一年内俄罗斯经济将会萎缩 5%。为了应对可能发生的 SWIFT 制裁，2014 年，俄罗斯央行创立了自己的金融信息传输系统（SPFS）。截至 2021 年，参加 SPFS 的机构大约为 400 个，包括来自中国、德国、瑞士、亚美尼亚、白俄罗斯、哈萨克斯坦和吉尔吉斯斯坦等国的 23 家外资银行；20% 的俄罗斯境内转账通过 SPFS 完成，绝大多数交易还是依赖 SWIFT。

2022 年 2 月俄乌冲突爆发后，美欧国家对俄罗斯发起多轮制裁，将俄罗斯主要银行踢出 SWIFT 系统，并冻结俄罗斯央行海外约 3 000 亿美元的外汇储备。美国滥用金融霸权，将原本作为公共产品的美元"武器化"，动摇了美元自由流动的根基和市场信心。

出于安全考虑，一些国家开始采取行动，降低对美元使用的依赖度。作为石油天然气、粮食出口大国，俄罗斯在对外贸易中力推以双边货币结算。例如，2022 年 2 月 25 日，俄罗斯天然气工业石油公司宣布，俄罗斯各航空公司航班在中国境内加油时将使用人民币进行结算。2022 年 6 月，俄罗斯西伯利亚煤炭能源公司向印度超科集团出口 15.7 万吨煤炭，以人民币结算。目前，已有 23 家俄罗斯银行接入中国人民币跨境支付系统（CIPS），以降低 SWIFT 制裁的不利影响。

美元"武器化"虽然能够精准打击美国的敌人或对手,但这一举措也是一把双刃剑,容易引起国际社会对美元安全使用的担忧,迫使更多国家推动国际货币多元化。IMF 对全球 149 个国家的官方外汇储备货币构成的调查显示,2022 年第四季度,各国央行持有的美元储备占比降至 58.36%,为 20 多年来的最低水平。2001 年美元份额曾高达 71.5%。值得注意的是,在各国央行的储备调整过程中,欧元、英镑、日元并没有因美元占比下降而大获裨益。相比之下,由于较高的回报和相对较低的波动性,各国央行对黄金和非传统外汇储备的兴趣大为增加。除了人民币储备资产份额上升外,韩元、挪威克朗、加元、澳元等货币也填补了四分之三的美元储备份额减少部分。

1.2.2 贸易结算占比上升且计价结算功能实现突破

2022 年,经常项下跨境人民币收付金额合计 10.51 万亿元,同比增长 32%。其中,货物贸易项下人民币收付金额为 7.92 万亿元,服务贸易及其他经常项下人民币收付金额为 2.59 万亿元。截至 2022 年末,全球贸易人民币结算占比为 3.44%,比上年同期上升 0.5 个百分点,国际贸易人民币计价结算功能进一步巩固(见图 1-6)。进出口贸易总值再创新高,国际市场布局更加多元,跨境人民币使用支持政策积极有效,基础设施完善升级,为人民币计价结算功能的突破提供了支撑性条件。

2022 年,国际贸易人民币计价结算功能实现重大突破。在大宗商品方面,我国已上市了原油、低硫燃料油、铁矿石、PTA、20 号胶、棕榈油等特定品种交易期货或期权,以人民币计价,境外投资者可以使用人民币或美元作为保证金。2022 年 6 月 21 日,浙江国际油气交易中心与上海国际能源交易中心推出了"中国舟山低硫燃料油保税船供买方报价",2021 年双方已推出"中国舟山低硫燃料油保税船供报价"。这两份以人民币计价的船供油报价,形成了以我国低硫燃料油期货价格为基准的定价,有利于我国船供油产业链的稳健运营,并增强我国在能源领域的价格影响力。上海国际能源交易中心推出的 20 号胶期货计价方法被越来越多境内外供需双方企业采用。以 20 号胶期货价格作为定价基准的跨境贸易合同从 2021 年的 5 万吨提升至 2022 年的 140 万吨,价值高达 150 亿元,约

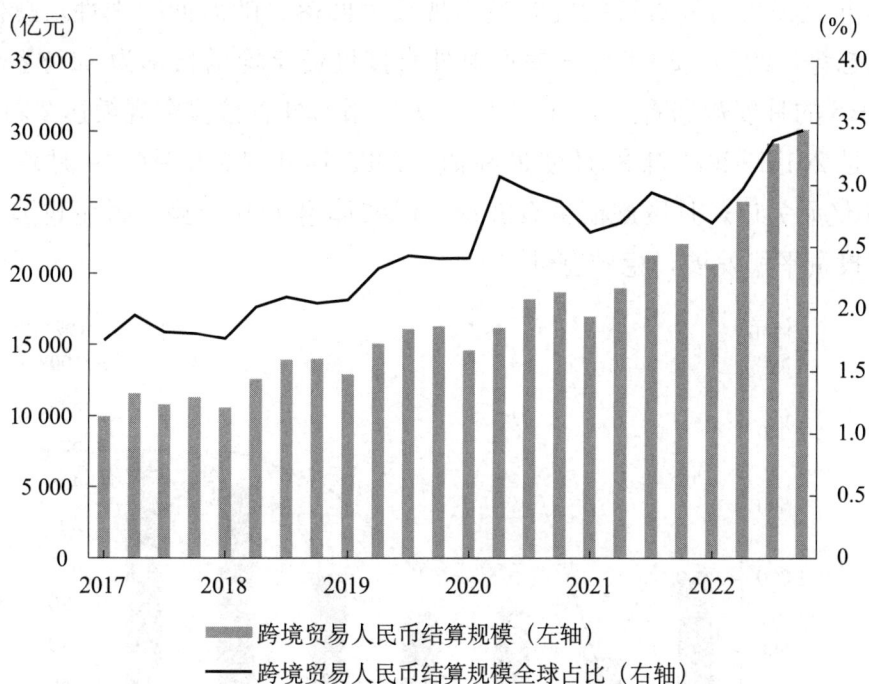

图 1-6 国际贸易人民币计价结算功能

占我国天然橡胶进口量的 30%。目前，20 号胶期货已成为法人机构持仓占比最高的商品期货之一。

1.3 人民币国际金融计价交易

1.3.1 直接投资

2022 年在全球新冠疫情反复、地缘政治冲突加剧的背景下，中国对外投资合作依然稳步推进。据商务部、国家外汇管理局统计，2022 年，我国全行业对外直接投资 9 853.7 亿元人民币，增长 5.2%（折合 1 465 亿美元，增长 0.9%）。其中，我国境内投资者共对全球 160 个国家和地区的 6 430 家境外企业进行了非金融类直接投资，累计投资 7 859.4 亿元人民币，增长 7.2%（折合 1 168.5 亿美元，增长 2.8%）。以人民币结算的对外直接投资累计 1.92 万亿元，同比增加 17.1%。如图 1-7 所示，回望过去几年，自 2016 年底一系列控制非理性对外投资措施相继出台，

2017 年人民币对外直接投资规模出现较大回落；随后回归理性，总体呈增长态势，2019—2022 年人民币对外直接投资年均增长率为 24.3%。从图 1-8 的月度数据看，2021 年 12 月人民币对外直接投资规模达 2 211 亿元，是 2016—2022 年的月度最高值。2022 年 6 月、8 月、10 月均突破 1 500 亿元关口，月度规模虽有波动，但整体呈上升趋势，彰显我国对外直接投资平稳发展，稳中有进。

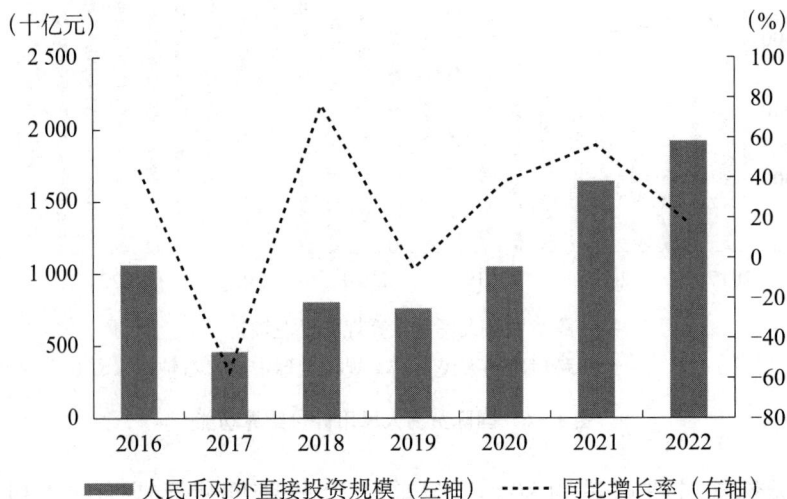

图 1-7　人民币对外直接投资

资料来源：中国人民银行。

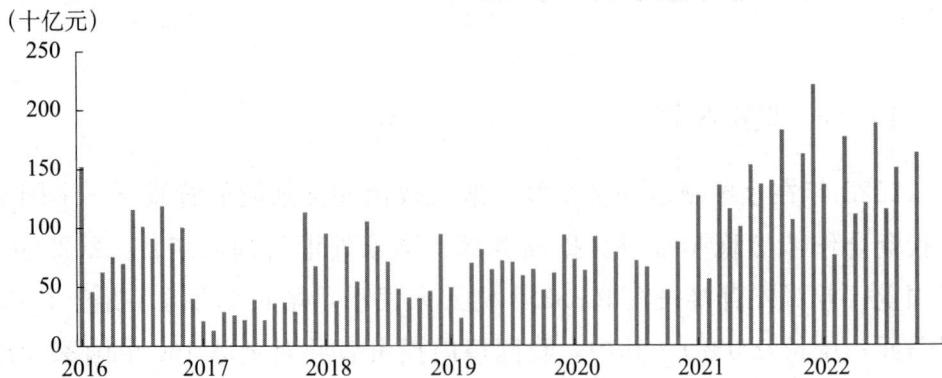

图 1-8　人民币对外直接投资月度数据

资料来源：中国人民银行。

注：2020 年 4、6、9、12 月和 2022 年 9、11、12 月中国人民银行金融统计数据报告没有公布对外直接投资的数据。

　　我国加速构建新发展格局，在国内外两个市场上优化资源配置，对外直接投资总体上维持稳步发展态势。我国对外直接投资主要呈现以下特点：一是对"一带一路"沿线国家投资合作稳步推进。我国企业在"一带一路"沿线国家非金融类直接投资 209.7 亿美元，增长 3.3%，占同期总额的 17.9%；在沿线国家承包工程完成营业额 849.4 亿美元，新签合同额 1 296.2 亿美元，分别占总额的 54.8% 和 51.2%，为高质量共建"一带一路"做出了积极贡献。二是对外投资突出重点，部分行业增长较快。投向批发和零售业 211 亿美元，同比增长 19.5%；投向制造业 216 亿美元，同比增长 17.4%；投向租赁和商务服务业 387.6 亿美元，同比增长 5.8%。三是地方对外投资活跃。地方企业对外投资 939.2 亿美元，较上年增长 13.1%，占总额的 80.4%。其中东部地区对外投资增长 10.3%，占地方投资的 81.6%，广东、浙江和上海位列地方对外投资前三位。

　　中国保持对外资的吸引力，人民币外商直接投资稳步提升。得益于出口强劲增长、供应链稳定性复苏以及我国在全球经济网络布局中的重要地位，国际投资者对我国经济的信心增强。据商务部统计，2022 年，我国全年实际使用外资以人民币计首次突破 1.2 万亿元，同比增长 6.3%，呈现出规模扩大、结构优化、质量提升等特征。突出表现为：制造业引资大幅提升，制造业实际使用外资 3 237 亿元，同比增长 46.1%；高技术产业成为外商投资的重要增长点，高技术产业实际使用外资 4 449.5 亿元，同比增长 28.3%，带动吸收外资的质量进一步提升。

　　鉴于我国经济稳中向好、长期向好的基本面没有变，而且具有超大规模市场、完备工业体系、丰富人才资源、良好营商环境和制度优势，吸引外资的国际竞争力持续增强。值得一提的是，更多来华外商投资者愿意采用人民币，以人民币结算的外商直接投资达 4.84 万亿元，较 2021 年增长 16.3%，呈稳健增长态势（见图 1-9）。与人民币对外直接投资趋势相似，人民币外商直接投资规模经历 2016—2017 年的下降后，2019—2022 年以 24.3% 的年均速度较快增长。从图 1-10 中的月度数据看，外商直接投资大多在年初和年末较高，呈现一定的季节性规律。在 2021 年 12 月达 4 795 亿元的峰值基础上，2022 年 6 月达 4 945 亿元，再创新高，且 2022 年全年均保持高位，彰显我国是外商投资兴业的热土，与在华外资企业共享中国构建新发展格局新机遇。另外，人民币在直接投资中扩大使用，有利于增加直接投资的稳健性，增强人民币在直接投资和贸易结算领域的相互衔接。

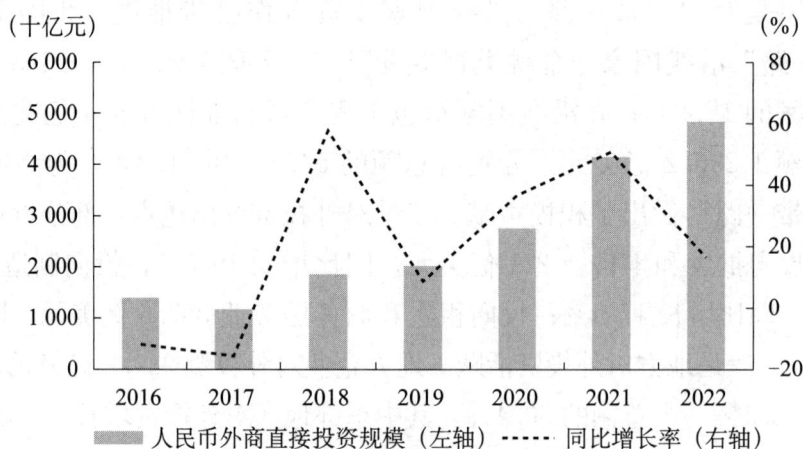

图 1-9　人民币外商直接投资

资料来源：中国人民银行。

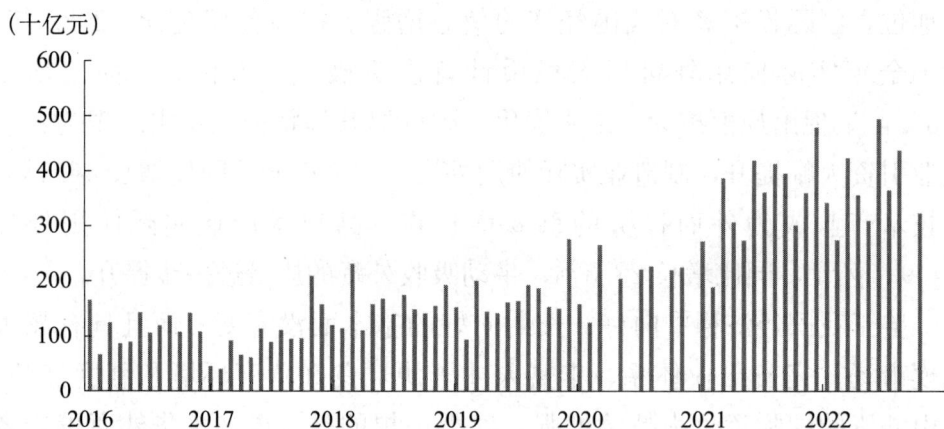

图 1-10　人民币外商直接投资月度数据

资料来源：中国人民银行。

注：图中 2022 年 9、11、12 月数据缺失。

1.3.2　证券市场

（一）股票市场

2022 年，在地缘政治"黑天鹅"叠加流动性紧缩"灰犀牛"的不利环境下，A 股遭遇调整。上证综合指数收于 3 089.3 点，同比下降

15.1%；深证成份指数收于 11 016.0 点，同比下降 25.9%。两市全年成交额达 224.5 万亿元，同比减少 13.0%。创业板指数收于 2 346.77 点，同比下降 29.4%。科创 50 指数收于 959.9 点，同比下降 31.35%。近几年中国股票市场交易情况见图 1-11。

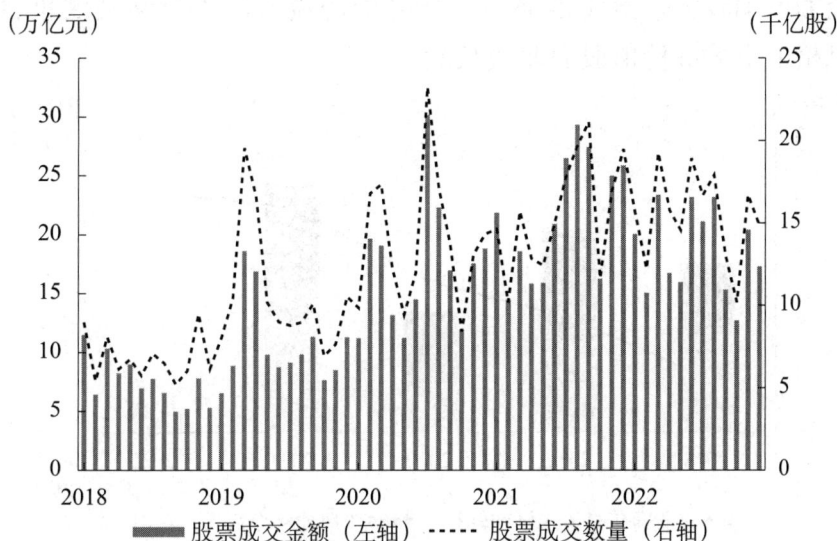

图 1-11 中国股票市场交易情况

资料来源：Wind 终端。

自 2022 年 2 月互联互通存托凭证（GDR）业务新规落地以来，GDR 发行明显加快。新规落地至今，已有 14 家 A 股上市公司成功发行 GDR，募资总额达 50.37 亿美元，平均每家募资 3.6 亿美元。此外，有近 40 家公司正在推进 GDR 发行。通过在境外发行 GDR，A 股上市公司无须在境外直接发行股票即可获得融资，因此 GDR 在发行定价、审核周期、交易限制、发行间隔、融资币种等方面有着独特优势。境外市场是资本市场对外开放的重要组成部分，规范化的 GDR 发行有助于我国优秀的上市公司增加海外知名度，对于我国优秀企业融入全球化发展具有重要意义。境内公司可以通过发行 GDR 直接参与国际资本市场，一次性募集较大规模的外币资金，进一步优化股东结构，完善公司治理。

尽管股市通为国际投资者开辟了资本跨境流动的新渠道，北上资金累计净流入额从 2017 年的 3 475.3 亿元上涨至 2022 年的 17 246.0 亿元，但是，2022 年市场不景气令北上资金避险情绪上升，操作趋于谨慎，全年净流入额仅为 900.19 亿元，同比减少 79.2%，为近 5 年来最低（见图 1-12）。其中，沪股通净流入量为 940.04 亿元，深股通净流出量为 39.85 亿元。北上资金呈现出以下特点：重点投向明确，整体增仓金额较高的行业为有色金属、电力设备和银行；在沪深 300 指数成份股上的净流入金额波动较大，全年走势与市场外资的流入流出节奏高度重合；在投资风格上更偏好价值股而非成长股。

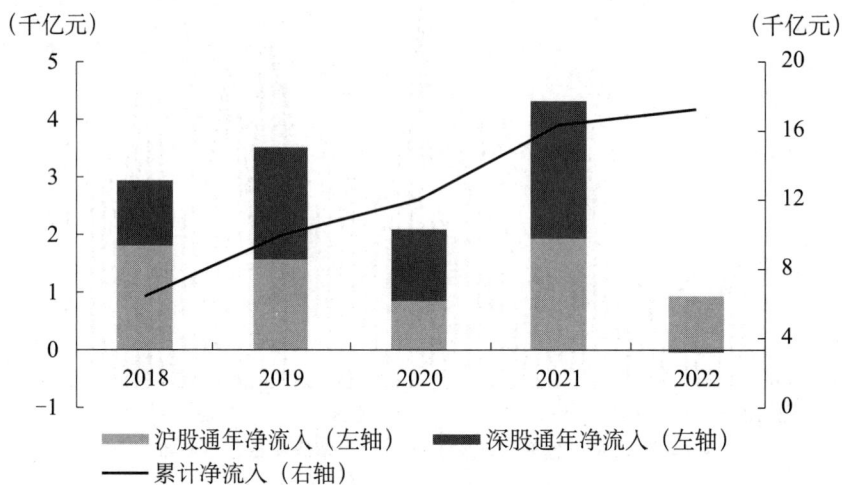

图 1-12　北上资金各年流入量

资料来源：Wind 终端。

　　南下资金明显增加，位于持仓高位。全年南下资金净买入港股 3 862.81 亿港元，其中，沪股通净买入 1 348.02 亿元，深股通净买入 2 514.79 亿元（见图 1-13）。2022 年前 10 个月，受到疫情冲击，港股表现不佳，外资出于恐慌情绪不断抛售，南下资金逆势净买入，对恒生指数起到一定的支撑作用。2022 年 11 月利好政策密集出台，恒生指数当月上涨 26.62%，创十年最大月度涨幅，南下资金获利颇丰。南下资金呈现出以下特点：重点投向多元金融、互联网、生物制药和房地产行业；交易额已占港股市场平均日交易额的四分之一，成为港股市场的重要参与者；再度创下高位净买入额，对港股定价权不断增强。

　　粤港澳大湾区跨境理财通业务稳步发展。2022 年，粤港澳大湾区新增参与跨境理财通的个人投资者 19 021 人，其中港澳投资者 14 909 人，内地投资者 4 112 人，跨境理财汇划金额达 17.4 亿元。随着粤港澳大湾区人员、资金跨境流动的不断增加，跨境理财通在内容上不断扩容增量

（千亿港元）　　　　　　　　　　　　　　　　　　　　　　　（千亿港元）

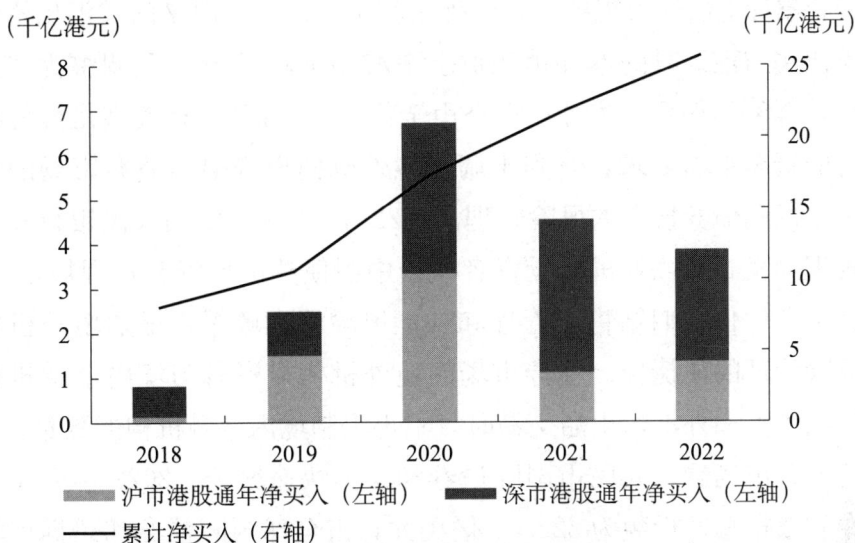

图 1 - 13　南下资金各年买入量

资料来源：Wind 终端。

并优化安排，更好整合跨境理财通、债券通，进一步扩大沪深港通合资格证券的范围。2023 年 2 月，中国人民银行等五部门联合发布《关于金融支持前海深港现代服务业合作区全面深化改革开放的意见》（以下简称"前海金融 30 条"），适度放宽前海合作区跨境投融资限制，加强粤港澳市场互联互通，加速形成以深港账户通、汇款通、融资通、贸易通、金融服务通、跨境理财通"六通"为代表的深港金融合作新格局。跨境理财通稳步扩大两地居民投资对方金融产品的渠道，为粤港澳大湾区的银行和财富管理创造了机遇、增加了活力，有利于促进人民币跨境流动和使用，巩固香港作为离岸人民币业务枢纽和国际资产管理中心的地位。

（二）债券市场

债券市场对外开放力度持续加大。一是增加债券市场境外投资者。2022 年 5 月，中国人民银行、中国证监会和国家外汇管理局发布《关于进一步便利境外机构投资者投资中国债券市场有关事宜》，统筹同步推进银行间和交易所债券市场的联通与对外开放，将获准入市的境外机构投资者的可投资范围扩展到交易所债券市场，大大增加了交易所债券市场的投资者范围。银行间债券市场直接投资模式和债券通北向通下获准入市的境外机构投资者皆可直接或通过互联互通方式投资交易所债券市场。二是扩大境外投资者累计汇出外币规模。修改外币汇出规定，将原来的"汇出资金中本外币比例与汇入时的本外币比例上下波动不超过 10%"调整为"累计汇出外币金额不得超过累计汇入外币金额的 1.2 倍"，有效满足境外机构投资者的资金汇出需求，有利于调动境外机构投资中国债券市场的积极性。三是便利债券投资的风险管理。2022 年 11 月，中国人民银行和国家外汇管理局发布《境外机构投资者投资中国债券市场资金管理规定》，进一步完善和优化即期结售汇管理和外汇风险管理政策，增加境外机构投资者风险管理的便捷性。债券市场的境外机构投资者与境内金融机构开展即期结售汇和外汇衍生品交易时，不再限制境内金融机构的数量。

从一级市场看，人民币国际债券和票据快速增长。2022 年人民币国际债券和票据总发行额为 822.02 亿美元，占全球国际债券和票据市场的 1.95%，分别同比增长 41.90% 和 74.62%。如图 1-14 所示，尽管 2018—2019 年人民币国际债券及票据存量和占比呈现小幅下滑趋势，但从 2020 年第一季度开始稳步增长，2022 年增长明显加速，年末余额为 1 732.78 亿美元，在全球国际债券和票据市场上的占比为 0.63%，分别同比增长 40.35% 和 42.55%，为近五年来最大增速。与其他主要国际货币相比，人民币债券的竞争力较弱。2022 年末，在全球国际债券和票据余额中，美元占比 47.8%，欧元占比 38.3%，英镑占比 7.4%，日元占比

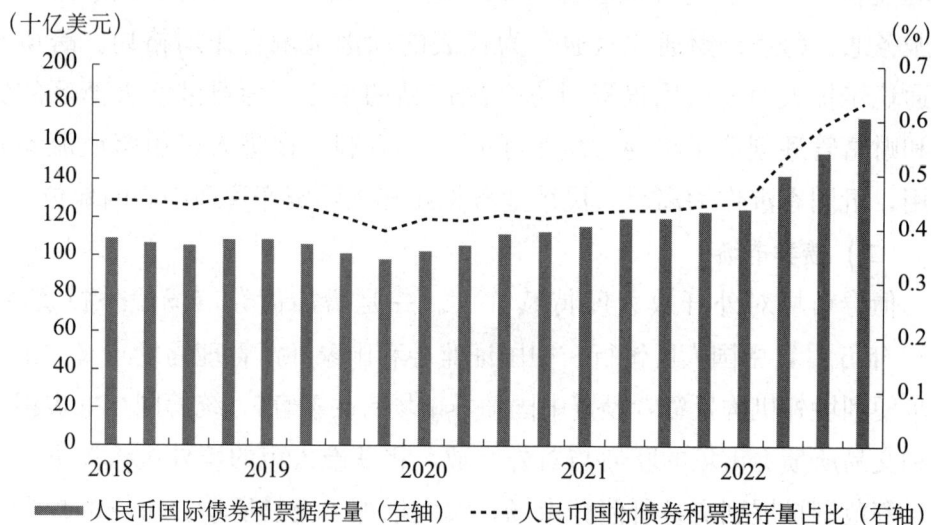

图 1-14　人民币国际债券和票据存量及其占比

资料来源：国际清算银行。

1.3％，均大大高于人民币，表明人民币债券市场具有很大的发展空间。

2022 年，美国步入加息周期，中美利差出现倒挂，推升了点心债市场投资热度。由于点心债收益率在短端低于美元债，具有融资成本优势，因此，企业和地方政府加大了点心债的发行规模和力度。从 2022 年 10 月开始，多地财政部门赴港发行离岸人民币地方政府债券。例如，2022 年 10 月 26 日，海南省政府宣布已完成海南省首单离岸人民币地方政府债券的簿记定价，发行规模为 50 亿元人民币，债券将在香港交易所挂牌上市。此次发行，是中国地方政府首次在国际资本市场上发行蓝色债券和可持续发展债券，进一步丰富了离岸人民币债券市场的债券品种。同时，本次债券募集资金将投向海洋环境保护项目、绿色经济发展和重点领域民生保障项目，对于加强海洋生态建设和环境保护、改善城镇水系生态环境、提高城乡居民生活质量等方面具有积极作用，也是进一步落实国家海洋发展战略，推进绿色发展、循环发展和可持续发展的具体举措。2022 年 10 月，财政部发布《关于支持深圳探索创新财政政策体系与管理体制的实施意见》，支持深圳继续赴境外发行离岸人民币地方政府债券，推动粤港澳大湾区金融市场互联互通。2022 年 11 月深圳市赴港发行 50 亿元离岸人民币地方政府债券，吸引了来自多个不同国家和地区的政策性银行、商业银行、基金公司、私人银行以及其他金融机构下单认购，认购账户达到 44 个。发行地方政府债券，丰富了人民币离岸市场的产品，加强了粤港澳大湾区的融合，进一步推动了人民币国际化进程。

从二级市场看，2022 年境外机构在银行间债券市场上的累计交易量约为 13 万亿元，较上年增长 15％，过去 5 年的年均增速约为 43％。截至 2022 年末，境外机构持有我国债券 3.46 万亿元，其中持有银行间市场债券 3.39 万亿元，过去 5 年的年均增速接近 25％。分券种看，境外机构持有国债 2.3 万亿元，占比 67.7％；政策性金融债 0.7 万亿元，占比 22.0％；其余占比 10.3％。截至 2022 年末，已有 70 个国家和地区的 1 071 家境外机构进入银行间债券市场，机构类型覆盖境外主权类机构、银行券商保险公司等境外各类持牌金融机构以及养老基金等中长期投资者。

债券通自 2017 年上线以来，交易及结算机制不断完善，机构入市数量及交易量屡创佳绩，逐渐成为境外机构投资者投资中国银行间债券市场的重要渠道。2022 年，债券通业务蓬勃发展。债券通"北向通"全年共达成 82 981 笔交易，交易量超过 8 万亿元，全年日均交易量为 322 亿元，三项主要交易指标均创历史新高。"南向通"顺畅运行，与"北向通"形成良好互补，为内地投资者提供了更多参与国际金融市场的机会，也进一步扩大了香港离岸人民币资金池，有助于巩固香港国际金融中心地位。在经济绿色低碳转型进程中，"南向通"为内地投资者通过香港投资国际绿色债券产品开辟了全新渠道，也为香港绿色金融市场注入了新活力。债券通在完善债券市场双向开放、促进跨境资金流动平衡等方面发挥着越来越重要的作用。

专栏 1 - 4

熊猫债资金管理新规

2022 年，受全球宏观环境因素影响，熊猫债市场发行规模同比收窄，但仍保持在高位。全年合计发行 52 只熊猫债，规模达 850.7 亿元（见图 1 - 15）。2022 年 5 月，新开发银行在中国银行间债券市场发行 70 亿元熊猫债，创下多边开发机构通过熊猫债筹集人民币资金的新纪录。

2022 年 11 月，中国人民银行、国家外汇管理局联合发布《关于境外机构境内发行债券资金管理有关事宜的通知》（以下简称《通知》），完善熊猫债资金管理要求，统一银行间和交易所市场熊猫债账户开立、资金汇兑及使用等管理规则，并自 2023 年 1 月 1 日起施行。新规简化了账户开立要求，明确了资金可自由使用，进一步放宽了套期保值要求，增加了熊猫债发行的便利性。

具体举措涉及以下三个方面。其一，此前银行间和交易所两个市场在熊猫债发行资金管理方面缺乏统一规定，给境外发行人造成了一定不便，而《通知》对熊猫债发行所涉及的资金登记、账户开立、资金汇兑及使用、统计监测、外汇风险管理等具体规则进行了跨市场（银行间市场和交易所市场）的统一规范，更具透明性和可操作性。其二，《通知》通过本外币一体管理，不对熊猫债募集资金留存境内或汇出境外进行限制，明确发债募集资金可留存境内，也可汇往境外使用，鼓励以人民币形式使用，促进跨境人民币结算。其三，《通知》允许境外机构按照实需原则开展外汇套期保值交易，管理境内发行债券的汇率风险，且未对境外机构外汇衍生品交易对手数量做出限制。

规范熊猫债资金管理，既体现了我国债券市场高水平开放的决心，又加快了人民币国际化步伐。通过统一境外机构在不同市场上发行熊猫债的资金管理规则，有利于提升熊猫债发行监管政策的透明度，提高境外机构境内发行熊猫债的便利性和吸引力，优化熊猫债市场结构。随着国际债务治理逐步形成绿色共识，我国绿色债券市场规则日益明晰、发行基础设施不断完善、服务机构的活跃度日益增强，绿色债券可能为熊猫债市场的发展提供新机遇。

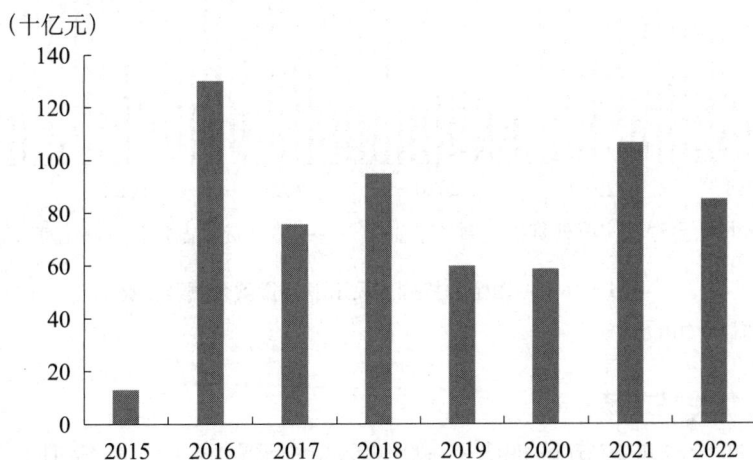

图1-15 熊猫债发行情况

资料来源：Wind终端。

（三）信贷市场

跨境人民币贷款是满足我国"走出去"企业融资需求、支持"一带一路"建设的重要手段，也是增加离岸市场人民币流动性的重要渠道。2022年，境内金融机构人民币境外贷款放量增长，境外贷款余额达9 792.31亿元，同比增长38.94%，并在11月达近5年峰值10 192.06亿元，贷款规模较2018年翻了一番（见图1-16）。然而，2022年人民币境内贷款规模增长更快，导致境外贷款占比较低，仅为0.46%。为了更好地发挥我国商业银行的全球布局和网络优势，还需进一步减少境外贷款的政策限制，鼓励银行开展境外人民币贷款；积极创新产品服务，拓宽境外项目人民币贷款业务范围；除境外直接投资、对外承包工程和出口买方信贷相关企业外，适当扩大贷款对象，更好地满足企业跨境人民币投融资需求。此外，还应调动大型跨国企业的积极性，围绕贸易和生产链，增加企业层面的双向人民币融资，鼓励企业以商业信用方式扩大人民币对外贷款。

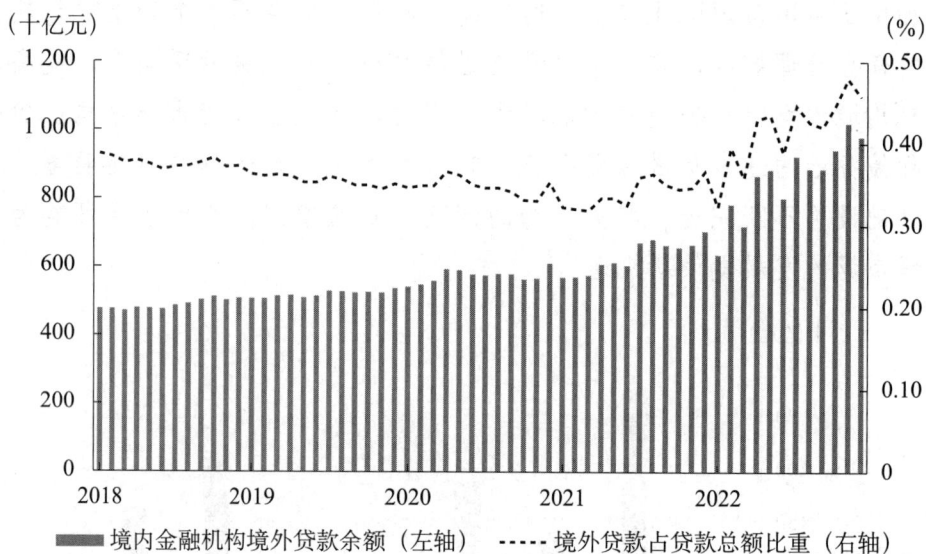

图 1 - 16　中国金融机构人民币境外贷款余额及占比

资料来源：中国人民银行。

（四）衍生品市场

商品期货、期权市场加大开放力度，国际影响力不断提升。2018 年，上海国际能源交易中心对外开放原油期货，郑州商品期货交易所对外开放 PTA 期货，引入境外交易者。经过 5 年的稳健运行，这种基于特定品种的对外开放模式越来越成熟，相关交易、结算、风控等规则制度得到实践检验和国际参与者的高度认可，形成了我国大宗商品市场的国际化路径。郑州期货交易所也将 QFII、RQFII 等机构投资者引入菜油等 9 个期货、期权品种的交易中，大连商品交易所将黄大豆 1 号、黄大豆 2 号、豆粕、豆油期货和期权作为特定品种，引入了境外交易者参与交易，实现了大豆系列期货和期权品种的对外开放板块。目前，我国期货市场对外开放的特定品种已达到 23 个，QFII 和 RQFII 可以参与锌期权合约、PTA 期权合约、甲醇期权合约、白糖期权合约、线型低密度聚乙烯期权合约，境外客户成为我国期货市场交易和竞价的重要力量。

随着各类期货期权品种国际影响力的持续提升，我国期货市场绘制的"中国价格"在全球范围内越来越受到关注，价格的代表性和影响力进一步增强。例如，上海国际能源交易中心原油期货已经成为国际原油市场不可或缺的组成部分，棕榈油期货价格成为印度尼西亚和马来西亚等主产地出口商与我国企业进行贸易的重要定价依据。

金融衍生品市场取得重要突破。2022 年，中国金融期货交易所对外开放股指期权交易，QFII 和 RQFII 可参与沪深 300 股指期权和中证 1000 股指期权。要求 QFII 和 RQFII 遵守法律、行政法规、规章、交易所业务规则，参与股指期权交易的目的限于套期保值交易。这一开放和创新措施增加了跨境投资的渠道，丰富了股票期权产品体系，有利于完善和拓展股市通机制，优化境外机构投资者参与资本市场的方式。尤其是，为国际投资者提供更加多元化的投资选择和风险管理工具，可形成更大范围、更宽领域、更深层次的金融开放格局，持续提升中国金融市场交易和定价的国际影响力。

2022 年，在"稳经济、稳就业、稳物价"宏观政策目标下，人民币利率相对平稳，稳中略降，利率风险较小，银行间人民币利率衍生品市场累计成交 21.3 万亿元，增幅与上年持平。其中，利率互换名义本金总额为 21.0 万亿元，标准债券远期成交额为 2 600 亿元，信用风险缓释凭证创设名义本金为 268 亿元，信用违约互换名义本金为 24 亿元。国债期货共成交 46.4 万亿元，同比增长 68.7%。受市场预期影响，互换利率涨跌互现。2022 年末，1 年期 FR007 互换利率收盘价（均值）为 2.19%，较 2021 年末下降 3 个基点；5 年期 FR007 互换利率收盘价（均值）为 2.77%，较 2021 年末上升 21 个基点。

1.3.3 外汇交易

人民币外汇交易规模持续扩大，国际需求呈上升态势。根据国际清算银行（BIS）每 3 年公布一次的调查，人民币先后超过瑞士法郎、加元、澳元，巩固了新兴市场第一大交易货币地位，历史性地跻身全球第五大交易货币，市场份额由 2019 年的 4.3% 上升至 2022 年的 7.0%。2022 年 4 月，全球人民币日均外汇交易量达 5 264 亿美元，同比大幅增长 85.4%。从产品看，即期、远期、掉期、互换、期权及其他交易占比分别为 33.3%、12.4%、43.8%、0.5%、10.0%。人民币外汇交易结构更加优化，接近全球外汇交易总体格局。从货币对看，相较于三年前，美元/人民币相继超过美元/加元、美元/澳元，排名上升两位，成为全球第四大外汇交易货币对，市场交易份额增长 2.5 个百分点至 6.6%。

　　根据国家外汇管理局的统计[①]，2022 年外汇市场成交量达 231.44 万亿元，同比减少 2.67%。其中，即期外汇交易为 84.68 万亿元，同比减少 7.71%；外汇衍生品成交量为 146.77 万亿元，同比增加 0.50%，外汇衍生品在外汇市场中的占比略有增加，达到 63.41%。在外汇衍生品市场中，人民币远期外汇交易量为 7.05 万亿元，同比增加 17.49%，外汇和货币掉期交易量为 130.70 万亿元，同比减少 1.02%，外汇期权交易量为 9.01 万亿元，同比增加 12.87%。从外汇交易对象看，银行对客户交易量为 38.62 万亿元，同比增加 8.45%；银行间外汇市场交易量为 192.82 万亿元，同比减少 4.63%。表 1-1 展示了 2022 年银行间外汇即期市场人民币对部分币种交易量及其占比。即期交易主要集中在美元、欧元、日元、港币、英镑和澳大利亚元，其中，人民币对美元交易量最大，为 542 148.37 亿元，占比 96.29%；人民币对欧元交易量次之，为 14 395.75亿元，占比 2.56%。图 1-17 详细展示了近五年银行间外汇即期市场上人民币对 SDR 其他币种的交易量。可见，人民币对 SDR 其他货币即期交易量波动性较大。

表 1-1　2022 年银行间外汇即期市场人民币对部分币种交易量及其占比

币种	交易量（亿元）	占比（%）	币种	交易量（亿元）	占比（%）
美元	542 148.37	96.29	欧元	14 395.75	2.56
日元	2 614.80	0.46	港币	2 352.69	0.42
英镑	362.53	0.06	澳大利亚元	318.52	0.06
新西兰元	95.10	0.02	新加坡元	103.58	0.02
瑞士法郎	152.38	0.03	加拿大元	288.71	0.05
马来西亚林吉特	4.94	0.00	俄罗斯卢布	41.91	0.01
南非兰特	1.36	0.00	韩元	46.52	0.01
阿联酋迪拉姆	1.58	0.00	沙特里亚尔	33.19	0.01
匈牙利福林	0.01	0.00	波兰兹罗提	0.29	0.00
丹麦克朗	6.80	0.00	瑞士克朗	19.94	0.00
挪威克朗	5.39	0.00	新土耳其里拉	1.08	0.00
墨西哥元	0.01	0.00	泰铢	22.16	0.00

资料来源：国家外汇管理局。

[①] 外汇市场统计口径仅限于人民币对外汇的交易，不含外汇之间的交易。

（百亿元）

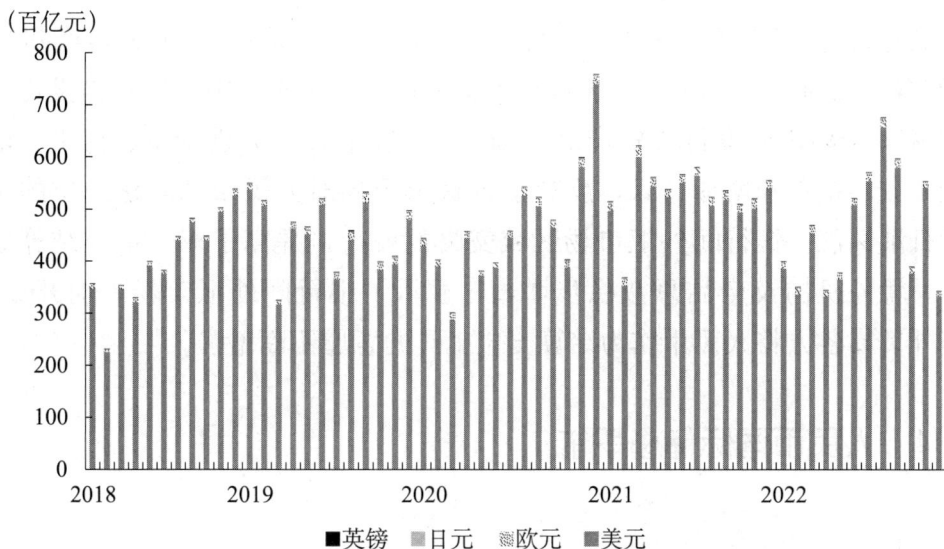

图 1－17　2018—2022 年银行间外汇即期市场人民币对 SDR 其他币种交易量

资料来源：国家外汇管理局。

　　银行间外汇市场稳步发展。其中，外汇衍生品市场在 2016—2018 年增速较快，此后稳步发展，2019—2022 年规模基本不变（见图 1－18）。截至 2022 年 12 月末，参与境内银行间外汇市场的境外机构总数达 197 家，与上月末持平。其中境外清算行 22 家，境外参加行 62 家，境外央行类机构 60 家，与上月末持平。参与境内银行间本币市场的境外机构及其

（亿元）

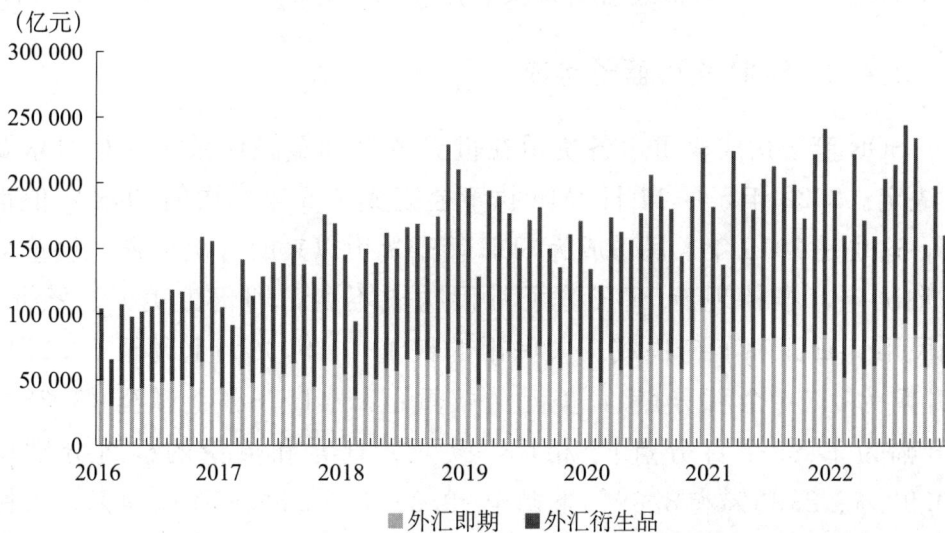

图 1－18　外汇即期与外汇衍生品成交额的比较

资料来源：国家外汇管理局。

产品总数达5 136家（只），较上月末增加 6 家（只）。其中央行类机构 126 家、商业银行 360 家、非银行类金融机构 197 家、中长期机构投资者 40 家、金融机构发行投资产品 4 413 只，较上月末分别持平、持平、增 加 1 家、持平和增加 5 家，反映了各货币当局对人民币国际化地位的预 期日渐高涨。银行间外汇市场区域交易的发展，提高了双边本币结算效 率。境外机构及产品总数稳步增长，显示了银行间外汇市场更加开放， 境外贸易各方将人民币作为结算支付工具的意愿不断增强。

1.4 人民币国际储备职能

1.4.1 外汇储备

2022 年第四季度，人民币在各国央行外汇储备中的金额增加至 2 984.4亿美元。国际货币基金组织（IMF）官方外汇储备货币构成 (COFER) 数据显示，2022 年末全球外汇储备合计 11.60 万亿美元，其中 美元占比 58.36%，欧元占比 20.47%，日元占比 5.51%，英镑占比 4.95%，人民币占比 2.69%，人民币是全球第五大外汇储备货币。已有 75 个国家的央行将人民币纳入外汇储备资产，人民币在全球央行外汇储备资 产中的占比从 2016 年的 0.85% 快速上升至 2022 年的 2.69%（见图 1-19）。

1.4.2 SDR 货币篮子构成

SDR 篮子构成权重由各货币在世界贸易和金融体系中的相对重要 性决定。2022 年 5 月 11 日 IMF 执董会完成了 5 年一次的 SDR 定值审 查，这也是 2016 年人民币成为 SDR 篮子货币以来的首次审查。执董会 一致决定，维持现有 SDR 篮子货币构成不变，即仍由美元、欧元、 人民币、日元和英镑构成。人民币的权重由 10.92% 上调至 12.28% （升幅为 1.36 个百分点），美元的权重也从 41.73% 上调至 43.38% （升幅为 1.65 个百分点），相反，欧元、日元和英镑的权重分别由 30.93%、8.33% 和 8.09% 下调至 29.31%、7.59% 和 7.44%，人民 币的权重仍保持第三位（见表 1-2）。新的 SDR 货币篮子在 2022 年 8 月 1 日正式生效，并于 2027 年开展下一次 SDR 定值审查。

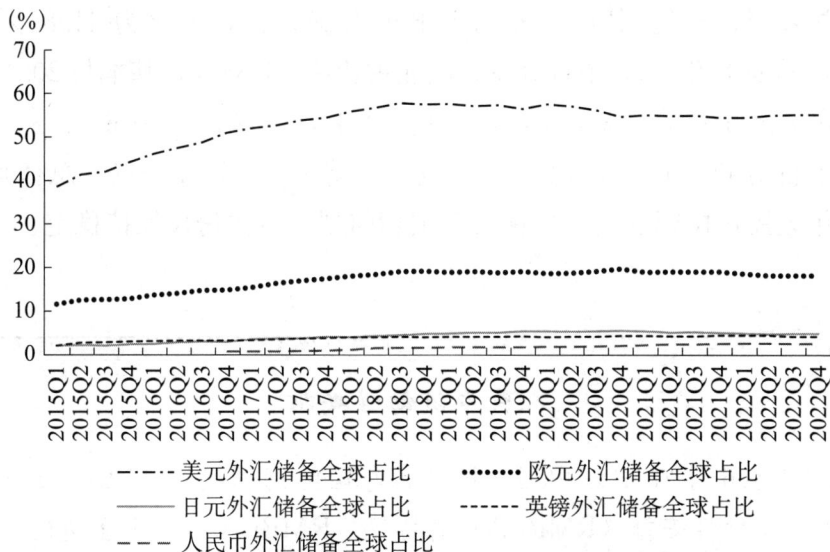

图 1 - 19 主要国际货币在全球外汇储备中相对份额的变化

资料来源：国际货币基金组织。

人民币权重的上调体现出人民币"入篮"以来国际地位的上升，反映了中国深化金融改革开放、推进人民币国际化的积极成果，有助于继续增强人民币资产的吸引力。

表 1 - 2 SDR 货币篮子构成权重（％）

	2000 年	2005 年	2010 年	2015 年	2022 年
美元	45.00	44.00	41.90	41.73	43.38
欧元	29.00	34.00	37.40	30.93	29.31
日元	15.00	11.00	9.40	8.33	7.59
英镑	11.00	11.00	11.30	8.09	7.44
人民币	—	—	—	10.92	12.28

资料来源：国际货币基金组织。

2022 年，人民币保持全球第五大最活跃货币的位置。据 SWIFT 统计，2022 年 12 月，基于金额统计，人民币在国际支付货币中的份额略有减少，占比为 2.15％，落后日元 0.73 个百分点，为全球第五大支付货币。① 在全球支付交易中，美元与欧元的主体地位进一步夯实，二者合计占据全球

---

① 部分人民币跨境支付是通过人民币跨境支付系统（CIPS）进行的，而 CIPS 直接参与行并不通过 SWIFT 系统传递信息，所以以 SWIFT 以及许多国际组织的统计数据实际上低估了人民币跨境支付规模。同理，基于国际数据源计算得到的 RII，也对人民币国际化的真实水平有一定低估。

份额高达 78.23%。其中，美元仍牢牢占据首位，占比为 41.89%，较 2021 年同期上升 1.38 个百分点；欧元占比为 36.34%，基本与 2021 年持平。英镑和日元的份额均略有上升。其中，英镑占比为 6.08%，上升 0.19 个百分点；日元占比为 2.88%，下降 0.30 个百分点。总体而言，2022 年人民币国际支付占比保持在国际前列，占比份额保持稳定。

专栏 1-5

人民币流动性安排

2022 年 6 月 25 日，中国人民银行与国际清算银行（BIS）签署了参加人民币流动性安排（RMBLA）的协议。RMBLA 是一个多边的人民币流动性安排，在央行层面扩展了人民币的储备货币功能，满足了国际市场对人民币的合理需求，为加强区域金融安全网做出了积极贡献。

RMBLA 是由国际清算银行发起并设计的一项金融制度性安排。参与方包括中国人民银行、印度尼西亚中央银行、马来西亚中央银行、香港金融管理局、新加坡金融管理局和智利中央银行。RMBLA 旨在通过构建 150 亿元人民币储备资金池，在金融市场波动时为参与方提供流动性支持。各方实缴资金不低于 150 亿元人民币或等值美元。参与方如果需要流动性支持，可提取其出资部分，也可凭合格抵押品从储备资金池中借入短期资金。

RMBLA 构建了一个金融安全网，给参与方提供了补充流动性的新渠道。这不但有助于提升中国在国际货币体系中的参与度、话语权和影响力，在全球金融治理中发挥更重要的作用，而且将激励更多国家央行在外汇储备中增持人民币资产，进而参与 RMBLA。

与美联储同发达国家签订货币互换协议并提供美元流动性不同，RMBLA 更多的是面向发展中国家或新兴市场国家。新兴市场国家具有金融脆弱性，更容易受到外部冲击。加入 RMBLA，参与方可以在出现流动性危机时得到及时救助和纾困，降低发生金融危机的概率。

1.5 主要货币国际化指数比较

为了客观评估国际货币格局变迁，动态反映人民币与主要货币国际化水平的对比变化，本报告还编制了美元、欧元、英镑、日元的国际化指数。

纵向对比看，国际货币格局正在悄然发生变化。2017—2022 年，美元、欧元、英镑、日元、人民币的国际化指数年均增长率分别为 -0.67%、-1.21%、0.74%、0.97%和 16.67%。人民币国际化水平呈现较快增长趋势，美元、欧元国际化水平小幅下降，英镑和日元国际化水平小幅上升。图 1-20 和图 1-21 对主要货币国际化指数进行了对比。

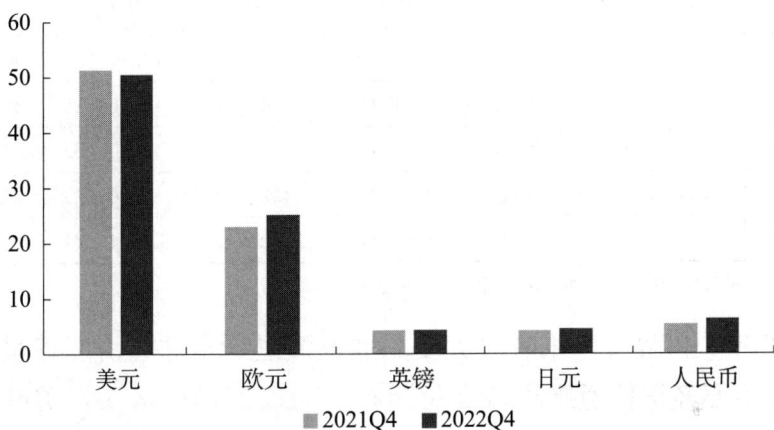

图 1-20 主要货币国际化指数对比

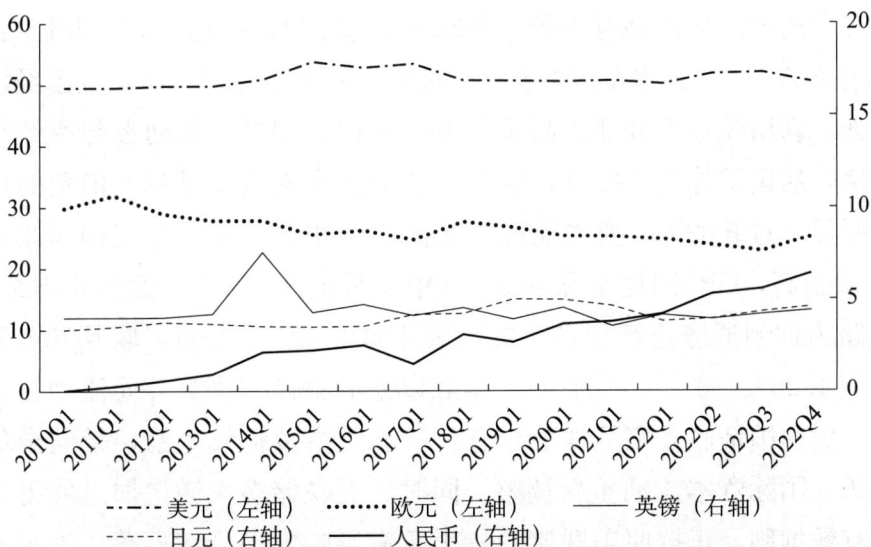

图 1-21 主要货币国际化指数比较（2010—2022 年）

总体上看，主要货币的国际使用情况与其发行主体在全球的经济、贸易占比并不完全匹配。美元的使用份额远远高于美国经济和贸易的全球占比，欧元、英镑、日元的国际使用情况与其发行主体的全球经济、贸易占比基本匹配；人民币的使用份额明显低于中国在全球经济和贸易中的占比（见表 1-3）。

表 1-3 GDP 份额、贸易份额和货币国际化指数

国家和地区	2017 年			2022 年		
	GDP 份额（%）	贸易份额（%）	货币国际化指数	GDP 份额（%）	贸易份额（%）	货币国际化指数
美国	24.03 (1)	19.75 (3)	52.00 (1)	25.41 (1)	19.77 (3)	50.50 (1)
欧元区	19.20 (2)	45.74 (1)	22.46 (2)	19.45 (2)	45.16 (1)	25.16 (2)
英国	3.31 (5)	5.52 (5)	3.97 (4)	3.06 (5)	5.20 (5)	4.38 (5)
日本	6.08 (4)	7 (4)	4.31 (3)	4.22 (4)	6.26 (4)	4.59 (4)
中国	15.13 (3)	22 (2)	3.08 (5)	18.06 (3)	23.61 (2)	6.40 (3)

注：括号中的数字反映的是该指标在五个经济体中的排名。

2022 年，世界百年未有之大变局加速演进，全球经济复苏呈显著放缓态势，主要经济体通胀维持高位运行。为遏制通胀势头，美欧央行纷纷开启加速加息进程，全球市场流动性迅速收紧，国际金融市场加剧波动，主要货币力量对比在分化中不断演进。

美元的国际地位略有下降。2022 年，美国 GDP 达 25.47 万亿美元，全年增长 2.1%，领跑发达国家。经过长期的量化宽松刺激，美国经济活力增强，新增就业人数处于高位，失业率相对偏低，劳动参与率经常超过预期，居民整体收入提升，给扩大消费开支奠定了基础。消费的拉动作用明显，过旺的需求叠加能源、粮食涨价冲击，2022 年美国通胀创下40 年来新高，CPI 同比上涨 8%，其中 6 月上涨 9.1%，达到年内最高。美联储为抑制通胀连续加息 7 次，累计加息 425 个基点，联邦基金利率达到了 4.25%～4.5%，为 2007 年底以来的最高水平。美元流动性加速收紧，美国国债收益率呈现上行态势，美元指数持续上涨，带动全球金融市场与国际资本流动重新调整。同时，美联储多次激进加息使得通胀受到有效抑制，正按照美联储的货币政策影响方向持续回落。加息周期并未损害就业和个人消费，全年新增就业人数累计达到 450 万，失业率

持续处于历史低位，12月的失业率降至3.5%，恢复至疫情发生之前的水平；12月个人收入环比增长0.2%，第四季度个人消费增速为2.1%，仍在正增长。在强劲的消费需求与货币升值下，美国贸易特别是进口额增长带动贸易逆差额飙升至创纪录水平，货物和服务贸易逆差额较上一年飙升12.2%，达到9 481亿美元，创历史新高，美元国际贸易占比同比上涨0.11个百分点。美元在国际信贷市场和国际债券市场中的表现均有所下降，第四季度分别较上年下降1.44个百分点和1.70个百分点。2022年第四季度美元全球储备占比为58.36%，比上年下降0.44个百分点，但始终保持全球第一大储备货币地位。截至2022年末，美元国际化指数为50.50，较上年末减少0.81，国际地位略有下降。

欧元的国际地位小幅提高。2022年2月俄乌冲突爆发后，欧洲能源和食品价格飙升，两位数的通胀消耗了人们的储蓄，抑制了投资，同时还迫使欧洲央行大幅加息以遏制通胀。之后天然气等能源价格出现了断崖式下跌，部分缓解了欧元区物价高增长的状况，同时劳动力市场也表现良好。2022年欧元区GDP增长3.5%，欧盟增长3.6%，但素来有欧盟"火车头"之称的德国，2022年第四季度GDP不及市场预期，经济环比萎缩0.2%。受暖冬影响，原先预计的严重能源短缺和电力危机未在欧元区爆发，能源成本下行进一步驱动区内通胀率重返个位数水平，促使欧元区消费者信心显著回升。供应链瓶颈的缓解以及积压订单的消化使得企业投资表现亦优于预期，欧元区对外贸易逆差小幅收窄。2022年第四季度欧元国际贸易占比较2021年上升0.46个百分点，直接投资占比上升15.69个百分点。在国际信贷市场和国际债券市场，欧元计价交易有所改善，第四季度市场份额分别较上年提高0.90个百分点和1.68个百分点。欧元储备职能表现基本持平，第四季度国际储备占比较上年同期减少0.12个百分点。截至2022年末，欧元国际化指数为25.16，较上年上升2.14，国际地位与市场信心小幅提高。

英镑的国际化水平低位徘徊。2022年，英国GDP全年增速为4%，但值得注意的是在11月增长0.1%后在12月陡然下滑了0.5%。目前，英国是七国集团中唯一GDP尚未完全恢复到疫情前水平的经济体，实际上已经陷入经济衰退。在构成英国经济的三大板块中，服务业在2022年增长了5.5%；工业生产连续第六个季度萎缩，在2022年下降了3.6%；

建筑业全年增长了 5.6%。在 10 月，英国消费者价格指数（CPI）同比上涨 11.1%，涨幅创 40 年以来新高，其通胀压力主要来自能源价格上行和居住成本抬升，国民生活水平受到高通胀严重影响。为遏制通胀高企，英国央行 2022 年全年加息 9 次，将基准利率自年初的 0.25% 上调至 3.5%。2022 年，英国贸易有所回暖，第四季度英镑国际贸易结算占比较上年同期上升 0.15 个百分点。在对外直接投资方面，第四季度英镑直接投资占比同比下降 0.11 个百分点。在国际融资方面，英镑的使用基本稳定，国际信贷与上年同期基本持平，债券存量占比下降了 0.52 个百分点。在国际储备方面，英镑全球储备占比为 4.95%，同比上升了 0.14 个百分点。截至 2022 年末，英镑国际化指数为 4.38，较上年上升了 0.06。

日元的国际地位小幅上升。2022 年，日本经济持续低迷，全年 GDP 约为 4.3 万亿美元，增速为 1.9%。自年初以来，美国等西方经济体为应对通胀压力不断加息，而日本央行由于受困于国内需求疲软、经济复苏乏力，一直坚持采用超宽松货币政策。在此背景下，日元汇率大幅下滑，成为 2022 年全球表现最差的主要货币之一。2022 年，日元对美元汇率一度下跌超过 30%，日元汇率大跌对日本经济产生了广泛影响。由于日元大幅下滑、能源和原材料价格上涨推升进口成本，抵消了新冠疫情影响减弱带来的出口增长。2022 年日本贸易逆差达到 19.97 万亿日元，创下逾 40 年来最高纪录。日本投资情绪有所回升，2022 年第四季度日元国际直接投资与 2021 年同期相比上升了 3.64 个百分点。在国际信贷市场和国际债券市场上，日元计价使用份额分别上升 0.34 个百分点和下跌 0.14 个百分点。日本央行延续超宽松货币政策，与其他主要经济体政策预期分化，日元汇率持续走弱，侵蚀了其在国际储备中的份额，第四季度较上年末下跌了 0.011 个百分点。截至 2022 年末，日元国际化指数为 4.59，较上年末上升了 0.36。

1.6 展望

第一，中国式现代化亮出了人民币国际化的底色和方向。2023 年是全面贯彻落实党的二十大精神的开局之年，一系列战略机遇和有利条件既为高质量发展和确保 GDP 增长 5% 左右提供了信心、底气和潜力，也为人民币国际化夯实了必要的经济基础。党的二十大报告提出以中国式现代化全面推进中华民族伟大复兴。中国式现代化不同于西方国家的现代化，有其独特的内涵和五大本质特征，即人口规模巨大的现代化、全体人民共同富裕的现代化、物质文明和精神文明相协调的现代化、人与自然和谐共生的现代化、走和平发展道路的现代化。中国式现代化确定了人民币国际化的本质属性，为有序推进人民币国际化指明了方向。

第二，制度型开放为人民币国际化打开了新路径。"稳步扩大规则、规制、管理、标准等制度型开放"，这是在商品和要素流动型开放基础上的更高水平开放。在外部保护主义、单边主义抬头，国内经济下行压力加大的环境下，中国吹响"制度型开放"的号角，彰显了我国进一步扩大开放的决心，同时也是高水平开放的必然要求和高质量发展的题中之义。换个角度看，要打破对美元的路径依赖，除了继续提升人民币跨境贸易投资的便利性、鼓励中资企业和机构"本币优先"以外，还要在更广泛多层次经贸合作基础上推动形成人民币国际使用的网络效应。目前我国已加入RCEP，正在积极争取加入开放标准更高的《全面与进步跨太平洋伙伴关系协定》（CPTPP），中国对外开放已进入新阶段，并向纵深发展。在国际交易中逐步参与构建与自身实力相适应的国际货币体系，将有利于推动全方位对外开放、培育国际经济合作和竞争新优势，为扩大面向全球的高标准自由贸易区网络、深度参与全球产业分工和合作、维护多元稳定的国际经济格局和经贸关系打开新路径。

第三，数字支付为人民币国际化带来了新机遇。在跨境电商、数字贸易等新业态、新模式中，数字货币的交易和支付十分活跃。我国高度重视金融科技，努力抢抓先机，在数字支付领域树立了全球领先的优势。早在2014年中国人民银行就开始研究央行数字货币（CBDC），已基本完成顶层设计、标准制定、功能研发和联调测试等工作，并在多地、多场景进行了成功的试点，积累了投入使用CBDC的丰富经验。CBDC的广泛运用将进一步优化金融市场结构，降低金融交易成本和合规风险，提高金融机构服务实体经济的能力。通过输出数字支付和服务技术，制定数字贸易和数字货币跨境支付国际规则，推动多边数字支付项目早日落地投入正常使用，可进一步优化传统国际结算流程、降低贸易各方成本、增加国际金融的普惠性。当然，CBDC的跨境使用还面临着各国的法律、体制、数字化水平和流动性约束，需要在完善国际金融基础设施的软硬件建设以及推动现行国际支付体系改革等方面多做努力，进一步提升全球贸易自由化、便利化水平。通过积极参与 BIS 正在推动的国际支付体系改革以及基于 CBDC 的贸易、证券跨境支付平台建设等，努力构建更加完善、适配性更高的国际金融基础设施，进一步凸显人民币国际化的全球公共产品属性。

专栏 1-6

央行数字货币：国际支付的未来？

随着数字经济时代的到来，数字货币成为新的支付手段，在全球支付中占有重要的一席之地。为避免非官方数字货币带来安全隐患、维护央行的货币经济管理权，主要央行开始积极探索建立一个适应数字经济、更有效率、更安全、更普惠的国际支付体系。

最新的 BIS 调查显示，超过一半的央行正在进行央行数字货币的研发或进行试点来提升跨境支付效率，未来国际合作将为 CBDC 提供广泛的应用场景。早在 2019 年 5 月，香港金融管理局和泰国央行就签订了 Inthanon-LionRock 项目，建立了第一个多 CBDC 结算的共同平台，减少了结算层，使得每个参与者在对等基础上进行资金结算和外汇交易。2020 年 G20 就将加强跨境支付作为一个优先事项，提出更快、更便宜、更透明和更具包容性的跨境支付服务将为全球公民和经济带来广泛利益，有助于支持经济增长、国际贸易、全球发展和普惠金融。目前 BIS 已经进行了一系列创新和尝试，不断推出 CBDC 跨境使用方案。2022 年 7 月，BIS、IMF、世界银行等发布报告强调全球央行在 CBDC 设计的早期阶段加强合作，充分发掘 CBDC 的跨境支付潜力。

中国积极参与构建以 CBDC 为基础的跨境支付平台。2021 年 2 月，中国央行数字货币研究所加入 Inthanon-LionRock 第三阶段，创造性地参与设计了数字货币桥（mBridge），并担任技术委员会主席。2022 年 8 月 15 日，由 BIS、中国、泰国、阿联酋共同实施的 mBridge 进入为期 6 周的试点运行，来自中国、阿联酋和泰国的 20 家商业银行使用各自中央银行在数字货币桥平台上发行的 CBDC，代表其企业客户进行了支付以及外汇（FX）同步交收（PvP）交易。试点期间该平台上发行了超过 1 200 万美元，便利了超过 160 笔支付和外汇同步交收交易，总价值超过 2 200 万美元。

相比传统的依托代理行网络（Correspondent Banking Network）的代理行模式，mBridge 具有去中心化的治理结构，依托 mCBDC 网络（mCBDC Network），贸易双方能够直接在 mBridge 上实现点对点的交易，能大幅减少交易环节、降低合规成本、节约时间。根据 BIS 的报告，mBridge 的成本将比代理行模式减少 50％，可大幅降低商业银行和企业的交易成本，提升国际贸易效率。

第四，人民币国际化要应对好传统挑战和各种新挑战。如今大国货币竞争越发激烈，如何打破美元路径依赖，形成人民币网络效应，这一挑战将一直伴随人民币国际化进程。此外，人民币国际化还需积极应对经济周期不同步、金融市场波动等诸多新挑战。2023 年，欧美国家经济增长放缓，导致我国出口的经济贡献下降；而我国经济潜力足，国际社会纷纷调高中国经济增长预期，促使更多资本流入我国。金融交易已成为推动人民币国际化的主要力量，但是金融交易具有较大的波动性、不稳定性，需要高度关注跨境资金的流动规模和方向，引导资本流向高科技行业、重点产业，最大化资源跨境配置的好处。同时要拓宽资本市场的广度和深度，用更多市场化手段防范对资本的非理性冲击，加强宏观审慎管理，采取有力措施，维持人民币汇率在均衡水平上的基本稳定，守住风险底线，为有序推进人民币国际化筑牢安全盾。

第五，以人民币国际化维护国际货币体系稳定。作为一个负责任的大国，面对历史之问、时代之问、未来之问，习近平总书记发出了全球发展倡议、全球安全倡议、全球文明倡议，推动构建人类命运共同体。金融是经济的血脉，建设人类命运共同体需要一个更加公平合理稳定的国际货币体系。国际货币具有全球公共产品属性，多元制衡的国际货币竞争格局可为国际金融体系增添稳健性因素。人民币国际化是中国向国际社会提供全球公共产品，为维护国际货币体系稳定做出的实质性贡献。未来，人民币将在全球流动性提供、国际收支调节、国际金融稳定以及全球金融治理等方面发挥更大作用。

第六，开发人民币作为碳货币的潜力。在低碳排放成为全球经济增长的边界约定时，碳信用额度的内涵价值日益凸显。随着全球碳排放权交易规模的迅速扩大，碳排放权作为经济的发展权可能变成一种国际通行的货币单位——碳货币。在全球经济绿色低碳发展转型中，应抓住我国是清洁发展机制（CDM）下核证减排量（CER）最大供给国的机遇，大力发展碳市场，推动人民币作为碳交易产品的计价结算货币。在此基础上，结合我国在绿色金融领域的领先地位，继续探索人民币服务全球低碳转型的更大潜力。

第 2 章

经贸合作与货币国际化：
理论与经验分析

本章从理论和实证角度出发，在一般意义上讨论经贸合作与货币国际化之间的关系。首先，本章通过回顾货币国际化的主要文献，将经贸合作与货币国际化关系概括为两种不同的理论机制：（1）经贸合作推动经济一体化进而作用于货币国际化，（2）经贸合作促进经济金融高质量发展进而作用于货币国际化。其次，本章在理论分析的基础上，对上述影响机制进行实证检验。既有文献对于经贸合作推动经济一体化已经贡献了大量经验证据，对此无须重复。本章以自由贸易协定为例，使用128个经济体 1992—2019 年间的跨国历史数据，围绕以下几个方面的问题展开分析：（1）经贸合作有利于提升货币国际化水平，（2）经贸合作有利于经济发展和经济稳定，（3）经贸合作有利于金融发展和金融稳定。最后，本章对经贸合作促进货币国际化的主要研究发现进行了总结。

需要说明的是，本章对高质量发展的界定来自《人民币国际化报告 2019：高质量发展与高水平金融开放》。即：高质量发展的内涵在于富有效率、稳健有序和包容共享。高质量经济发展决定着人民币国际化的未来，这包含两层含义。首先，中国经济成功转向高质量发展，将为人民币国际化提供坚实的基础和持久的动力。高质量发展的效率内涵和稳健内涵可增强国家整体经济实力，有效化解内外冲击，稳定市场信心，推动人民币完整行使国际货币职能。高质量发展的包容内涵意味着将庞大国内市场和宝贵发展机会与人共享，这种欢迎全世界搭乘中国经济发展快车、便车的开放态度，就是对人民币国际化的最好背书。其次，高质量经济发展将赋予人民币国际化以时代特征和中国属性。如果人们更好地了解到人民币国际化同样是富有效率的、稳健有序的、包容共享的，那么疑虑或抵触就会被肯定与欢迎态度所取代。这从根本上决定着中国能否最终实现与经济贸易地位相匹配的货币地位。

由于已有大量文献论证经贸合作对成员之间一体化程度的影响，本章将理论论述的重点放在经贸合作对高质量发展的影响上。因为既有文献通过论证经贸合作对成员与非成员一体化程度的影响已经讨论了包容性问题，本章将主要考察高质量发展中的经济发展和经济稳定以及金融发展和金融稳定这两个方面。

2.1 经贸合作与货币国际化：理论分析

自 21 世纪以来，各国对经贸合作更加重视，全球经贸联系不断加强。跨国经验表明，随着一国与伙伴国经贸合作关系的增强，其货币在伙伴国相关交易中的重要性提升。国际经贸合作可以通过直接和间接两个渠道作用于货币的国际使用（见图 2-1）。

在直接影响方面，既有研究发现：（1）一国在全球贸易网络中的地位显著影响其货币的国际地位。一国贸易额占世界贸易总额的份额越大，则该国货币越有可能成为国际货币。当货币发行国与一国进出口贸易对该国至关重要或在其对外贸易总量中比重很高时，则对方国家的进出口商会有更多机会与货币发行国进行交易，从而更有可能使用其货币。（2）国际投资中的货币使用也是货币国际化的重要体现。一般而言，一国在全球国际投资中参与度越高，则其货币越容易成为国际货币。投资能够促进国际货币在流入国的使用，是货币国际化的重要因素。跨国资金的流动通常能够扩大国际货币在流入国的使用范围以及使用需求，从而降低其交易费用和转换成本。

经贸合作提高了贸易投资便利化和自由化水平，大大降低了国际贸易过程中的可变贸易成本，对区域贸易有着显著的正效应。此外，经贸

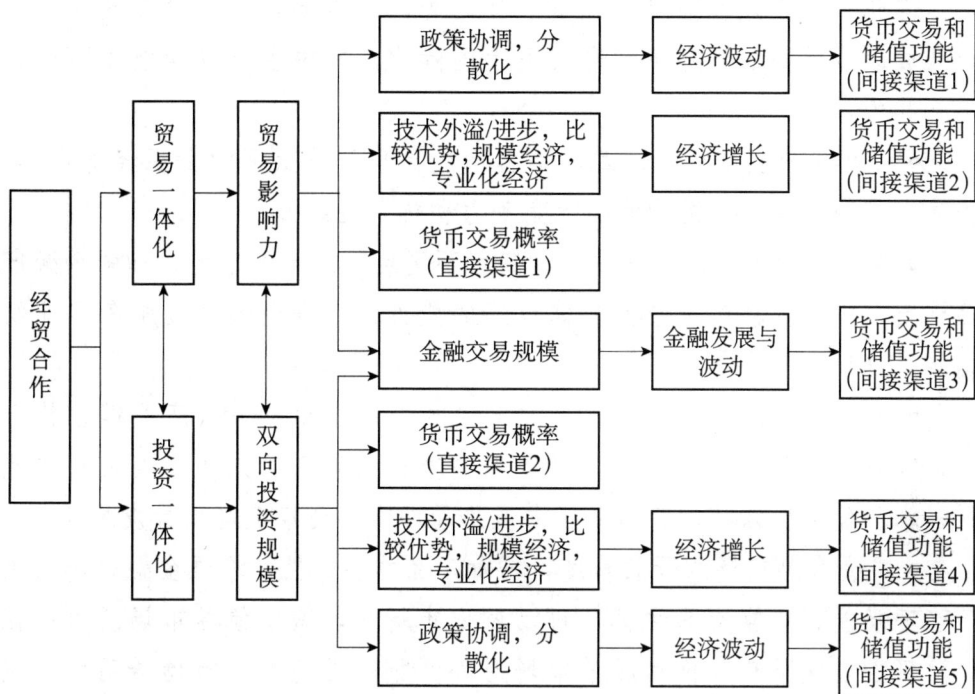

图 2-1 经贸合作影响货币国际化的渠道

合作能够减少国际资本流动的障碍、消除外国投资者在国内经济活动中的限制等，降低了投资领域相关政策的不确定性，在推动投资领域进一步开放的同时，减少了投资风险并增加了投资收益保护，并且降低了投资成本，从而大大推动了跨国投资。

专栏 2-1

推进人民币国际化需要持续深化改革

理论研究和历史经验表明，更广泛、更紧密的经贸合作有利于货币国际化，但更大的贸易与投资规模并非更高程度货币国际使用的充分条件。

阻碍国际贸易投资使用人民币计价结算的因素实际上还有不少，包括出口产品可替代性强、缺乏国际贸易定价权、经济增长对投资和出口依赖性较强、人民币可兑换程度低、金融市场不够发达、人民币交易成本偏高以及外汇风险管理工具有限等等。

因此，在努力加强对外经贸合作之外，还需要进一步深化改革、扩大开放，多措并举地有序推进人民币国际化。其中主要包括但不限于以下一些内容：

● 深化供给侧结构性改革，培育适应更高开放水平的微观经济主体，提高中资企业和金融机构的国际竞争力和抗风险能力。

● 深化金融改革，大力发展和完善不同层次的金融市场。加强金融产品创新，提高金融市场服务实体经济的能力，促进金融发展服务产业结构转型升级。

● 扩大经济金融双向开放，引导制造业企业参与全球产业链重构升级，以更加完善的营商环境集聚世界高端企业和高级人才、吸引全球优质资本和优势资源，以双循环新发展格局助力实现经济高质量发展。

● 扩大金融市场的开放程度，增加产品的多样性，增强金融市场的风险管理功能。丰富交易主体，推动利率市场化，激发债券市场活力；在风险可控前提下有序推动股票市场对外开放；提高外汇市场透明度，完善配套机制建设。

● 建设安全、高效、国际化的金融基础设施，兼顾硬件与软件，重视发挥 CIPS 对金融市场双向开放和"一带一路"建设的服务功能。

● 强化以宏观审慎政策防范跨境资本流动风险，提高开放中的金融管理能力，保障国家金融安全和产业优势。

资料来源：中国人民大学国际货币研究所 . 人民币国际化报告 2013：世界贸易格局变迁与人民币国际化 . 北京：中国人民大学出版社，2013；中国人民大学国际货币研究所 . 人民币国际化报告 2019：高质量发展与高水平金融开放 . 北京：中国人民大学出版社，2019.

在间接影响方面，国际货币发行国综合经济实力对其货币国际地位具有重要影响。可以认为，在货币国际化的各种决定因素中，经济和金融的发展与稳定至关重要。国际货币发行国必须有过硬的综合经济实力，有能力避免国际经济波动对本国产生不利影响，才能有效维持国际市场对其货币的信心。从金融层面上看，一个国家的金融发展、金融深度和金融稳定，以及与此相关的市场流动性、融资成本、金融交易成本，是实现该国货币国际化的重要因素。当且仅当货币发行国的金融深化是可持续的时，该国货币的国际地位才能拥有稳定的根基。

经贸合作可以推动成员间贸易经济一体化，同时刺激投资、促进技术外溢、提高资本回报率、实现并扩大研发部门的规模经济，产生持续性的技术推动型增长，进而推动成员的经济增长。同时，经贸合作可以推动成员之间更好地配置资源，从而提高生产效率，扩大经济规模。经贸合作也能够缓解成员的经济波动。原因在于，贸易投资一体化有助于提高生产和出口产品的多样性，有助于提高成员的对外开放程度和国家间的贸易及投资从而分散风险，有助于强化成员宏观经济政策的可预测性和协调性从而抑制对经济增长的负面冲击，还有助于深化区域内成员的垂直分工专业化生产程度从而提高全球价值链嵌入水平。随着区域经济一体化的提升，区域内投资环境得到改善，可进一步推动区域金融合作。金融一体化可以促进成员金融市场进一步发展和完善，提高金融深度和效率，并在一定程度上缓解金融波动。

本节将从理论上论述，经贸合作如何通过直接和间接两个渠道推动货币国际化。具体地，2.1.1 节论证直接渠道，即经贸合作如何通过推动经济一体化来推动货币国际化，2.1.2 节论证间接渠道，即经贸合作如何通过推动高质量发展来推动货币国际化。

2.1.1　经贸合作、经济一体化与货币国际化

国际经验表明，经贸合作提高了成员间贸易投资政策的透明度，有效改善了区域内的贸易投资环境，极大地推动了国际贸易投资一体化，并显著促进了目标国家在跨境贸易、投资活动中采用本国货币作为结算货币，从而促进了货币国际化（Wang et al.，2021；Zhang and Tao，2016；Cheung and Yiu，2017）。同时，经贸合作能提高成员之间的贸易紧密程度，扩大双边具有的共同经贸利益，大大降低使用单一货币跨境贸易计价结算所产生的交易成本，有利于各成员采取趋同的金融货币政策。

（一）经贸合作、贸易一体化与货币国际化

经贸合作通过与贸易伙伴建立紧密的贸易联系促进参与国对外贸易的发展、降低成员间的贸易成本、减少贸易摩擦，这是近年来各国推动对外贸易战略的一个重要特征。大量研究表明，经贸合作，如自由贸易协定，降低或取消了关税壁垒，优化了通关程序，提高了贸易投资便利化和自由化水平，显著促进了成员的出口贸易，大大降低了国际贸易过

程中商品、服务和生产要素的流动成本等可变贸易成本，对成员相互间贸易有着显著的正效应（Urata and Kiyota，2003；Stack and Pentecost，2011；Baier et al.，2014；韩剑和许亚云，2021）。

一国在全球贸易网络中的地位显著影响其货币的国际地位。一国贸易额占世界贸易总额的份额越大，则该国货币越有可能成为国际货币（Grassman，1973；Bergsten，1997；McKinnon，1998；Mundell，1998）。20世纪初的世界贸易格局改变直接导致了美元的国际地位上升和英镑的国际地位下降，并直接影响了美元和英镑在全球的分布格局（Rey，2001）。事实上，如果一个国家与货币发行国之间的进出口贸易对前者来说至关重要或在前者的对外贸易总量中比重很高，则后者的货币就会具有更大的吸引力，这是因为对方国家的进出口商会有更多机会与货币发行国进行交易，从而更有可能使用该国际货币（丁一兵和钟阳，2013）。因此，货币流入国与货币流出国进行的国际贸易越多，货币流出国的货币在货币流入国的分布比重就可能越大。一方面，大量的对外贸易将产生大量的货币交易，进而使得该经济体的货币自然成为其他国家外汇市场上不可或缺的币种。另一方面，在同质化产品行业里，货币交易成本低是其成为国际贸易计价结算货币的重要原因。货币的交易成本存在规模效应，会随其在外汇市场上交易规模的增大而不断降低，因此货币在外汇市场上交易量越大，越有利于其成为被广泛接受的国际贸易计价货币（Swoboda，2019；McKinnon，1979；Hartmann，1998；Cohen，1998；Rey，2001）。与此同时，随着经济的强大和生产效率的提高，对外贸易扩张，贸易收支产生高额的顺差，高额的贸易顺差为本国货币的输出奠定了物质基础，从而本国的资本与金融账户出现大量逆差。高额贸易收支顺差和高额资本与金融账户逆差是货币国际化的初期特征（McNamara，2008）。从历史回顾来看，美国、英国的货币国际化过程均呈现出此特征。

如图 2-1 的直接渠道 1 所示，贸易一体化通过加强国家间的经贸合作降低贸易成本，有利于推动货币国际化。以欧元区为例，一些国家使用欧元作为计价结算货币的主要原因是它们与欧元区的贸易关系密切，或属于欧元区，从而贸易一体化程度高（Goldberg and Tille，2008）。

在人民币国际化相关研究中，不少学者提出经贸合作对目标国家在跨境贸易活动中采用人民币作为收付款货币具有显著的积极促进作用，中国扩大的经贸合作网络也极大地补充了中国推进人民币国际化进程的努力，为实现人民币国际化的长期目标提供了广阔而坚实的基础（Park，2016；Cui，2017；Wang et al.，2021）。一方面，经贸合作可以促进离岸人民币交易。随着与中国贸易和金融联系的增强，中国的贸易伙伴出现了用人民币进行交易的动机。反过来，这就产生了稳定贸易伙伴本币兑人民币汇率的激励，从而鼓励这些国家的央行持有以人民币计价的外汇储备，并与中国人民银行建立或有人民币流动性额度（Cheung and Yiu，2017）。另一方面，许多研究以《中国-东盟自由贸易协定》为例研究中国与东盟之间的经贸合作，发现协定生效能进一步推动双边贸易投资一体化，并倾向于创造市场力量，为促进人民币在东盟外汇市场上的使用创造了重大机遇，有利于形成一个以人民币为主的本位币集团（natural currency bloc）。如果它们将人民币视为一种潜在的主要国际货币，大多数东盟成员都会倾向于将其用于贸易计价和金融计价。特别是，中国与东盟国家之间的经常账户赤字不断增加，这使得人民币走出去变得更加容易。随着时间的推移，人民币可能会补充并逐渐成为东盟各国货币的锚（Park，2016；Zhang and Tao，2016；Falianty，2019）。

（二）经贸合作、投资一体化与货币国际化

自 20 世纪 90 年代以来，国家间经贸合作的内容早已远远超出贸易领域，合作内容开始增加政府采购、投资、金融服务、竞争政策、知识产权等多方领域。特别地，越来越多的国家间经贸合作涉及投资自由化内容，包括减少国际资本流动的障碍、消除外国投资者在国内经济活动中的限制以及落实对投资便利化的承诺等多方面。如图 2-1 的直接渠道 2 所示，这些与投资相关的合作，不仅降低了投资领域相关政策的不确定性，在推动投资领域进一步开放的同时减少了投资风险并增加了投资收益保护，而且降低了投资成本，从而能够吸引外资流入（Kindleberger，1966；Stasavage，2002；Davis，2011）。此外，经贸合作的广度和深度对投资一体化的促进作用有着显著的正相关关系。一些研究表明，北美自由贸易区、东盟、欧盟和欧洲自由贸易联盟成立及生效后，投资条款对 FDI 有正向作用，增加了成员之间的双边投资存量。特别是南北型 FTA，投资条款覆盖面越广，贸易量和外商直接投资增加越多（Adams，

2003；Lesher and Miroudot，2006）。此外，也有研究发现自由贸易协定中纳入"深度一体化"条款能够显著刺激外商直接投资（Cardamone and Scoppola，2012；Medvedev，2012），同时协定内竞争政策水平的深度提升对投资者传达改善投资环境、保护投资者利益的重要信号，对整体双边外商直接投资流量有明显的提高作用（Egger and Pfaffermayr，2004；Kerner，2009；林梦瑶和张中元，2019；铁瑛等，2021；马亚明等，2021），特别是在竞争制度不健全、政治风险高的国家和地区，竞争政策对外资的促进作用更加显著（杨继军和艾玮炜，2021）。

投资能够促进国际货币在流入国的使用（Krugman，1984；Rey，2001；He et al.，2016），是货币国际化的重要因素，国际投资中的货币使用也是货币国际化的重要体现。一般而言，一国在全球国际投资中参与度越高，则其货币越容易成为国际货币（Bacchetta and Jansen，2003；Goldberg and Tille，2008）。跨国资金的流动通常能够扩大国际货币在流入国的使用范围以及使用需求，从而降低其交易费用和转换成本（Kindleberger，1966）。其中，官方的资本流动（如援助资金、外汇储备等）通过影响国际资本流动间接对国际货币的交易产生影响（Prasad et al.，2006）。此外，资本流动能够扩大国际信贷规模、在岸和离岸金融市场以本币计价金融产品规模，降低投资交易成本，提高本国货币在国际市场上的吸引力，进而推动货币国际化（Braun and Raddatz，2007；Levchenko et al.，2009；Eichengreen et al.，2011；Frankel，2012）。如果一个国家拥有发挥国际金融中介职能所需的必要条件，则该国可以用本国货币借短贷长（吸收短期资本，输出长期资本），从而提高其货币的国际化水平，早期美国和英国就是采用这种方式提高了其国际化程度（Tavlas and Ozeki，1991）。回顾美国、英国和日本货币国际化的历程，不难发现，三个国家都经历了从工业强国到出口大国再到投资强国的三个阶段。

2.1.2 经贸合作、经济金融高质量发展与货币国际化

（一）经贸合作、经济高质量发展与货币国际化

发行国综合经济实力对其货币国际地位具有重要影响，其中，经济发展和稳定是两个极其重要的因素。国际货币发行国必须有过硬的经济

实力，才能提供一个稳定的经济环境，以避免国际经济波动对本国产生的不利影响，从而维持国际市场对其货币的信心。

首先，历史经验表明，经济停滞导致相对经济规模下降是英镑贬值并最终退出历史舞台的最重要原因（Chiţu et al.，2014）。经济规模大的国家，生产行业齐全，进口替代能力较强，市场纵深度较大，可以吞吐多元化的进口商品。在通常情况下，经济大国进口商品的市场份额不大，只是国内市场的一个补充，其进口需求富有弹性，市场对进口商品的价格波动比较敏感。在此背景下，国外出口商为了减少汇率波动导致出口商品与目的地竞争对手商品的相对价格波动，大多愿意采用进口方货币计价模式，即以经济大国的货币计价。此外，经济大国的国内生产商是市场的主导者，与国外出口商之间存在激烈的竞争关系。相比之下，经济规模小的国家的出口商对出口目的地的商品市场几乎没有任何影响力。因此，如果经济大国要求自己的出口企业必须使用本币计价，经济规模巨大带来的本币计价优势就会产生溢出效应，使得越来越多的小国在出口贸易中选择经济大国的货币计价（Goldberg and Tille，2008）。具体来讲，经济大国的出口占据了经济小国市场中较大的份额，因而能对当地市场价格产生显著的影响。一方面，经济大国的出口商通常会使用自己国家的货币计价；另一方面，经济小国通常无法掌握汇率波动，因此汇率的变动会让经济小国的出口商的生产投入成本出现波动，从而降低其在市场中的竞争力。从经济利益的角度来看，为了减少生产成本的波动性，经济小国的出口商更有动机选择使用经济大国的货币计价，而非使用自己本国的货币计价。

其次，国际货币作为一种价值储藏手段，其币值应该是稳定的，过高的通胀率和剧烈波动的汇率都会阻碍一国货币国际化的进程。事实上，货币币值稳定是国家政治经济稳定的重要体现，在选择计价货币时，企业更倾向于选择经济平稳、经济政策连续稳定、受外界冲击较小的国家的货币，以尽可能减少汇率变动带来的负面影响。对经济波动性的考虑在生产者实现利润最大化以及出口商和进口商决定计价货币的过程中都有所体现，在商品替代弹性较低的情况下，出口商有较大的决定计价货币的主导权，此时宏观经济稳定性是出口计价货币选择的重要决定因素。宏观经济波动，尤其是工资水平、货币数量的波动，必然会引起生产成本和通货膨胀的变化，导致货币汇率上升或下降，从而影响出口商的边际成本、商品价格以及出口需求。出口商放弃本币计价，转而使用进口方或者第三方货币计价的主要驱动力是追求宏观经济稳定性及汇率稳定等因素。因此宏观经济稳定、货币数量增长适度、币值稳定的国家的货币更容易成为众多国家出口商选择的计价货币（Baron，1976；Flodén and Wilander，2006；Bacchetta and van Wincoop，2005；Devereux et al.，2004）。特别是在商品价格变化存在黏滞性或者汇率波动只能部分被反映到商品价格中的情况下，汇率稳定的货币是贸易计价的最佳选择（Giovannini，1988；Engel，2006）。出口商会选择以货币政策冲击造成的波动最小的国家的货币作为计价货币，以更好地控制其出口价格，从而减少汇率波动对其利润的影响（Devereux et al.，2004）。

如图 2-1 中的间接渠道 2 和 4 所示，经贸合作可以推动成员间经济一体化，同时刺激投资、促进技术外溢、提高资本回报率、实现并扩大研发部门的规模经济，产生持续性的技术推动型增长，进而推动成员的经济增长（Rivera-Batiz and Romer，1991；Rivera-Batiz and Xie，1993；Grossman and Helpman，1991；Baldwin and Seghezza，1996；Wacziarg，2001；Sohn and Lee，2010）。特别地，经贸合作带来的经济一体化能帮助参与合作国家尤其是经济发展水平差异较大的国家实现更大的福利收益。一方面，经济一体化能够使经济相对落后的成员间利用生产要素禀赋的互补性和比较优势实现技术转移和资本流动等，从而提高生产率和资本积累；另一方面，经济一体化也能够推动经济相对发达国家行业内部的专业化，并通过消除贸易壁垒等方式推动贸易成本降低，最终实现合作各国国家福利和经济增长（Henrekson et al.，1997；Kao et al.，1999；Levchenko and Zhang，2012）。经贸合作的净预算转移等制度性安排，例如欧盟的结构基金和凝聚基金，往往能帮助经济相对落后的成员改善基础设施和电信网络，为人力资源开发和研发创新等提供支持，促进相关国家的资本积累和经济增长，缩小区域差距（Kutan and Yigit，2007）。此外，对于合作关系中规模相对较大、生产率较高且彼此关系密切的经济体来说，更深层次的经济一体化能够更大程度地减少贸易壁垒，降低贸易成本，比更浅层次但更广泛的一体化的相关国家带来更大的福利收益（Levchenko and Zhang，2012）。同时，经贸合作的质量越高，法律执行效力越强，越有助于成员经济高质量发展。而这种理论影响机制包括有效降低贸易成本、推动条款覆盖行业出口升级（Khandelwal et al.，2013）、促进国际双边或多边经贸往来（Bacchetta et al.，2011）、有助于本国企业形成规模经济从而降低生产成本（Carrere，2014）等方式。由于发达国家在法律体系、争端解决机制和法律执行能力等多方面都更完善，自由贸易协定的质量对发达国家的经济增长影响更显著（孙瑾等，2018）。以自由贸易协定为例，自由贸易协定的质量（指条款覆盖率和法定承诺率①）越高、协定的条款覆盖范围越全面和具体、协定条款的实质性法律执行效力越高、惩罚机制越强，越能够有效促进地区的经济增长，提高人民福利水平。

经贸合作作为贸易、投资和金融开放的重要载体，与经济波动息息相关（Orefice and Rocha，2014；Ederington and Ruta，2016；Boffa et al.，2019；Laget et al.，2020）。经贸合作通过扩大开放、推动贸易投资一体化、促进政策协调等多种手段对成员的经济波动产生深刻影响，如图 2-1 中的间接渠道 1 和 5 所示。

一是经贸合作能够推动成员之间资源的更优配置，从而提高生产效率，扩大经济规模，同时也有助于提高生产和出口产品的多样性，有助于降低经济波动性（Acemoglu and Zilibotti，1997）。二是经贸合作能够提高成员的对外开放程度，有利于促进国家间的贸易和投资等（Cavallo and Frankel，2008），而贸易投资一体化可以通过分散风险降低一国经济波动。三是各成员能够通过经贸合作的方式对未来的宏观经济政策进行承诺和协调，使国内管理框架与国际惯例有效接轨，同时引入贸易争端解决机制，降低政策不确定性和发生冲突的风险，提高成员合作的成功概率，抑制对经济增长的负面冲击（Kose，2005；Edwards，2010；Kpodar and Imam，2016；Ederington and Ruta，2016；韩剑和王灿，2019；赵金龙等，2022）。四是经贸合作有助于深化区域内成员的垂直分工专业化生产程度，通过提高全球价值链嵌入水平来抑制成员的经济波动（赵金龙等，2022）。

---

① 条款覆盖率指协议文本中涉及 WTO 或 WTO-X 领域的条款数量在总条款数量中的占比。法定承诺率指涉及 WTO 或 WTO-X 领域具有法律效力的条款数量在协议所涵盖条款数量中的占比。

（二）经贸合作、金融高质量发展与货币国际化

前文提到经贸合作能够显著促进协议内成员之间贸易投资一体化。随着经济一体化程度的提升，协议各国投资环境得到改善（Raff，2004），进一步推动金融合作（钟红，2018），而金融一体化可以促进国家间的金融市场进一步得到完善和发展（Levine，2001），提高金融深度和效率（Klein and Olivei，2008；Luo et al.，2016），并在一定程度上缓解金融波动，如图 2-1 中的间接渠道 3 所示。从金融层面来看，一个国家的金融发展、金融深度和金融稳定，以及与此相关的市场流动性、融资成本、金融交易成本，是实现该国货币国际化的重要因素。

国际货币不仅要在贸易中充当重要的结算货币，还应该在资本流动、金融交易中充当重要的交易货币（涂永红和吴雨微，2017）。实际上，在国际经济交易活动中，金融交易规模远大于贸易结算规模。根据国际清算银行的统计数据，全球一年的贸易结算总额，不过是全球外汇市场 5 天的交易额。因此，通常在衡量一国货币的国际地位时，更多的是看其在国际金融交易中的份额和排名。

在全球经济一体化的背景下，一个发达且开放的金融市场能够降低市场参与者的参与成本、完善资本供给机制、提高资本配置效率，也有助于熨平经济波动、降低金融体系风险、缓解金融体系失衡。金融市场的深度、广度、完善程度、开放程度以及稳定程度与一国货币的国际化高度相关（Bergsten，1996；Tavlas and Ozeki，1991；McKinnon and Kenen，2002；高海红、余永定，2010）。相反，如果一国金融市场的深度和广度有限，难以承担输出和贮存本币流动性的"蓄水池"功能，那么大规模的资本流动往往会对本国金融市场和本币汇率形成冲击，甚至会诱发金融体系动荡，而汇率的大幅波动以及由此衍生出的大量外汇市场干预，则会对本币的国际化进程产生负面作用。

关于美元崛起的历史研究显示，金融发展和金融深化在帮助美元与英镑竞争并超过英镑方面发挥了重要作用。一方面，美国银行在海外建立分支机构以及发展海外对应银行网络，使其能够进入承兑汇票市场并获得竞争性贴现率，是 20 世纪 20 年代以美元计价的贸易融资（作为"贸易承兑汇票"或"银行承兑汇票"的计价货币）增长的关键（Eichengreen and Flandreau，2012）。另一方面，金融发展和金融深化也是

1918—1932 年美元在国际债券计价货币中份额增大以及在全球外国公共债务中所占比重上升的最重要原因，而一种货币在国际债券市场中所占的比例通常被视为最能综合衡量该货币国际化程度的指标（McCauley and Park，2006），因此也是美元崛起并最终战胜英镑的最重要的决定性因素之一，且影响力远超国家规模、货币政策和汇率制度（Chitu et al.，2014）。具体来讲，美国银行在海外开设分支银行，并积极发展以本币计价的国际债券市场，对促进美元国际化具有重要的积极意义。一方面，国际债券市场的币种比例的构成可以反映出不同货币在全球金融交易和计价中的使用情况，反映出国际货币的"计价单位"职能。另一方面，各国央行会选择购买国际债券作为主要投资产品。由于这些债券期限较长，在一定程度上可以反映出国际货币的"价值储备"职能，因此，国际债券市场的货币结构能够反映一个国家货币的国际化水平。而金融市场的深度、广度、完善程度以及开放程度将会对国际债券的计价货币选择产生重要的影响，金融深度不足将导致企业选择去国外市场发行规模较大的债券（Allayannis et al.，2003；Chan et al.，2012）。相反，本国债券市场的发展能够通过引入国外优质资本促进国内金融市场的完善（钟红，2018）。

金融发展和金融一体化是提升欧元国际地位的关键因素。随着欧元区金融发展水平的提高和欧元计价市场交易成本的下降，私营部门在各种职能中越来越多地使用欧元替代美元（Papaioannou and Portes，2008）。同时，将欧元区内各成员的金融市场整合为一个市场将有利于提高金融市场的流动性、广度和深度，有利于降低金融交易成本，从而有利于提高欧元在全球范围内作为国际货币的吸引力（Portes and Rey，1998）。

但值得注意的是，当且仅当货币发行国的金融深化是可持续的时，该国货币的国际地位才会建立在坚实的基础之上，而如果金融创新和自由化导致经济繁荣最终崩溃，则无法使一国货币国际化拥有稳定的根基。在两次世界大战期间，金融对国际货币市场的影响在两个方面都发挥了作用。1932—1939 年，美元在全球外国公共债务中所占份额下降的最重要原因就是美国银行体系的崩溃和随后的财政紧缩。而日本 20 世纪 80 年代末的股市泡沫破裂以及 20 世纪 90 年代的银行业和经济危机也冲击了日元的国际地位。此外，一国发展金融市场、开放资本账户、推进汇率制度改革，必然会扩大国际资本流动规模、拓宽国际资本流动渠道，进一步加强国家间金融市场的联动性。而且，汇率风险、外部冲击以及金融市场风险、实体经济风险也会相互交织、彼此传染。20世纪90年代，许多新兴市场国家迅速放开了资本账户管制，然而这并没有显著提高其货币在国际金融市场上的影响力。相反，这些国家却普遍经历了不同程度的银行危机和货币危机的打击。例如，拉美国家在开放资本账户后，因为国内严重的负债型货币错配而遭遇大规模资本外逃、货币贬值等，相继发生债务违约，进而引发金融危机。泰国接受"华盛顿共识"后开放资本账户，大量短期投机性资本流入高风险行业，导致经济表面上呈现高速增长但贸易赤字严重，房地产和股市出现严重泡沫，形成危机。1997年2月，国际投资机构掀起抛售泰铢风潮，泰铢暴跌，引发了波及整个亚洲市场的金融危机。国际经验表明，新兴市场国家在资本市场开放过程中，因为市场脆弱性增加，外部冲击导致发生货币危机的概率较大，通过联动机制传染到股票市场和房地产市场，容易爆发系统性金融危机（Calvo et al.，1996），而随着金融一体化的深入，危机必然会相互传导从而威胁全球金融稳定，危害其他国家经济稳定和发展。因此，一国的金融市场不仅要有较大的规模和深度，而且要有较大的弹性，只有能够守住不发生系统性金融危机的底线，才能为货币的国际化提供持续的支持。

2.2 经贸合作协定与货币国际化：经验研究

国家之间贸易协定的签订可以促进双边的经贸合作，推动贸易与经济金融的一体化发展，促进一国经济金融的稳定与发展。一个国家的总体经济实力越强，经济发展水平越高，其市场抵御风险的能力越强，就能够越好地为信用货币提供良好的信誉支持，从而增强非居民主体对该国货币的信心与持币意愿。同时，一国的经济发展水平越高，该国居民具有越强的消费能力，可能会对与该国经贸合作较为密切的国家产生越多的进口需求，从而将本国货币的使用范围扩大到合作国，扩大本国货币在合作国的使用规模。此外，大规模经济体的货币通常拥有较大外汇交易量，能有效降低交易成本，形成规模经济效应（Ewe-Ghee Lim，2006）。

从金融发展的角度来看，金融市场的深度、广度和开放度直接影响着国际货币地位（Tavlas and Ozeki，1991）。国际货币不仅需要充当重要的贸易结算货币，还应在资本流动、金融交易中充当重要的交易货币。实际上，在国际经济交易活动中，金融交易规模远大于贸易结算规模。一个国家金融市场的成熟、开放和稳定能够吸引更多国际资本在该国进行资产配置，从而增强非居民对该国货币的持币动机。

据世界贸易组织统计，截至 2023 年 7 月，已有 360 个自由贸易协定（free trade agreement，FTA）生效实施。自由贸易协定不仅数量众多，而且区域分布广泛，已形成跨地区、跨大洲、跨大洋、跨越不同经济发展程度和政治制度的区域贸易网络。近年来，自由贸易协定也陆续加入投资政策、竞争政策、知识产权政策、标准协调等新内容，条款内容覆盖的广度和深度也在不断深化。

不断增多以及协议深度不断提高的自由贸易协定，不仅说明全球经贸联系正在日益强化，而且体现出 21 世纪以来经济合作的重要价值。一方面，自由贸易协定有助于贸易壁垒的实质性削减，推动贸易自由化，增强经贸合作。另一方面，随着投资条款的增加和完善，自由贸易协定还进一步推动投资一体化。经济一体化程度的提升又进一步在更广的范围内促进资源优化配置，发挥比较优势、规模经济、聚集效应推动经济发展，并通过更广范围的风险分担维护经济金融稳定，进而促进经济金融高质量发展。

因此，本章以自由贸易协定为例进行实证研究。首先在 2.2 节分析经贸合作的深度和广度对货币国际化使用的影响，然后分析经贸合作推动货币国际化的作用渠道。在 2.3 节和 2.4 节分别检验经贸合作推动经济发展和经济稳定、推动金融发展和金融稳定的经验证据，来证明这两大间接渠道的存在性。[①]

受数据可得性影响，本节的研究样本时间跨度为 2001—2019 年。经贸合作协定的相关数据主要来源于 DESTA 数据库，实际人均 GDP 及增长率、私营部门信贷数据来自世界银行数据库，货币使用的数据来自国际清

---

① 渠道分析的逻辑参考江艇在 2022 年《中国工业经济》第 5 期上对中介效应分析的操作建议，详见本章附录 2-1。

算银行（BIS）每三年发布的外汇交易调查报告。其余控制变量的相关数据来自世界银行、CEPII-Gravity、Penn World Table（PWT）等数据库。

本节围绕自由贸易协定对货币国际化使用程度的影响展开实证分析，探讨经贸合作是否可以通过促进国际货币发行国经济金融的高质量发展增强全球投资者的持币动机，进而促进该国货币的国际化。

一种货币的国际化，不仅体现在其在贸易计价结算方面的使用上，也体现在金融市场中的计价结算上，且金融交易的频率和规模要远高于贸易。本章使用国际清算银行每三年发布的全球外汇交易数据来衡量某种货币的国际化程度。

在全球外汇交易数据的调查报告中，披露的所使用的国际货币主要有人民币、美元、英镑、欧元、澳元、加拿大元、俄罗斯卢布、泰国泰铢、日元、巴西雷亚尔、智利比索、丹麦克朗、匈牙利福林、印度卢比、挪威克朗、新西兰元、波兰兹罗提、瑞典克朗、新加坡元、南非兰特等币种。由于欧元没有对应的单一国家，在实证分析中没有使用欧元的相关数据。

本章构建引力模型进行实证分析，在模型中加入两个国家是否接壤等虚拟变量，并控制时间固定效应。具体模型如下：

$$currencyshare_{ijt} = \gamma_0 + \gamma_1 X_{ijt} + Z_0 \gamma' + \vartheta_t + e_{ijt}$$

本章的主要被解释变量是货币使用程度，具体来说，$currencyshare_{ijt}$ 衡量了在第 t 年，在 i 国所有的外汇交易中，使用 j 国货币的比例。主要的解释变量是在第 t 年，i 国和 j 国两个国家之间自由贸易协定的签订情况。Z_0 表示一系列的控制变量，ϑ_t 表示年份固定效应。表 2-1 给出了对主要变量的描述性统计。

表 2-1　对主要变量的描述性统计

变量	N	均值	标准差	最小值	25%分位数	中位数	75%分位数	最大值
国际货币使用占比	2 534	0.025 0	0.076 5	0	0.000 4	0.003 4	0.016 3	0.500
两国间是否签订 FTA	2 564	0.772	0.419	0	1	1	1	1
两国间 FTA 数量	2 564	1.378	1.188	0	1	1	2	4
两国间 FTA 深度	2 564	7.867	6.988	0	3	7	11	24
两国间 FTA 数量占比（%）	2 564	0.020 9	0.018 2	0	0.013 7	0.014 7	0.029 4	0.062 3
两国间 FTA 深度占比（%）	2 564	0.030 2	0.028 0	0	0.010 5	0.025 8	0.041 7	0.107 3

由表 2-2 的回归结果可知，两国间贸易协定深度每加深一个单位，国际货币在其贸易协定伙伴的使用占比平均提高 0.1%。两国间贸易协定的深度在世界总深度的占比每增加 1%，国际货币在其贸易协定伙伴的使用占比平均提高 15.8%。

表 2-2　自由贸易协定对货币国际化的影响

	(1)	(2)	(3)	(4)	(5)
是否签订 FTA	0.001 (0.36)				
两国间 FTA 数量		0.001 (0.91)			
两国间 FTA 深度			0.001*** (5.54)		
两国间 FTA 数量占比（%）				0.008 (0.15)	
两国间 FTA 深度占比（%）					0.158*** (3.73)
i 国 GDP	−0.000*** (−3.39)	−0.000*** (−3.41)	−0.000*** (−3.56)	−0.000*** (−3.39)	−0.000*** (−3.53)
j 国 GDP	0.000*** (9.92)	0.000*** (9.90)	0.000*** (9.94)	0.000*** (9.90)	0.000*** (9.92)
两国是否接壤	0.021** (2.34)	0.021** (2.41)	0.024*** (2.73)	0.021** (2.34)	0.023*** (2.60)
两国是否处于殖民或依赖关系	−0.012** (−2.30)	−0.012** (−2.33)	−0.012** (−2.43)	−0.012** (−2.29)	−0.012** (−2.41)
两国间的地理距离	−0.004*** (−3.49)	−0.004*** (−3.26)	−0.002 (−1.18)	−0.005*** (−3.54)	−0.002* (−1.68)
两国是否有共同的官方或主要语言	0.024*** (3.60)	0.024*** (3.60)	0.023*** (3.57)	0.024*** (3.61)	0.023*** (3.59)
两国是否有共同法律渊源	0.001 (0.42)	0.002 (0.47)	0.003 (0.84)	0.001 (0.43)	0.003 (0.76)
常数项	0.030*** (2.58)	0.028*** (2.62)	0.001 (0.10)	0.032*** (2.96)	0.009 (0.76)
观测值	2 487	2 487	2 487	2 487	2 487
R^2	0.426	0.427	0.430	0.426	0.429
年份固定效应	YES	YES	YES	YES	YES

注：*** 表示 $p<0.01$，** 表示 $p<0.05$，* 表示 $p<0.1$。括号内为 t 值。在变量定义中，两国间的距离为两国人口最多城市之间的人口加权距离（调和平均），取对数。国家 GDP 使用购买力平价 GDP，单位为千美元。

综上所述，国家间经贸合作深度越深，越有利于促进成员货币国际化。我们将在后文进一步分析经贸合作推动货币国际化的间接渠道，探讨经贸合作是否可以通过促进国际货币发行国经济金融的高质量发展增强全球投资者的持币动机，进而促进该国货币的国际化。

2.3 经贸合作协定与经济发展和经济稳定：经验研究

本节探讨经贸合作协定对经济发展和经济稳定的影响。国家间通过经贸合作推动贸易投资一体化，进而提高贸易影响力和扩大双向投资规模，一方面有助于国家推动技术外溢/进步，充分发挥比较优势，实现规模经济、专业化经济，推动国家经济增长（即图 2-1 中的间接渠道 2 和 4）；另一方面有助于促进政策协调、分散化等从而降低成员的经济波动程度（即图 2-1 中的间接渠道 1 和 5），进而提高国际货币发行国的货币交易和储值功能，促进货币国际化。

2.3.1 经贸合作协定与经济发展

本节的经验分析模型构建如下：

$$\ln\mathrm{GDP}cap_{it} = \beta_0 + \beta_1 X_{it} + Z_1\beta' + \mu_i + \theta_t + \varepsilon_{it}$$

其中，i 和 t 分别表示国家 i 和第 t 年，β_0 表示常数项，X_{it} 表示与一个国家签订的贸易协定相关的解释变量，Z_1 表示一系列控制变量，μ_i 和 θ_t 分别表示国家固定效应与时间固定效应，ε_{it} 表示随机误差项。

本节讨论经贸合作协定对一国经济发展的影响。我们选取实际人均 GDP（按 2015 年不变价计算）的对数作为衡量一个国家经济发展水平的指标。该数值越高，说明一个国家经济生产能力和居民生活水平越高，经济发展水平越高。主要解释变量包括三个方面：（1）FTA，0 和 1 变量，是否签订自由贸易协定；（2）p_FTA_num，各国签订的协定数量占当年全球所有协定数量的比例；（3）p_FTA_depth，各国签订的协定总深度占当年全球所有协定总深度的比例。

FTA 数量的计算是从样本初期开始，将一个国家截至第 t 年，每年签订的 FTA 数量逐年相加，其含义为在第 t 年一个国家正在生效的自由贸易协定的总数。参考 Dür 等 2014 年的相关表述，我们采用如下方法定义贸易协定的深度。它结合了贸易协定中可以包括的七个关键条款（见表 2-3），取值为 0～7。第一个条款描述了该协定是否预见到所有关税

（除了一些有限的例外）应该降至零，即目标是否为创建一个完整的自由贸易区。其他六个条款涵盖了关税削减之外的合作，涉及服务贸易、投资、标准、公共采购、竞争和知识产权等领域。对于上述每个领域，我们对协定是否包含任何实质性条款进行编码。我们用一个例子简要说明什么是实质性条款，例如在服务方面，国民待遇条款算一个实质性条款，而缔约方希望开放服务市场的声明并不算实质性条款。若在某领域，协定中包含实质性条款，则取 1，否则取 0，然后对 7 个领域的编码取值进行加总。为了与没有签订协定的国家区分开，我们将没有签订协定的深度变量取值为 0，签订了协定的深度变量的取值范围由 Dür 等 2014 年所主张的 ［0，7］变为 ［1，8］。

表 2-3 深度指标的定义（可加指数）

变量	取值
是否不仅仅是一个部分范围协定？	0 或 1
在服务方面是否包含实质性条款？	0 或 1
在投资领域是否包含实质性条款？	0 或 1
在标准方面是否包含实质性条款？	0 或 1
在公共采购方面是否包含实质性条款？	0 或 1
在竞争政策方面是否包含实质性条款？	0 或 1
在知识产权方面是否包含实质性条款？	0 或 1
变量总的取值范围	0~7

值得注意的是，自由贸易协定的数量和深度都存在随着时间推移逐年增加的时间趋势，为了剔除该影响，我们采取一个国家自由贸易协定数量占当年全球协定总数的比例和一个国家自由贸易协定深度占当年全球协定总深度的比例两个指标作为对单个国家协定数量和深度的衡量指标，同时将两个指标乘以 100，变量单位变为百分比。

本节参考陈雨露等（2016）的研究，在经济层面选取金融发展水平、贸易条件、资本形成率、工业化程度，在金融层面选取存款利率和总储蓄率，在社会层面选取人口增长率、电话租用率和城镇化率作为实证模型中的控制变量。其中，金融发展水平用私人部门信贷占 GDP 的比值表示；资本形成率用资本形成总额占 GDP 的比值表示；工业化程度用第二产业产值占 GDP 的比值衡量；电话租用率用移动蜂窝式无线通信系统的电话租用率衡量，反映公共通信服务水平，用于衡量社会发展程度；城镇化率用城镇人口占总人口的百分比衡量。对变量的描述性统计见附录 2-2，相关回归结果见表 2-4。

表 2-4　自由贸易协定对经济发展的影响

	（1）	（2）	（3）
是否签订 FTA	0.148** (2.34)		
FTA 数量占比（%）		0.206*** (3.34)	
FTA 深度占比（%）			0.196*** (3.51)
金融发展水平	0.331*** (3.72)	0.350*** (3.72)	0.351*** (3.72)
贸易条件	−0.043 (−1.02)	−0.040 (−0.95)	−0.039 (−0.94)
资本形成率	−0.087 (−0.67)	−0.055 (−0.43)	−0.039 (−0.30)
工业化程度	0.317 (1.39)	0.422* (1.85)	0.423* (1.86)
存款利率	−0.140 (−0.96)	−0.075 (−0.56)	−0.116 (−0.91)
总储蓄率	0.268* (1.68)	0.247 (1.54)	0.228 (1.43)
人口增长率	0.794 (0.76)	0.975 (0.93)	0.823 (0.78)
电话租用率	0.125*** (3.19)	0.110*** (2.77)	0.112*** (2.81)
城镇化率	0.922 (1.05)	1.031 (1.13)	1.073 (1.18)
常数项	7.279*** (14.96)	7.125*** (13.70)	7.114*** (13.72)
样本观测值	2 093	2 093	2 093
R^2	0.683	0.690	0.693
样本内国家数量	127	127	127
国家固定效应	是	是	是
年份固定效应	是	是	是

注：*** 表示 $p<0.01$，** 表示 $p<0.05$，* 表示 $p<0.1$。括号内为 t 值。

从表 2-4 的实证结果来看，经贸合作协定在促进经济发展方面发挥着重要的作用。平均而言，签订 FTA 的国家，经济发展水平更高。签订

FTA 数量相对越多、深度相对越大的国家，经济发展水平越高。这是因为一方面，FTA 的签订可以推动成员间贸易一体化，同时刺激投资、促进技术外溢、提高资本回报率、实现并扩大研发部门的规模经济，产生持续性的技术推动型增长，进而推动成员的经济增长（Rivera-Batiz and Romer，1991；Rivera-Batiz and Xie，1993；Grossman and Helpman，1991；Baldwin and Seghezza，1996；Wacziarg，2001；Sohn and Lee，2010）。另一方面，FTA 质量越高，越能够有效促进地区的经济增长（孙瑾等，2018）。

具体来看，在其他条件一定的情况下，签订 FTA 的国家比没有签订 FTA 的国家实际人均 GDP 平均高 14.8%，该结果在 5% 的水平上显著。一个国家签订的 FTA 数量相对于全球每增加 1%，该国人均实际 GDP 平均提高 20.6%。一个国家签订的 FTA 深度相对于全球每增加 1%，该国人均实际 GDP 平均提高 19.6%。以上结果均说明，FTA 的签订对于一国的经济发展具有显著的促进作用。

2.3.2　经贸合作协定与经济稳定

本节的模型构建如下：

$$Eco\_volatility_{it} = \alpha_0 + \alpha_1 X_{it} + Z_2\alpha' + \chi_i + \delta_t + v_{it}$$

其中，i 和 t 分别表示国家 i 和第 t 年，α_0 表示常数项，X_{it} 表示与一个国家签订的贸易协定相关的解释变量，Z_2 表示一系列控制变量，χ_i 和 δ_t 分别表示国家固定效应与时间固定效应，v_{it} 表示随机误差项。我们选取实际 GDP 增长率（按 2010 年不变价美元计算）的三年移动标准差作为主要被解释变量，以衡量一国的经济波动。该标准差数值越大，说明一国的经济波动性越大。主要解释变量的定义与前文一致。

在控制变量的选取中，我们主要参考 Ductor 和 Leiva-León（2021）的研究，在双向固定效应模型中控制了贸易开放程度、金融开放程度、贸易条件波动率、一国汇率波动率、财政政策冲击与货币政策冲击以及技术冲击等因素。具体地，贸易开放程度用进出口总额占 GDP 的比值表示；金融开放程度用 Chinn-Ito 指数衡量，该指数是由 Chinn 和 Ito 根据 IMF 的《汇兑安排与汇兑限制年报》（AREAER）编制的反映一国资本账户开放程度的综合指标，也是当前研究资本账户自由程度的常用指标。

贸易条件波动率和汇率波动率分别用贸易条件和汇率的对数一阶差分的平方表示，财政政策冲击用政府支出占比的对数值表示，货币政策冲击用贷款利率增长率的平方表示，技术冲击用全要素生产率增长率的二次方表示。对变量的描述性统计见附录 2-2。

本节讨论经贸合作协定对一国经济稳定的影响。FTA 通过扩大开放、推动贸易投资一体化、促进政策协调等多种手段对成员的经济波动产生深刻影响，主要包括四个方面：一是 FTA 签订后，协定内成员之间资源能够得到更优的配置，从而提高生产效率、扩大经济规模，同时也有助于提高生产和出口产品的多样性，有助于降低经济波动（Acemoglu and Zilibotti，1997）。二是 FTA 能够提高成员的对外开放程度，有利于促进国家间的贸易和投资等（Cavallo and Frankel，2007），而贸易投资一体化可以通过分散风险降低一国经济波动。三是各成员在 FTA 中对未来的宏观经济政策进行承诺和协调，有利于使国内管理框架与国际惯例有效接轨，同时有利于引入贸易争端解决机制、降低政策不确定性和发生冲突的风险、提高成员合作的成功概率、抑制对经济增长的负面冲击（Kose，2005；Edwards，2010；Kangni and Patrick，2015；Ederington and Ruta 2016；韩剑和王灿，2019；赵金龙等，2022）。四是 FTA 有助于深化协定内成员的垂直分工专业化生产程度，通过提高全球价值链嵌入水平来抑制成员的经济波动（赵金龙等，2022）。

从表 2-5 的实证结果来看，FTA 的虚拟变量以及 FTA 数量和深度占比的系数均为负。具体而言，签订 FTA 的国家比没有签订 FTA 的国家人均实际 GDP 增长率的三年移动标准差平均减少 0.876 个单位，该结果在 5% 的水平上显著。FTA 数量和深度占比系数每增加 1%，人均实际 GDP 增长率的三年移动标准差分别平均减少 0.825 和 0.547 个单位。该结果在 10% 的水平上显著。这表明签订 FTA 起到了降低经济波动率、增强经济稳定性的作用，经贸合作广度和深度的扩大均有助于维持经济稳定。

表 2-5　自由贸易协定对一个国家经济稳定的影响

	(1)	(2)	(3)
是否签订 FTA	−0.876** (−2.19)		

续表

	（1）	（2）	（3）
FTA 数量占比（%）		−0.825* （−1.80）	
FTA 深度占比（%）			−0.547* （−1.83）
贸易开放程度	0.004 （0.74）	0.003 （0.64）	0.003 （0.66）
金融开放程度	−0.833 （−1.61）	−0.766 （−1.45）	−0.750 （−1.42）
贸易条件波动率	−49.488 （−0.72）	−48.651 （−0.70）	−49.772 （−0.72）
汇率波动率	3.456** （2.09）	3.485** （2.15）	3.463** （2.11）
财政政策冲击	2.148 （0.89）	2.112 （0.88）	2.197 （0.92）
货币政策冲击	0.313 （1.18）	0.279 （0.98）	0.302 （1.07）
技术冲击	10.281*** （3.63）	10.063*** （3.60）	10.095*** （3.61）
常数项	3.179*** （4.61）	2.952*** （4.36）	2.742*** （4.16）
样本观测值	1 474	1 774	1 774
R^2	0.173	0.172	0.170
样本内国家数量	83	83	83
国家固定效应	YES	YES	YES
年份固定效应	YES	YES	YES

注：*** 表示 $p<0.01$，** 表示 $p<0.05$，* 表示 $p<0.1$。括号内为 t 值。

2.4 经贸合作协定与金融发展和金融稳定：经验研究

本节探讨经贸合作协定对金融发展和金融稳定的影响。经贸合作也能通过贸易投资一体化为一国的金融市场带来更多的流动性，促进国家的金融开放，推动金融创新，提高金融效率和透明度，增强金融体系的韧性，提升抵御外部冲击的能力，等等，进一步扩大成员金融交易规模，从而推动国家金融发展与金融稳定（即图 2-1 中的间接渠道 3）。

2.4.1 经贸合作协定与金融发展

本节的模型构建如下：

$$Fin\_development_{it} = \varphi_0 + \varphi_1 X_{it} + Z_3 \varphi' + \sigma_i + \tau_t + \varepsilon_{it}$$

其中，i 和 t 分别表示国家 i 和第 t 年，φ_0 表示常数项，X_{it} 表示与一个国家签订的贸易协定相关的解释变量，Z_3 表示一系列控制变量，σ_i 和 τ_t 分别表示国家固定效应与时间固定效应，ε_{it} 表示随机误差项。

首先讨论经贸合作协定对于一国金融发展的影响。我们主要参考 King 和 Levine 于 1993 年的做法，选取私人部门信贷占 GDP 的比值作为一个国家金融发展水平的衡量指标。该数值越高，说明私人部门获得信贷的渠道越顺畅，一国金融体系越完善，金融发展水平越高。控制变量参考经济发展的控制变量，选取人均 GDP 增长率、贸易条件、资本形成率、工业化程度、存款利率、总储蓄率、人口增长率、电话租用率和城镇化率作为控制变量。

从表 2-6 的实证结果来看，FTA 在促进金融发展方面发挥着重要的作用。平均而言，签订 FTA 的国家金融发展水平更高。签订 FTA 数量越多、深度越大的国家，金融发展水平越高。一方面，FTA 中金融服务等相关条款可能会对一国的金融规则标准产生影响，标准的提高可能会提高一国金融发展的水平和金融系统的稳定性。另一方面，FTA 的签订可以促进跨境投资和跨国公司的成立，并为一国的金融市场带来更多的流动性，促进国家的金融开放。金融开放的过程通常会提升金融系统的效率，通过淘汰一些无效率的金融机构，为金融基础设施的改革创造更大的激励，进而促进一国的金融发展水平的提高。金融开放同时能够促进一国金融制度的创新，带来金融市场效率的提升。此外，前文的讨论中提到，贸易一体化可以促进一国的经济增长，进而能够促进金融市场的发展。

表 2-6　自由贸易协定对金融发展的影响

	(1)	(2)	(3)
是否签订 FTA	0.133*** (8.64)		

	（1）	（2）	（3）
FTA 数量占比（％）		0.058***	
		(3.46)	
FTA 深度占比（％）			0.047***
			(3.07)
人均 GDP 增长率	−0.004***	−0.005***	−0.005***
	(−3.59)	(−3.76)	(−3.71)
贸易条件	−0.035	−0.042	−0.043
	(−1.25)	(−1.30)	(−1.36)
资本形成率	0.252**	0.270**	0.272**
	(2.43)	(2.56)	(2.59)
工业化程度	−0.080	0.006	0.008
	(−0.37)	(0.03)	(0.04)
存款利率	0.436***	0.435***	0.422***
	(2.72)	(2.86)	(2.88)
总储蓄率	−0.114	−0.132	−0.137*
	(−1.47)	(−1.62)	(−1.71)
人口增长率	−1.856**	−1.815*	−1.846*
	(−2.03)	(−1.93)	(−1.97)
电话租用率	0.088**	0.080**	0.080**
	(2.49)	(2.18)	(2.17)
城镇化率	−0.180	−0.073	−0.060
	(−0.43)	(−0.16)	(−0.13)
常数项	0.395**	0.324	0.326
	(2.02)	(1.42)	(1.42)
样本观测值	2 115	2 115	2 115
R^2	0.377	0.358	0.357
样本内国家数量	128	128	128
国家固定效应	YES	YES	YES
年份固定效应	YES	YES	YES

注：***表示 $p<0.01$，**表示 $p<0.05$，*表示 $p<0.1$。括号内为 t 值。

具体来看，相比于没有签订 FTA 的国家，签订 FTA 的国家金融中介机构向私营部门提供的信贷占 GDP 的比例比没有签订 FTA 的国家平均高 13.3％，该结果在 1％的水平上显著。当一个国家 FTA 数量占世界 FTA 总数的比例增大 1％时，其以信贷占比衡量的金融发展水平平均提升 5.8％；一个国家 FTA 深度占世界 FTA 条款总深度的比例每增大 1％，金融发展水平平均提升 4.7％。以上结果均说明，FTA 的签订对一国的金融发展具有显著的促进作用。

2.4.2 经贸合作协定与金融稳定

本节的模型构建如下：

$$Fin\_volatility_{it} = \rho_0 + \rho_1 X_{it} + Z_4\rho' + \eta_i + \pi_t + \omega_{it}$$

其中，i 和 t 分别表示国家 i 和第 t 年，ρ_0 表示常数项，X_{it} 表示与一个国家签订的贸易协定相关的解释变量，Z_4 表示一系列控制变量，η_i 和 π_t 分别表示国家固定效应与时间固定效应，ω_{it} 表示随机误差项。

我们选取私营部门的国内信贷占 GDP 比值的三年移动标准差作为主要被解释变量，以衡量一国金融体系的稳定程度。该标准差数值越大，说明一国金融市场的波动性越大，金融体系越不稳定。本章同时选取广义货币占 GDP 比值的三年移动标准差作为稳健性检验，得到了与私营部门信贷占比一致的结论，具体的回归结果见附录 2-2。主要解释变量的定义与前文一致。控制变量的选取与前文经济波动的控制变量一致。

本节讨论经贸合作协定对一国金融体系稳定的影响。首先，经贸合作协定可以促进贸易和投资的自由化和便利化，扩大市场，增加资本流动，推动经济发展，这有助于增强金融体系的韧性和抵御外部冲击的能力。其次，经贸合作协定可以鼓励不同国家金融机构之间的合作和协调，增加信息共享，协调监管政策，减少跨境风险，进而提高金融体系的稳定性。最后，经贸合作协定可以保证资本市场的互联互通和融合发展，扩大融资渠道，提高资本市场的效率和透明度，增强市场抵御风险的能力。经贸合作协定还可以促进成员之间的风险共担和协调，增强金融体系的稳定性。

从表 2-7 的实证结果来看，FTA 数量和深度占比的系数均为负，并且在 5% 的水平上显著，这说明 FTA 数量和深度的增加都起到了降低金融体系波动率、增强金融稳定性的作用。

表 2-7　自由贸易协定对一个国家金融稳定的影响

	(1)	(2)	(3)
是否签订 FTA	0.212 (0.31)		

续表

	（1）	（2）	（3）
FTA 数量占比（%）		−2.554** （−2.55）	
FTA 深度占比（%）			−1.990** （−2.36）
贸易开放程度	0.007 （0.70）	0.006 （0.69）	0.007 （0.76）
金融开放程度	−1.423** （−2.20）	−1.114** （−2.17）	−1.126** （−2.14）
贸易条件波动率	68.618 （0.96）	80.672 （1.14）	83.838 （1.16）
汇率波动率	3.737 （1.15）	3.735 （1.18）	3.702 （1.16）
财政政策冲击	8.606* （1.95）	6.856 （1.63）	7.178* （1.70）
货币政策冲击	10.435** （1.99）	10.402** （2.06）	10.386** （2.02）
技术冲击	29.162** （2.02）	29.459** （2.05）	29.595** （2.06）
常数项	0.428 （0.35）	2.003* （1.87）	1.608 （1.50）
样本观测值	1 474	1 474	1 474
R^2	0.077	0.093	0.092
样本内国家数量	83	83	83
国家固定效应	YES	YES	YES
年份固定效应	YES	YES	YES

注：*** 表示 $p<0.01$，** 表示 $p<0.05$，* 表示 $p<0.1$。括号内为 t 值。

2.5 本章小结

跨国经验表明，随着一国与伙伴国经贸合作深度的提升，其货币在伙伴国货币交易中的重要性不断提升。这是因为经贸合作可以通过促进经济一体化和货币发行国经济金融高质量发展推动其货币国际化程度提升。

自由贸易协定降低或取消了关税壁垒，提高了贸易投资便利化和自由化水平，大大降低了国际贸易过程中的可变贸易成本，对成员贸易有着显著的正效应，而一国在全球贸易网络中的地位显著影响其货币的国际地位。一国贸易额占世界贸易总额的份额越大，则该国货币越有可能成为国际货币。若货币发行国与一国进出口贸易对该国至关重要或在其对外贸易总量中比重很高，则对方国家的进出口商会有更多机会与货币发行国进行交易，从而更有可能使用货币发行国的货币。

自20世纪90年代以来，自由贸易协定覆盖的内容早已远远超出贸易领域，协定内容开始增加政府采购、投资、金融服务、竞争政策、知识产权等多个领域。特别地，越来越多的自由贸易协定包括投资自由化相关的条款，这些条款包括减少国际资本流动的障碍，消除外国投资者在国内经济活动中的限制等多个方面。这些投资相关的条款不仅降低了投资领域相关政策的不确定性，在推动投资领域进一步开放的同时减少了投资风险并增加了投资收益保护，而且降低了投资成本，从而能够吸引外资流入。而投资能够促进国际货币在流入国的使用，是货币国际化的重要因素，国际投资中的货币使用也是货币国际化的重要体现。一般而言，一国在全球国际投资中参与度越高，则其货币越容易成为国际货币。跨国资金的流动通常能够扩大国际货币在流入国的使用范围以及增加使用需求，从而降低其交易费用和转换成本。

发行国综合经济实力对其货币国际地位具有重要影响，其中，经济发展和稳定是两个极其重要的因素。国际货币发行国必须有过硬的经济实力，才能提供一个稳定的经济环境，以避免国际经济波动对本国产生的不利影响，从而维持国际市场对其货币的信心。

自由贸易协定的签订可以推动成员间经济贸易一体化，同时刺激投资、促进技术外溢、提高资本回报率、实现并扩大研发部门的规模经济、产生持续性的技术推动型增长，进而推动成员的经济增长。自由贸易协定作为贸易、投资和金融开放的重要平台和载体，与经济波动也息息相关。自由贸易协定签订后，协定内成员之间资源能够得到更优配置，从而提高生产效率、扩大经济规模，同时也有助于提高生产和出口产品的多样性，有助于降低经济波动。自由贸易协定也可以通过促进贸易投资一体化分散风险进而降低经济波动。自由贸易协定也通过强化成员宏观经济政策的可预测性和协调性降低了政策不确定性和发生冲突的风险，提高了成员合作的成功概率，抑制了对经济增长的负面冲击。自由贸易协定还有助于深化区域内成员的垂直分工专业化生产程度，通过提高全球价值链嵌入水平来抑制成员的经济波动。1992—2019 年的跨国经验证据表明，平均而言，在其他因素一定的情况下，签订自由贸易协定确实能够提升一国经济发展水平并降低其经济波动水平。不仅如此，随着签订自由贸易协定的广度和深度的提升，一国经济发展水平和经济稳定性均进一步提升。这意味着建立广泛且深入的经贸合作网络有助于促进经济高质量发展。

随着经济一体化的提升，区域内投资环境得到改善，进一步推动区域金融合作，而金融一体化可以促进国家间的金融市场进一步得到完善和发展，提高金融深度和效率，并在一定程度上缓解金融波动。从金融层面来看，一个国家的金融发展、金融深度和金融稳定，以及与此相关的市场流动性、融资成本、金融交易成本，是影响该国货币国际化的重要因素。如果一国金融市场的深度和广度有限，难以承担输出和贮存本币流动性的"蓄水池"功能，那么大规模的资本流动往往会对本国金融市场和本币汇率形成冲击，甚至诱发金融体系动荡，而汇率的大幅波动以及由此衍生出的大量外汇市场干预，则会对本币的国际化进程产生负面作用。当且仅当货币发行国的金融深化是可持续的时，该国货币的国际地位才会建立在坚实的基础之上，而金融创新和自由化导致经济繁荣最终崩溃，因而无法使一国货币国际化拥有稳定的根基。1992—2019 年的跨国经验证据表明，平均而言，在其他因素一定的情况下，签订自由贸易协定确实能够提升一国金融发展水平并降低其金融波动水平。不仅如此，随着签订自由贸易协定的广度和深度的提升，一国金融发展水平和金融稳定性均进一步提升。

附录 2-1　江艇：因果推断经验研究中的中介效应与调节效应

江艇在 2022 年《中国工业经济》第 5 期上发表的《因果推断经验研究中的中介效应与调节效应》，深入讨论了中介效应检验的偏误、如何正确开展中介效应分析，并针对当前的使用现状提出了相应的操作建议。以下为核心内容简述：

一组因果关系及其作用渠道可以用如下结构模型来刻画：

$$Y = \alpha_0 + \alpha_1 D + \varepsilon_{Y_1} \tag{1}$$

$$Y = \beta_0 + \beta_1 D + \beta_2 M + \varepsilon_{Y_2} \tag{2}$$

$$M = \gamma_0 + \gamma_1 D + \varepsilon_M \tag{3}$$

其中，Y 是结果变量，D 是处理变量，M 是中介变量。式（1）表示 D 对 Y 有因果影响；式（3）表示 D 对 M 有因果影响；式（2）一方面表示 M 对 Y 有因果影响，从而建立起了 $D{\to}M{\to}Y$ 的因果链条，另一方面表示在 M 之外，D 还可能独立影响 Y。

江艇指出，除非能够从理论上证明并不存在同时影响中介变量和结果变量的混淆因素，或者能够良好地定义、充分地穷举和准确地测度这些混淆因素并且方便地将其作为控制变量放入式（2）中，否则这种回归并不能产生任何增进我们理解 $D{\to}M{\to}Y$ 这一因果链条的有益知识。

对此，江艇提出了四条中介效应分析的操作建议。其中一条建议是根据经济学理论，提出一个或几个能够反映 D 对 Y 的作用渠道的中介变量 M，M 对 Y 的影响应该是直接而显然的，在计量上只考察式（1）和式（3），而不考察式（2），从而避免式（2）估计中的计量问题。

因此，本报告第 2 章采取上述建议，即提出经济发展和经济稳定、金融发展和金融稳定这四个中介变量，这些变量与货币国际化的因果关系当前已由大量文献从理论和经验证据两个角度证明，因此不必采用正式的因果推断手段来研究从经济发展和经济稳定、金融发展和金融稳定到货币国际化的因果关系，仅看经贸合作对经济发展和经济稳定、金融发展和金融稳定的影响，从而避免正式区分出在间接效应之外是否还有无法解释的直接效应。

附录 2-2 相关表格

附表 2-1 经济发展和金融发展模型主要变量定义表

变量名	变量定义	资料来源
金融发展水平	私人部门信贷占 GDP 的比值作为一个国家金融发展水平的衡量指标。该数值越高，说明私人部门获得信贷的渠道越顺畅，一国金融体系越完善，金融发展水平越高	World Development Indicators（WDI）
经济增长	实际人均 GDP 增长率（以 2010 年不变价美元计算）	WDI
贸易条件	该值越大，表明贸易条件越好	WDI

续表

变量名	变量定义	资料来源
资本形成率	用资本形成总额占 GDP 的比值表示，用于衡量宏观资本结构，反映货币资源的分配	WDI
工业化程度	用第二产业产值占 GDP 的比值表示，该数值越大，表示工业化程度越高	WDI
存款利率	商业银行或类似银行为存款支付的利率	WDI
总储蓄率	用总储蓄与 GDP 之比表示，用于衡量储蓄水平	WDI
人口增长率	从 $t-1$ 年至 t 年的人口增长率，用于衡量社会人口状况	WDI
电话租用率	用移动蜂窝式无线通信系统的电话租用率表示，反映了一国的公共通信服务水平，一般用于衡量社会发展程度	WDI
城镇化率	用城镇人口占总人口的百分比表示，用于衡量城镇化水平	WDI

附表 2-2　经济波动和金融波动模型主要控制变量定义表

变量名	变量定义	资料来源
贸易开放程度	$T_{it} = \dfrac{E_{it} + I_{it}}{\mathrm{GDP}_{it}}$，其中，$E_{it}$ 是国家 i 在第 t 年的总出口，I_{it} 是国家 i 在第 t 年的总进口，GDP_{it} 是国家 i 在第 t 年的名义 GDP	WDI
金融开放程度	用 Chinn-Ito 指数来衡量	Chinn-Into Index
贸易条件波动率	$\sigma(tot)_{it} = (\log(tot_{it}) - \log(tot_{it-1}))^2$，贸易条件对数值一阶差分的平方。其中贸易条件（$tot_{it}$）的计算公式为 $tot_{it} = \dfrac{PE_{it}}{PI_{it}}$，即国家 i 在第 t 年的进出口价格水平之比	PWT 10.0
汇率波动率	$\sigma(xr)_{it} = (\log(xr_{it}) - \log(xr_{it-1}))^2$，汇率采用直接标价法，定义为每一美元对应的本币数量。波动率用汇率（xr_{it}）对数值 $t-1$ 年到 t 年一阶差分的平方表示	PWT 10.0
财政政策冲击	$\log(gov)$，政府消费占比	PWT 10.0
货币政策冲击	$\sigma(int)_{it} = \left(\dfrac{int_{it} - int_{it-1}}{int_{it-1}}\right)^2$，短期贷款利率增长率的平方，其中 int 代表 WDI 数据库中的贷款利率	WDI
技术冲击	$\sigma(TFP)_{it} = \left(\dfrac{TFP_{it} - TFP_{it-1}}{TFP_{it-1}}\right)^2$，全要素生产率增长率的平方，其中 TFP 使用 PWT 数据库中的变量 $ctfp$。TFP 的计算采用产出侧的实际 GDP、资本存量、劳动投入以及员工和个体经营者劳动收入占 GDP 的份额	PWT 10.0

附表 2-3　经济发展和金融发展模型相关变量描述性统计

变量	N	均值	标准差	最小值	最大值
经济发展水平	5 245	8.403	1.430	5.248	12.03
金融发展水平	4 151	0.461	0.408	0.024 0	1.854
两国间是否签订 FTA	5 510	0.896	0.306	0	1
两国间 FTA 数量占比（%）	5 510	0.526	0.628	0	7.937
两国间 FTA 深度占比（%）	5 510	0.526	0.800	0	10.36
贸易条件	4 538	1.132	0.340	0.528	2.373
资本形成率	4 645	0.236	0.079 7	0.060 6	0.485
工业化程度	5 015	0.266	0.114	0.068 6	0.649
存款利率	3 459	0.079 4	0.091 1	0.000 571	0.634
总储蓄率	4 076	0.216	0.106	−0.033 2	0.542
人口增长率	5 510	0.014 2	0.013 3	−0.019 7	0.053 1
电话租用率	5 385	0.549	0.521	0	1.758
城镇化率	5 481	0.550	0.230	0.134	1

附表 2-4　经济波动和金融波动模型相关变量描述性统计

变量	N	均值	标准差	最小值	最大值
经济波动	4 134	2.639	3.674	0.007 19	72.32
金融波动（信贷/GDP）	3 306	3.012 342	3.856 434	0	58.596 8
金融波动（M2/GDP）	3 530	3.048 332	3.726 835	0	66.661 21
两国间是否签订 FTA	4 564	0.910	0.286	0	1
两国间 FTA 数量占比（%）	4 564	0.613	0.695	0	8.621
两国间 FTA 深度占比（%）	4 564	0.613	0.893	0	11.43
贸易开放程度	4 112	82.01	47.45	0.021 0	437.3
金融开放程度	4 423	0.512	0.369	0	1
贸易条件波动率	4 401	0.000 736	0.002 68	8.51e-11	0.047 6
汇率波动率	4 401	0.040 5	0.794	0	41.72
财政政策冲击	4 564	0.171	0.070 6	0.005 19	0.560
货币政策冲击	2 996	0.005 65	0.023 6	0	0.619
技术冲击	2 803	0.029 9	0.218	0	7.116

附表 2-5　自由贸易协定对一个国家金融稳定的影响（稳健性检验）

	（1）	（2）	（3）	（4）	（5）
是否签订 FTA	−0.193 （−0.24）				
FTA 数量的对数		−0.901** （−2.62）			
FTA 深度的对数			−0.507** （−2.14）		
FTA 数量占比（％）				−2.320*** （−3.67）	
FTA 深度占比（％）					−2.104*** （−4.32）
贸易开放程度	−0.002 （−0.36）	−0.003 （−0.46）	−0.002 （−0.40）	−0.002 （−0.43）	−0.002 （−0.33）
金融开放程度	−1.903*** （−3.23）	−1.772*** （−3.55）	−1.779*** （−3.45）	−1.660*** （−3.52）	−1.551*** （−3.17）
贸易条件波动率	85.502 （1.34）	98.006 （1.60）	100.795 （1.60）	102.473 （1.66）	103.943 （1.64）
汇率波动率	3.654 （1.48）	4.012* （1.73）	4.034* （1.72）	3.802 （1.63）	3.861 （1.64）
财政政策冲击	2.740 （1.05）	2.323 （0.94）	2.617 （1.05）	2.107 （0.88）	2.602 （1.06）
货币政策冲击	6.726** （2.25）	6.847** （2.37）	6.883** （2.33）	6.910** （2.49）	7.060** （2.49）
技术冲击	23.798*** （2.66）	24.726*** （2.75）	24.967*** （2.77）	23.959*** （2.69）	24.152*** （2.73）
常数项	2.589** （2.63）	3.154*** （4.59）	3.050*** （4.49）	3.511*** （5.05）	3.076*** （4.96）
样本观测值	1 678	1 678	1 678	1 678	1 678
R^2	0.103	0.112	0.111	0.118	0.121
样本内国家数量	80	80	80	80	80
国家固定效应	YES	YES	YES	YES	YES
年份固定效应	YES	YES	YES	YES	YES

注：***表示 $p<0.01$，**表示 $p<0.05$，*表示 $p<0.1$。括号内为 t 值。被解释变量为广义货币/GDP 的三年移动标准差。

第 3 章

在 RCEP 框架下推进人民币国际化

《区域全面经济伙伴关系协定》（Regional Comprehensive Economic Partnership，RCEP）作为中国参与并积极推动的迄今覆盖范围最广的自由贸易协定，应在区域要素资源整合和产业链供应链重构等方面发挥更重要的作用。区域合作可以通过开放效应、规模效应、规制效应、配置效应和虹吸效应等对货币国际化产生影响。当前，不少国家意图在美元之外寻找其他可能的便利支付工具和安全储备资产，国际货币格局正处于调整之中。在 RCEP 框架下推进人民币区域化、国际化既具有必要性，也具备一定的现实可行性。随着 RCEP 实施效果的逐步显现以及未来向更加机制化的方向发展，RCEP 理应成为推动人民币区域化国际化的重要机制平台。本章分析在 RCEP 框架下推进人民币国际化的路径选择、面临的障碍以及对策建议。

3.1 RCEP 的主要特征及内容

RCEP 是由东南亚国家联盟（简称东盟）发起，邀请中国、日本、韩国、澳大利亚、新西兰、印度共同参加（"10＋6"），以东盟为主导的旨在推进缔约方相互开放市场、实施区域经济一体化的组织形式。RCEP的协定内容主要基于 1994 年 4 月 15 日在马拉喀什签署的《马拉喀什建立世界贸易组织协定》，以及东盟成员与其自由贸易伙伴，即澳大利亚、中国、日本、韩国、新西兰之间现有的自由贸易协定项下的各自的权利和义务。由于 RCEP 涵盖的国家数量多，国情复杂，既包括澳大利亚、日本、韩国等发达国家，又包括柬埔寨、老挝、缅甸和越南等发展中国家，谈判过程艰难，达成的协定内容也提供特殊和差别待遇，尤其对最不发达缔约方采取的额外的灵活性。2020 年 11 月 15 日，在第四次 RCEP 领导人会议上 RCEP 得以签署，于 2022 年 1 月 1 日正式实施。

3.1.1　RCEP 的主要特征

一是 RCEP 自贸区是世界上最大的自贸区。有 15 个成员，包括中国、日本、韩国、澳大利亚、新西兰 5 国以及东盟 10 国，从 GDP、人口、贸易总额三个方面看，均约占全球总量的三分之一。二是成员差异巨大。RCEP 的 15 个成员汇总，除了 5 个发达国家和 7 个发展中国家外，还包括柬埔寨、老挝和缅甸这 3 个欠发达国家。成员不仅在经济发展水平、发展模式和产业结构等方面存在巨大差异，而且在制度、法律、文化和发展理念等方面也截然不同。三是与 CPTPP 等高标准自由贸易协定边境后规则相比，RCEP 在原有的"东盟＋1"基础上整合形成，虽然也制定了边境后规则，但标准相对较低，仍主要关注货物贸易以及贸易投资便利化等内容。

3.1.2　RCEP 的内容

RCEP 的内容由 20 个章节和 4 个承诺附件构成。20 个章节分别为：初始条款和一般定义，货物贸易，原产地规则，海关程序和贸易便利化，卫生与植物卫生措施，标准、技术法规和合格评定程序，贸易救济，服务贸易，自然人临时移动，投资，知识产权，电子商务，竞争，中小企业，经济技术合作，政府采购，一般条款和例外，机构条款，争端解决，最终条款；4 个承诺附件分别为关税承诺表、服务具体承诺表、服务和投资保留及不符措施承诺表以及自然人临时移动具体承诺表。鉴于成员差异，RCEP 对很多条款都采取了差别化对待。比如在海关程序和贸易便利化方面，规定了 5 年内不等的执行承诺的期限；在知识产权方面，规定了 15 年内不等的特定缔约方过渡期；在竞争方面，规定了对文莱、柬埔寨、老挝和缅甸的适用附件。

由于 RCEP 是由东盟主导的，且基于"东盟＋6"的自由贸易协定框架，协定内容基本反映了发展中国家的发展诉求和较强的主权意识。RCEP 包括 18 个议题，其中与货物贸易相关的议题包括 6 个章节，服务贸易、投资以及争端解决等章节主要是传统 FTA 的议题。虽然 RCEP 增加了知识产权、竞争政策、电子商务、政府采购等新议题，但在标准一致化、竞争一致化和监管一致化方面的规制融合措施涉及不多。

3.1.3 RCEP 与 CPTPP 内容比较

与由日本牵头的高标准自由贸易协定《全面与进步跨太平洋伙伴关系协定》（CPTPP）相比，RCEP 规则标准较低，在一体化程度方面仍然存在较大的差距。表 3-1 比较了 RCEP 与 CPTPP 的主要协定内容。

表 3-1　RCEP 与 CPTPP 主要协定内容比较

类别	议题	RCEP	CPTPP
传统贸易	货物贸易	实现货物贸易零关税产品整体上超过 90%，最迟 10 年内关税需降至零，保留一定的农产品配额。无纺织品与服装章节	成员应将 99% 的贸易品减让至零关税，并且多数成员在协议生效时零关税贸易品所占比重达 86%。统一标准的关税取消规则，任何成员的关税减让承诺与关税优惠都将自动赋予其他所有成员。设立专门纺织品与服装章节，取消绝大部分纺织品与服装的关税，提出促进区域内供应链和投资融合，列出短缺清单，以提高成员在使用原产地规则方面的灵活性，其宗旨是保护区域内发达国家的纺织服装业
	原产地规则	除税则改变外，采取区域累积原则，产品原产地价值成分可在 15 个成员构成的区域内进行积累，来自 RCEP 任何一方的价值成分都会被考虑在内。区域成分价值为 40%。使用全部非原产国货物不得超过该套货值 15% 的标准，使用全部非原产国原材料价值或重量不得超过该货值或重量 10% 的标准	采取区域累积原则，即在某一缔约方生产产品时，任一缔约方提供的原材料与其他 CPTPP 缔约方的原材料被同等看待。纺织品要遵循"从纱线算起"的全产业链原则。区域成分价值平均为 40%～50%。使用全部非原产国货物不得超过该套货值 10% 的标准，使用全部非原产国原材料价值或重量不得超过该货值或重量 10% 的标准

续表

类别	议题	RCEP	CPTPP
传统贸易	卫生与植物卫生措施（SPS）	基本遵循 WTO 规定	允许进口国家对出口国家的食品安全规则系统进行审核，要求向公众发布 SPS 草案，并向利益相关方提供至少 60 日的评议期以及两个版本 6 个月的间隔期
	技术性贸易壁垒（TBT）	基本遵循 WTO 规定	增加了透明度要求，鼓励各缔约方考虑在制定技术法规、标准和合格评定程序时提供更大的透明度，包括通过使用电子工具和主动寻求与公众进行协商的方式
	服务贸易	采用 WTO 服务贸易立法体例，未对服务贸易的跨境提供、跨境消费、自然人移动与商业存在等四种模式区别对待。市场准入规则、国民待遇、最惠国待遇、本地存在等综合性的规定以及其他承诺，受到缔约方的具体承诺表或不符措施承诺表以及附加承诺的约束。不同国家采取了不同的承诺清单模式，其中日本、韩国、澳大利亚、新加坡、文莱、马来西亚、印度尼西亚采用负面清单方式，而中国、新西兰、越南、菲律宾等 8 国采用正面清单方式，并将在协定生效后 6 年内转化为负面清单方式	创新了立法体例，不仅对跨境服务贸易与商业存在区别对待，还将金融服务、电信服务独立成章，突出了跨境金融与电信服务贸易的重要性。跨境服务贸易条款延续了 TPP 的跨境服务贸易条款，搁置了服务贸易中的跨境交付、政府采购、知识产权、透明度与反腐败等一般条款，以及针对金融服务、电信服务、邮政服务和环境服务的特定部门条款，对跨境服务贸易的规范比现有双边和区域 FTA 更全面和细致。在市场准入上彻底采用了负面清单模式，而非服务贸易协定的混合清单制，并设置棘轮机制以确保缔约方开放度"只进不退"；对国有企业采取了无原则的"歧视"对待，强调成员所享有的各种优惠和利益可以拒绝让成员的国有企业享有。专业服务首次作为附件被列入条款中，为专业技术人员的跨境服务贸易创造了条件
深度一体化议题	投资规则	使用了正面引导和负面清单相结合的方式，其中各成员均采取负面清单方式对制造业、农业、林业、渔业、采矿业等 5 个非服务业领域的投资做出较高水平的开放承诺。但在服务贸易领域则采取正面清单与负面清单相结合的模式。直接规定投资自由化措施不适用于服务贸易涵盖的范围，但又规定部分义务经过调整后适用于商业存在方式	全面采取"准入前国民待遇＋负面清单"模式，要求成员除限制或禁止开放的领域外，应当以一般自由化措施予以全方位开放，如服务贸易和投资领域。各成员对外国投资企业除禁止业绩要求外，还对高管和董事会成员的国籍要求进行限制，以及制定最低标准待遇条款，该条款规定 CPTPP 成员必须按照国际法原则给所涵盖的投资提供公平公正的司法待遇和全面的治安及安全保护。有些国家的负面清单中还明确列出对国有企业投资的不符措施

续表

类别	议题	RCEP	CPTPP
深度一体化议题	电子商务规则	明确采用"电子商务"概念，侧重于以网络为媒介的传统货物贸易的新交易平台的相关规则，规定了电子认证和签名、在线消费者保护、在线个人信息保护、网络安全、跨境电子方式信息传输等条款	侧重于数字化交付及服务的相关规则，制定了禁止数据储存本地化要求以及禁止对数字产品征收关税，以促进信息和数据在更大范围内的流动和应用。其数字贸易概念明确将以下内容涵盖在内：电脑程序，文本，视频，图像，声音记录，或者其他经数字化编码、生产用于商业销售或分销、可通过电子传输的数字产品，以及个人信息
	政府采购	要求各方就积极开展政府采购法律法规及信息公开交流与合作、提供技术援助和加强能力建设达成共识。东盟及其多个成员首次在贸易协定中纳入政府采购的相关规则，但协定规定最不发达国家可以豁免在透明度和合作方面的义务	明确政府采购的覆盖面和门槛，并以混合清单形式列出缔约方不同层级的公共实体名称。强调政府采购的信息透明度，尤其是采购实体应向本国和外国提供者提供必要信息。协定支持市场规则，要求有关缔约方切实保障诚信，防止腐败等违法行为
	竞争政策	强调各国制定竞争法的主权权利与法律法规的差异性，以保护不同发展程度的国家的利益，以及执法能力的差异。虽然保证侵权当事人可以获得对该处罚或该救济的审查或上诉权利，但没有就司法程序做出任何规定	强调执法程序的公正性，保护当事人的权益。专门对程序公正进行规范，包括：涉及强制执行的当事人拥有由法院指定律师以代表其本人的合理机会，可以根据所呈证据为其辩护；执行机构的执法过程也要符合透明度要求原则。认可私人诉权，允许个人申请发起对一国竞争机构的调查，并在确认侵犯竞争法后，寻求补救损害的权利
	知识产权保护规则	既包括传统知识产权主要议题，也体现了知识产权保护发展的新趋势。其规定"知识产权"的含义及范围与 TRIPS 完全一致，涵盖著作权、商标、地理标志、专利、外观设计、遗传资源、传统知识和民间文艺等内容，并随之新增数字网络化的著作权和相关权利保护，要求缔约方应当批准和加入《世界知识产权组织版权条约》和《世界知识产权组织表演和录音制品条约》这两项"互联网条约"，增加商标、专利及工业设计等网上的电子申请、域名相关反不正当竞争、数字环境下的知识产权执法等新规定	涉及商标的知识产权保护范围较 TRIPS 更为宽泛。CPTPP 将声音、气味商标等非传统商标类型纳入保护对象，明确了地理标志应尊重在先商标的规则，保护"已获得权利的在先商标"或"待审查的在先善意申请或注册的商标"

类别	议题	RCEP	CPTPP
深度一体化议题	劳工政策	无相关规则	规定了推行严格的、可强制实施的劳动标准。规定缔约方不得为了吸引贸易和投资之目的，弱化本国的劳工法保护。建立相关的争端解决制裁机制
横向一体化议题	国有企业与补贴规则	没有对国有企业与指定垄断规定专门的规则	对国有企业与特许垄断经营进行了规范。对政府补贴、援助和透明度等关键问题都做出了严格规定
	合作和能力建设	提出向缔约方中的发展中缔约方和最不发达缔约方提供能力建设和技术援助，增加企业获取信息的途径，加强对经济技术合作与中小企业的支持和投入	规定缔约方应该在农业、工业和服务部门，在促进教育、文化和性别公平等方面以及在灾害风险管理方面加强合作与能力建设，通过对话、研讨会、培训、专家咨询、分享最佳实践经验、技术和创新提升缔约方的合作与能力建设
	中小企业	目标是鼓励和便利中小企业参与本协定提供的商业机会，主要措施也是促进信息共享与合作，以提高中小企业利用并受益于本协定所创造机会的能力	目标是鼓励和便利中小企业参与本协定提供的商业机会，主要措施也是促进信息共享与合作，以提高中小企业利用并受益于本协定所创造机会的能力。采取正面列表方式详细列明了需要缔约方合作共享信息的范围，并设立专门的中小企业委员会来监督落实中小企业章节确定的义务
	竞争力与商务便利化	没有专门规范成员保障供应链安全的条款	为维护供应链安全和提升本区域企业营商环境，专门设立竞争力和商务便利化委员会负责执行，以促进商业的设立、便利缔约方之间的贸易和投资以及促进本自由贸易区内的经济一体化和发展
	监管一致性	没有制定共同监管规制	推动缔约方建立有效跨部门磋商和协作机制，通过推行广泛采纳的良好监管实践，促进各国监管政策与措施的一致性
	透明度与反腐败	无专门规定	对政策法规以及行政透明度进行规范。不仅在投资、货物贸易、服务贸易、外汇储备和汇率机制等诸多议题里涉及透明度原则，而且独立成章对其进行系统阐述。与 WTO 透明度原则不同，没有例外，要求所有政策法规都必须公布。而且，对药品和医疗设备报销过程中的透明度和程序的公正性做出了详细规定

3.1.4 RCEP 的进展和实施情况

RCEP 于 2022 年 1 月 1 日正式生效实施，率先在文莱、柬埔寨、老挝、新加坡、泰国、越南等东盟 6 国和中国、日本、澳大利亚、新西兰等成员实施。2022 年 2 月 1 日，RCEP 对韩国生效。2022 年 3 月 18 日，RCEP 对马来西亚生效。2022 年 5 月 1 日，RCEP 对缅甸正式生效实施。2023 年 1 月 2 日，RCEP 对印度尼西亚生效。菲律宾国会参议院也于 2023 年 2 月 21 日正式批准 RCEP 核准书，并于 4 月 3 日提交核准书，RCEP 对菲律宾将在其提交核准书 60 日起即 6 月 2 日生效。这也意味着 RCEP 对 15 个成员全部生效。中方利用 RCEP 部长级会议和联合委员会等机制，积极推动成员批准协定，推动各方共同履行降税义务，共同落实好便利化措施，改善区域营商环境，提升协定的实施水平。

RCEP 自实施以来，通过降低区内关税、提高贸易和投资便利化水平等，促进了区内贸易和投资的发展。从我国的情况看，在贸易方面，2022 年我国与 RCEP 的其他成员进出口总额达到 12.95 万亿元，同比增长 7.5%，占我国外贸总额的 30.8%。其中，我们对 8 个成员的进出口增速超过了两位数。与东盟进出口 6.52 万亿元，增长 15%，其中出口 3.79 万亿元，增长 21.7%，进口 2.73 万亿元，增长 6.8%。在投资方面，2022 年我国对 RCEP 其他成员的非金融类直接投资达 179.6 亿美元，增长 18.9%，吸收来自 RCEP 成员的直接投资达 235.3 亿美元，增长 23.1%，双向投资的增速都高于总体水平。商务部出台了《关于高质量实施〈区域全面经济伙伴关系协定〉（RCEP）的指导意见》，指导和支持各地方、各行业和广大企业抢抓机遇，扩大与 RCEP 成员的贸易投资合作。2022 年我国的出口企业申领 RCEP 项下的原产地证书和开具原产地声明一共 67.3 万份，享惠出口货值达到 2 353 亿元，享受进口国关税减让 15.8 亿元。我国企业享惠进口货值达到 653 亿元，享受税款减免 15.5 亿元。表 3-2 展示了我国进口规模较高代表性产品的 RCEP 关税减让情况。

表 3-2　我国进口规模较高代表性产品 RCEP 关税减让情况

HS 代码	产品名称	之前 FTA 关税减让承诺	RCEP 关税减让承诺
29053100	1，2-乙二醇	未实现减让	在基准税率上减让 0.5 个百分点

续表

HS 代码	产品名称	之前 FTA 关税减让承诺	RCEP 关税减让承诺
62034290	棉制其他男裤	2012 年进口税率降低至 16％	10 年内进口关税逐渐降低至 0
85414010	发光二极管	未实现减让	签署降为 0
84798962	自动贴片机	未实现减让	签署降为 0
29025000	苯乙烯	未实现减让	20 年内进口关税降为 0
29051690	辛醇的异构体	未实现减让	20 年内进口关税降为 0
61091000	棉制针织或钩编的 T 恤衫、汗衫、背心	2012 年进口税率降至 14％	10 年内进口关税逐步降至 0
62034390	合成纤维制其他男裤	2012 年进口税率降至 17.5％	10 年内进口关税逐步降至 0
84433211	专用于品目 8471 所列设备的针式打印机	未实现减让	签署降为 0
85322210	片式铝电解电容器	未实现减让	签署降为 0
85322290	其他铝电解电容器	未实现减让	签署降为 0
87084091	小轿车用自动换挡变速箱及其零件	未实现减让	在基准税率上减让 4 个点
59119000	未列名作专门技术用途的纺织产品及制品	未实现减让	10 年内进口关税降为 0

资料来源：RCEP 东盟减让承诺表。

此外，在 RCEP 框架下拓展中日韩经贸合作的空间对于东亚生产网络建设具有重要意义。欧美国家基于我国在关键设备和技术方面对它们存在依赖而对我们施加各种制裁，部分高技术领域存在与欧美脱钩的风险。所以，RCEP 也是我们应对被动脱钩的重要举措。从中间品贸易情况看，RCEP 成员中，东盟并不是我国最重要的中间品贸易伙伴。2020 年，中国中间品进口来源前 5 的经济体分别是韩国、中国台湾、日本、澳大利亚、美国，占比达到 64.6％；中间品出口市场前 5 的经济体依次是美国、韩国、日本、中国台湾、德国，占比达到 53.4％。RCEP 成员中韩国、日本、澳大利亚是中国最重要的中间品进口来源国，韩国和日本也是中国中间品最重要的出口市场。基于此，我们认为，RCEP 的全面实施在强化东亚生产网络和提高区域供应链韧性方面的作用，相较于贸易促进意义更加重大。尽管从 2022 年的贸易数据来看，对韩国出口增长 13％，高于我国整体 10.5％的出口增速，但对日本 7.7％的出口增速，

83

低于我国整体出口增速（见表 3-3）。在我国整体进口实现 4.3%增长的情况下，从日本和韩国的进口均出现了明显下滑。中美经贸争端以及疫情因素导致供应链受阻甚至中断，是造成中日韩相互贸易没有增加的重要原因，但是从成本和安全等因素综合考量，产业链布局近岸化和区域化应该是大势所趋，中日韩作为近邻，如果日韩能不卷入大国博弈，避免地缘政治纷争，在中日韩自由贸易协定难以达成的情况下，在 RCEP 框架下深化三方合作，有利于打造东亚生产网络和提高区域供应链竞争力。

表 3-3   2022 年中国对韩国、日本贸易及变动情况

国家	出口（亿元）	出口增长率（%）	进口（亿元）	进口增长率（%）
韩国	10 843	13	13 278	-3.7
日本	10 537	7.7	12 295	-7.5

3.2   RCEP 与人民币国际化

3.2.1   东盟国家人民币使用情况

（一）中国与东盟人民币跨境收付金额迅猛增长

东盟国家是我国近邻，2009 年 8 月 15 日，中国与东盟 10 国签署了中国-东盟自贸区《投资协议》，中国与东盟自贸区是中国对外商谈的第一个自贸区，也是东盟整体对外商谈的第一个。中国东盟经贸合作的不断深化，为人民币的区域使用创造了条件。自 2011 年起，东盟成为中国在 RCEP 区域内的第一大贸易伙伴，2020 年进一步成为中国全球最大的贸易伙伴。2022 年，中国与东盟进出口总额达 9 753 亿美元，占中国进出口总额的比重由 2011 年的 9.69%升至 2022 年的 15.46%。中国也是东盟最重要的外国直接投资（FDI）来源国之一。2021 年，中国对东盟全行业直接投资 143.5 亿美元，占中国对外投资总额的近十分之一。中国已成为柬埔寨、老挝的最大外资来源国，也是印度尼西亚、马来西亚、泰国的第二大外资来源国。2021 年，人民币跨境收付金额合计 36.61 万亿元，同比增长 29.0%，人民币跨境收付占同期本外币跨境收付总额的

47.4％，较 2020 年全年提高 1.2 个百分点。中国内地与中国香港的人民币跨境收付金额占到跨境收付总额的 48.6％，东盟是中国在境外第二大人民币跨境收付地。2022 年，中国与东盟国家人民币跨境收付金额达 48 147.9 亿元，同比增长 16％，占中国同期人民币跨境收付额的 13.2％。对比 10 年前，2012 年中国与东盟人民币跨境收付的金额还不到 5 000 亿元，10 年间增长了近 9 倍。资金收付比为 1∶1.02，净流出 512.1 亿元。其中，货物贸易项下合计 8 268.5 亿元，同比增长 10.7％；直接投资项下合计 6 094.2 亿元，同比增长 43.5％。

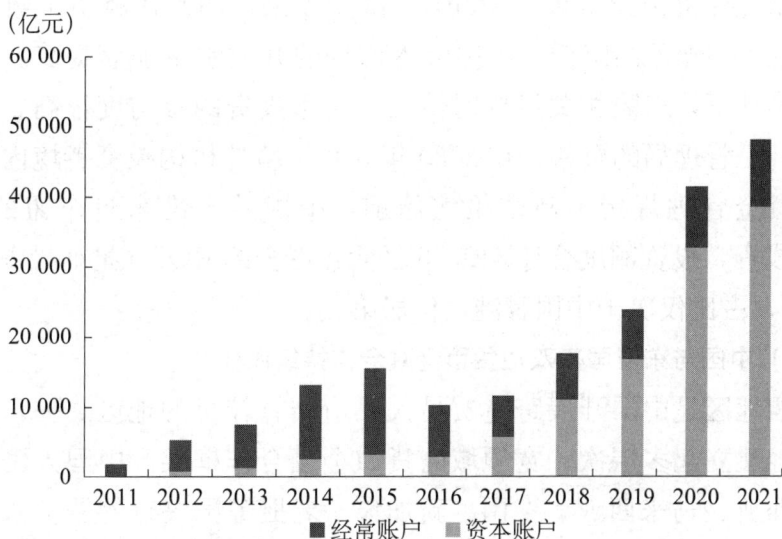

图 3-1　中国与东盟国家人民币跨境收付金额变化

（二）大多数东盟国家将人民币作为储备货币

近年来，东盟对人民币的认可程度不断提高，人民币在部分东盟国家已被官方认可或为民间接受，成为流通货币和结算货币。中国与越南、老挝、印度尼西亚开展双边本币结算。在中越边境地区、中缅边境地区的经贸主体可直接用人民币进行贸易结算，老挝允许在两国已经放开的所有经常账户和资本账户下交易中直接使用双方本币结算，中国与印度尼西亚已签署谅解备忘录以推动使用本币结算。中国外汇交易中心人民币对新加坡元、泰铢、马来西亚林吉特实现了直接挂牌交易，2021 年的交易规模分别达 552.6 亿元、335.7 亿元、3.8 亿元。老挝央行在当地推出人民币/基普直接交易。柬埔寨、印度尼西亚、马来西亚、菲律宾、新加坡、泰国6国将人民币资产纳入外汇储备，东盟各国央行和货币当局持有人民币储备资产的意愿进一步提升。

（三）东盟使用人民币投融资具备一定规模

有3个东盟国家在中国发行熊猫债券。自2017年以来，马来西亚、菲律宾、新加坡的政府、金融机构在中国银行间债券市场共成功发行6只熊猫债券，包括主权债券、金融债券、公司债券3种类型，累计金额达89.6亿元人民币。这些债券一经发行就得到中国境内外各类投资机构的踊跃认购，最高认购倍数达发行额的6.32倍。自2011年12月推出人民币合格境外机构投资者（RQFII）试点以来，RQFII经历了数次制度改革，准入门槛不断降低，中国资本市场的开放水平显著提高。在多项政策的推动下，东盟相关机构对使用人民币投资的参与度很高。根据中国国家外汇管理局的资料，在2020年5月《境外机构投资者境内证券期货投资资金管理规定》新政策实施前，中国共批准来自东盟的35家RQFII投资，投资额度合计819.55亿元，占全部RQFII批准投资额度的11.34%，占比仅次于中国香港，位居第二。

（四）中国与东盟国家双边货币金融合作持续深化

东盟地区是中国开展跨境贸易人民币结算较早的地区之一，中国与东盟已经建立起多层次、宽领域的货币金融合作框架。中国人民银行与印度尼西亚、马来西亚、泰国、新加坡、老挝等国央行签署了双边本币互换协议，与老挝央行签署了本币合作协议。2021年3月，中国人民银行与柬埔寨国家银行签署双边本币合作协议，将本币结算范围扩大至两国已放开的所有经常账户和资本账户下交易。2021年9月，中国人民银行与印度尼西亚银行正式启动中国-印尼本币结算（LCS）合作框架，并在浙江同步推出人民币/印尼卢比银行间市场区域交易。自中国-印尼LCS启动以来，业务运行良好，市场交易活跃。人民币对新加坡元、泰铢、马来西亚林吉特、柬埔寨瑞尔实现了直接交易，老挝央行在当地推出了人民币基普直接交易。

中国人民银行人民币跨境支付系统（CIPS）于2015年10月正式上线运营，现已成为人民币支付清算的重要基础设施。截至2023年1月，CIPS共有1 360个参与者，其中直接参与者77个，间接参与者1 283个。在马来西亚、泰国、新加坡、菲律宾等国建立了人民币清算安排，CIPS

在东盟 10 国已实现全覆盖。共有星展银行（中国）有限公司、中国工商银行新加坡分行、中国银行股份有限公司新加坡分行、中国工商银行（泰国）股份有限公司、中国银行（香港）有限公司马尼拉分行人民币清算中心、中国银行（马来西亚）有限公司、中国工商银行老挝人民币清算行 7 个直接参与者和 80 余个间接参与者。2021 年，新增 16 家东盟金融机构成为人民币跨境支付系统（CIPS）的间接参与者。CIPS 共处理中国与东盟跨境人民币业务 26.09 万笔，金额达 3.33 万亿元，同比分别增长 53.85%、75.64%。

目前中资银行人民币业务在东盟 10 国实现了全覆盖，能够提供人民币存贷款、信用证业务等人民币产品和服务，有效促进了人民币的使用。截至 2021 年末，共有 266 家东盟商业银行与中国境内 122 家商业银行建立了人民币结算代理行关系，合计开立人民币同业往来账户 882 个，其中，新加坡、越南、马来西亚位居东盟前三，分别为 273 个、226 个和 99 个。

（五）人民币在其他 RCEP 成员中的使用条件逐步改善

在将人民币作为官方外汇储备方面，RCEP 成员中的马来西亚、新加坡、泰国、印度尼西亚、柬埔寨、菲律宾、韩国和澳大利亚 8 个国家已经将人民币纳入外汇储备。新加坡元、马来西亚林吉特、泰铢、日元、韩元、澳元和新西兰元 7 种货币在中国外汇交易中心直接挂牌交易，广西实现了人民币对越南盾、柬埔寨瑞尔银行间市场区域挂牌交易。在跨境结算领域，2020 年宝钢股份与澳大利亚大型矿商集团首次完成利用区块链技术的跨境人民币结算，人民币在 RCEP 成员大宗商品交易中的计价货币地位进一步提升。日本、韩国和澳大利亚的银行也加入了 CIPS，在这些国家设立了人民币清算行。我国也已与韩国、澳大利亚、新加坡、日本、新西兰等国的央行签署了双边本币互换/合作协议，同时货币互换的规模相对稳定且有扩大趋势。

3.2.2　RCEP 推进人民币国际使用的路径

区域合作和区域经济一体化推动货币国际化的原理机制可以概括为五个效应：（1）开放效应。通过区域贸易投资自由化、服务贸易开放尤其是金融业开放以及金融市场开放，创造主权货币国际使用的基础环境。（2）规模效应。扩大区域内相互贸易、相互投资以及工程承包、劳务合作等国际经济技术合作规模，增加国际货币使用需求。（3）配置效应。区域一体化使成员之间要素资源实现更有效配置，要素资源流动增加不仅促进经济效率提升，而且使得在区域内使用统一货币的收益增加，可以解决成员双边贸易不平衡造成的错配和支付难题。（4）规制效应。在区域内建立统一、透明和公认的市场制度规则，促进商品要素资源在更大范围内畅通流动，提升货币的自由兑换和货币国际化水平。（5）虹吸效应。在区域产业链、供应链、需求链居主导地位（生产网络的中心、最大的消费市场）的国家存在"虹吸效应"，即对其他国家的产品、资源、要素有强大的吸引力，其他国家也更愿意持有、接受和使用该国货币。更重要的是，这个"核心"国家可以通过逆差为区域提供货币流动性。

（一）相互开放市场可以有效促进经贸合作深化，RCEP 成员间贸易投资增加会导致人民币需求增加

改革开放以来，中国经济对外开放历经了三个重要的阶段：20 世纪70 年代末的改革开放，开启了对外开放的征程；2001 年加入 WTO，中国对外开放步入全面提升新阶段；从 2013 年开始，中国由商品和要素流动型开放转向制度型开放，提出"一带一路"倡议。与此同时，西方发达国家通过制定高标准经贸规则提高贸易投资壁垒，逆全球化和贸易保护主义盛行。区域化代替全球化成为主流，北美洲、欧洲和亚洲区域内的分工和联系有所强化。在区域化加快发展的背景下，原有的美国等发达国家从事研发、中高端制造，中国等发展中国家从事中低端制造和组装，中东和俄罗斯等国家提供能源保障的"大三角"全球产业分工格局将逐步被打破。产业链的区域化和供应链的多元化将成为趋势。

RCEP 正是在这种区域化潮涌、中国被美欧等发达国家遏制、中国加快制度型高水平开放的背景下签署的。根据协议规定，在货物贸易、服务贸易和投资方面，RCEP 的相互开放相较于我国同这些国家单独签署的双边自由贸易协定的开放程度更进一步。

在货物贸易方面，在一定时期内，RCEP 成员会降低该地区约 90% 贸易产品的关税。日本将对来自中国的 88% 的货物免关税，韩国是86%，澳大利亚是 98.3%，新西兰是 91.8%。在东盟方面，新加坡对从中国进口的商品 100% 实施零关税，文莱是 98.2%，菲律宾是 91.3%，马来西亚是 90.2%，印尼是 89.5%，柬埔寨、越南是 87%左右，缅甸和泰国是 86%左右。从具体行业来看，化工品和纺织品的自由化程度最高，RCEP 其他成员对中国的开放程度超过 94%。在机电产品方面，RCEP 其他成员对中国的开放力度更大，机电产品的自由化率达到 93.8%，中国对 RCEP 其他成员机电产品的零关税率为 86%左右。交通运输的自由化程度为 88.2%，中国对 RCEP 其他成员的自由化程度为 76%。在农产品方面，自由化程度均为 83%，相对来说比较低，但我国作为一个农产品进口国，农产品的开放程度相较于以前的自由贸易协定都更大。

在服务贸易方面，取消几乎所有服务行业的股东限制。对批发零售、体育、娱乐、海运、货运等行业，我国给予 RCEP 其他成员的投资者全面国民待遇，但在商业服务、电信金融服务等行业存在一定的限制。例如：在电信行业，外资持股比例不能高于 49%；在商业服务行业，市场调研、管理咨询等外资持股比例可以达到 50%，但是不能控股。金融服务附件首次引入了新金融服务、金融信息转移和处理等规则，代表中国金融领域的最高承诺水平。这些规则将推动中国金融机构到 RCEP 其他成员处拓展业务，也有利于境外金融机构进入中国，推动境内金融市场主体多元化发展。

在投资方面，RCEP 首次在自由贸易协定项下以负面清单形式对投资领域进行承诺，进一步降低了市场准入门槛。RCEP 还明确了投资标的包括法人股票、其他形式的参股和由此派生的权利，法人的债券、贷款、其他债务工具及派生权利等，涵盖资本市场交易的主要品种。投资范围并不局限于传统的直接投资和间接投资，还包括投资回报以及合同项下的权利，投资的概念和范围显著扩大。这也对中国资本市场等的开放程度提出了要求。

可见，RCEP 在货物贸易投资、服务贸易投资以及贸易投资便利化等方面都做了较大程度的开放承诺。未来，随着协定实施范围的扩大，RCEP 将促进成员间经贸合作，进一步推动中国金融市场尤其是资本市场的开放。RCEP 不仅通过增加相互贸易投资增大人民币的结算和支付需求，还会极大拓宽人民币投融资渠道，便利成员非居民使用人民币。

此外，RCEP 还单独设置了经济技术合作条款，通过向发展中缔约方及柬埔寨、老挝和缅甸三个最不发达缔约方提供技术援助和能力建设缩小成员间的发展差距。工程承包和经济技术合作一直是我国对外合作的重要方式，未来我国与 RCEP 其他成员在交通基础设施、境外合作区、产业园区等方面的合作会大量采用对外承包工程的方式，尤其可以通过投建营一体化等方式扩大人民币投融资。

（二）通过 RCEP 推动金融基础设施互联互通

RCEP 专门针对支付和清算系统做出规定，即每一缔约方应当允许在其领土内设立的另一缔约方的金融机构进入由公共实体运营的支付和清算系统，并且以正常商业运行条件获得官方融资和再融资安排。RCEP成员间金融基础设施的完善和清算网络的建设将为货币清算结算渠道的畅通提供基础保障。

（三）通过 RCEP 实现市场规则和标准对接

RCEP 规范了知识产权、投资和电子商务等方面的规则，这会促进成员的相互投资。RCEP 第 11 章的知识产权规则为整个地区的知识产权保护和追诉确立了合理、全面的方法，其不仅包含对一套普通知识产权的保护措施，还包括与数字世界的技术保护机制和实施及相关的非法诉讼和金钱处罚有关的规则，有助于增加成员之间在高科技和创意内容项目上的贸易。为了保护知识产权持有人，它还提供了改进流程以创建特殊产权的要求，例如与电子提交索赔和在线访问关键数据有关的流程。

RCEP 在第 12 章涉及数字经济和电子商务。相比之前的"东盟＋"自贸协定，第 12 章做了成员之间数据和其他信息可以自由流动，禁止数据本地化的规定。RCEP 通过保护在线客户及其数据以及改善网络安全和透明度等领域的本地监控结构促进电子商务合作和发展，这些规定有利于区域内中小企业的贸易和数字化转型。

RCEP 电子商务规则除了涵盖缓解关税风险、降低海外物流仓储建设成本等跨境电商链条的关键环节外，也明确规定不得阻止投资者或服务提供者为进行商业行为而通过电子方式跨境传输信息，不得要求计算设施本地化。这两方面共识将有效降低市场准入门槛，为电商企业跨境贸易投资提供便利条件和制度保障。RCEP 在促进成员间跨境电子商务快速发展的同时，也有助于构筑跨境人民币计价结算的新平台。中国作为世界最大且渗透率最高的电子商务市场，通过发展跨境电子支付可以大大延伸人民币结算范畴。

尽管目前 RCEP 条款涉及边境后规则的内容不多，但是我国不仅积极申请加入 CPTPP，而且从 2013 年中国设立上海自由贸易试验区到 2022 年 4 月，全国设立了 21 个自贸试验区及海南自由贸易港，全面实行准入前国民待遇加负面清单管理制度，这彰显了我国对接国际高标准经贸规则的决心。

（四）利用 RCEP 促进产业链、供应链和需求链重构，中国力争成为区域生产网络和市场网络的中枢

2021 年，我国人均 GDP 达到 1.23 万亿美元，与美欧日等发达国家相比虽然还有较大的差距，城镇化水平、服务业占比、中等收入家庭比重以及私人消费水平也仍然有巨大的提升空间，但只要未来我们坚持高水平开放和扩大内需，保持经济 5% 左右的增长，中国就仍将是推动全球经济和贸易增长的重要力量。新冠疫情冲击和中美战略博弈加剧等因素，推动全球产业链和供应链区域化和收缩化的趋势有所增强，中国更能成为区域增长的最重要的引擎和区域一体化的最重要的推动力量。抓好 RCEP 的落实，完善 RCEP 各项规则和机制，是巩固和提升中国在区域产业链和供应链格局中的地位的重要抓手。中国可以利用 RCEP 原产地规则拓展区域产业链供应链，强化和提升中国在上游的研发设计能力和高端制造能力，将劳动密集型环节放在东盟国家，利用日韩等国家的服务优势和技术优势，整合利用澳大利亚和新西兰的资源，争取成为区域产业链供应链"链主"和区域生产网络的中枢；同时中国可以利用中国内需巨大的优势，成为区域内最重要的消费市场和终端产品的消纳中心，争取成为区域需求链的"链主"和市场网络的中心。

（五）通过 RCEP 框架下的更深度合作，打造区域要素资源强大的"引力场"

目前 RCEP 涉及的规制合作相对较少，未来在 RCEP 框架下要深化标准体系、监管体系、规则体系的合作，通过议程设置、理念沟通等方式扩大规则共识。通过规制融合，可以极大促进人才、技术、资金、数据等要素的流动，依托中国强大的需求，中国有条件成为区域甚至全球要素资源的强大"引力场"。人民币区域化需要解决的一个关键问题是如何通过逆差提供人民币流动性。一旦中国成为各种要素资源的强大的"引力场"，不仅不用担心经常账户或资本账户逆差影响人民币的币值稳定基础，甚至可以主动追求逆差，加大对区域内其他成员的进口和对外投资，输出更多人民币，为成员提供人民币流动性。

3.3 RCEP 框架下推动人民币国际使用面临的障碍和困难

3.3.1 与高标准自由贸易协定相比，RCEP 在推进区域经济一体化方面的作用有待增强

第一，自由贸易协定的一体化效果会受多重因素的干扰和影响。在全球化受阻的背景下，区域化成为一个次优的选择。各个国家尤其是在国际产业链供应链中发挥核心和主导作用的国家都希望通过区域合作机制安排获得更大的产业发展空间、更有利的竞争地位和更安全的供应链。一般来说，自由贸易协定成员的互补性越强，自由贸易协定的效果就会越明显。但是，区域贸易协定越来越受到地缘政治尤其是中美博弈等非经济因素的影响。实际上，中国连续保持货物贸易第一大国地位，中国货物贸易进出口额从 2012 年的 24.4 万亿元增加到 2022 年的 42.07 亿元，国际市场份额也从 10％提高到 14％。其中，出口市场份额已经突破15％。但是，这样的贸易表现主要不是在自由贸易协定签署国之间完成的。截至目前，我国与 26 个国家和地区签署了 19 个自由贸易协定，与这些伙伴国的贸易额占比为 35％。尽管 2020 年开始东盟超过欧盟成为我国第一大贸易伙伴，2021 年、2022 年我国对东盟进出口分别达到 5.67 万亿元和 6.52 万亿元，但欧盟、美国、日本、韩国分别位列我国第 2 到第5 大贸易伙伴，从市场互补性角度看，在未来相当长时期内，美国和欧盟仍然是我国最重要的贸易伙伴，中国对外贸易的绝大部分份额仍会在非FTA 签署国间完成。

从 CPTPP 生效以来成员之间贸易和投资增长情况看，其对成员之间的经贸促进作用也是有限的。绝大多数成员对其他成员的贸易规模没有出现明显上升，甚至出现大幅下滑的情况。2018 年，CPTPP 成员相互出口总额达 4 461.7 亿美元，2020 年反而下降至 3 706.9 亿美元，下降了17％。虽然受疫情冲击影响，国际贸易基本呈现下滑趋势，但 CPTPP 成员对其他成员的贸易下滑明显低于成员之间的贸易下降幅度。2020 年，日本、澳大利亚、加拿大、新加坡对 CPTPP 其他成员的出口额分别下降

10.37%、7.62%、26.18%和9.61%，而该四国整体出口降幅分别仅为6.79%、1.73%、7.15%和4.73%。虽然2021年成员相互贸易有所回升，但日本、澳大利亚、新西兰、新加坡和墨西哥的回升幅度低于区外国家。2018—2021年虽然加拿大、智利、马来西亚三国对 CPTPP 成员的出口有所增长，分别达到10.3%、5.2%和18%，但这三个国家对外总出口增长得更多，分别实现了11.3%、25.5%和20.3%的增长。所以，没有证据表明 CPTPP 促进了成员相互贸易的增长。但是，不容忽视的是，由 CPTPP 带来的投资壁垒大幅减少及投资便利化水平提高，加之知识产权、劳工、竞争政策等边境后规则以及监管一致性的达成，有效地促进了成员之间的相互投资。2021年，日本对 CPTPP 大多数成员的直接投资较2018年均出现了大幅度增长，对秘鲁增幅最高，达到198.3%，越南为90%，智利为83.7%，澳大利亚为42.7%，马来西亚为64.6%，文莱为14.45%，新加坡为13.1%，远高于同期日本对外直接投资整体0.63%的微幅增长。日本在加入 CPTPP 后，对成员的直接投资增加，很好地诠释了区域贸易协定产生的投资替代贸易效应。

第二，过渡期安排等因素使得 RCEP 成效尚未充分显现。由于自由贸易协定数量多，很多成员已经签署了高水平的自由贸易协定。CPTPP 成员与 RCEP 成员有较大重叠，在 RCEP 成员中，除了7个已经签署 CPTPP 外，东盟和其他成员，中国和韩国，日本和新加坡，日本和澳大利亚，澳大利亚和新西兰、新加坡、马来西亚等等都签署了双边自由贸易协定，导致 RCEP 这一新的叠加的自由贸易协定的边际效应有所减弱。由于 CPTPP 规则对区域内供应链的较强保护，这导致 RCEP 中非 CPTPP 成员处于不利地位，面临产业链供应链转移风险。鉴于 RCEP 刚刚生效1年，有的国家刚刚起效，还规定了承诺期限和过渡期，这使得 RCEP 的效果在短期内难以显现。

第三，RCEP 目前的协定内容主要涉及贸易、投资以及贸易投资便利化等传统议题，涉及深层次一体化的议题较少。RCEP 对区域货币一体化的影响是间接的，基本上没有涉及货币金融合作，更不包括计价、支付及贸易结算货币的内容，要通过区域经济一体化予以推动。但是，目前看 RCEP 虽然可以产生一定的贸易投资促进效果，但 RCEP 对经济一体化的促进作用相对有限。从 RCEP 本身看，一方面，与 CPTPP 以及各种自由贸易协定升级版存在差距；另一方面，RCEP 的很多条款落地难。RCEP 的很多条款尤其在一些中小企业、数字贸易、经济技术合作、知识产权保护等议题方面都做了很多原则性规定，甚至在开放承诺方面的规定也是原则性的。比如，RCEP 在专业服务贸易开放方面，规定每一缔约方应当鼓励其相关机构与另外一个或多个缔约方的相关机构开展对话，以期承认专业资质并为许可或注册程序提供便利，还规定每一缔约方应当鼓励其相关机构与另外一个或多个缔约方的相关机构在有共同利益的专业服务部门中相互承认专业资质，就许可或注册方面的任何形式的安排进行谈判。类似"应当""鼓励""可以考虑"等表述让各国有很大的自由裁量权，导致其无法真正落地实施。目前在实际执行中，还出现 RCEP 的一些条款与国内的法律法规存在不协调从而导致其无法实施的情况。

在这种情况下，2021 年 9 月，中国正式递交加入 CPTPP 的申请书。这既表明了我国扩大开放，与 CPTPP 成员规制融合和深度一体化的决心，也预示着，按照建设高标准自由贸易区的要求，RCEP 未来有较大的提升空间。

3.3.2 重塑 RCEP 区域产业链供应链面临较大挑战

首先，亚洲区域一体化程度相对较低。从各区域对比来看，欧洲、北美和东亚三大区域板块区域内贸易在全球贸易中的比重是显著上升的。但是，比较而言，欧洲的区域内贸易比重最高，经济一体化程度也是最高的。欧盟 2021 年区域内贸易占欧盟贸易总额的比重高达 61.2%，比 2008 年上升了 0.7 个百分点。而在北美，2021 年美国对墨西哥和加拿大的出口占其出口的比重达到 33.3%，虽然比 2008 年大幅提高（14.2%），但仍然远低于欧洲区域内贸易的水平。而在东亚，2021 年中国对东亚国家的出口占总出口的比重为 23.74%，进口占比为 30.33%；而日本的出口和进口占比分别达到了 43.58% 和 42.91%，韩国的出口和进口占比分别达到了 48.89% 和 40.3%。中国的区域内贸易占比实际上是低于日本和韩国的。

其次，从国际产业分工格局看，欧美等发达经济体在高端制造垂直化分工中居主导地位。2021 年，全球出口前 10 的国家中美日欧等发达经济体占到 7 位。芯片、集成电路、航空发动机等核心零部件以及高精尖机械设备生产技术仍由欧美发达经济体垄断。我国中央处理器、存储器、汽车芯片等对外依存度都在 90％以上，光刻机、刻蚀机、离子注入机等半导体制造设备对外依存度为 70％，硅片、光刻胶等关键材料对外依存度均超过 80％，这些主要来自欧美。欧美跨国公司仍然是全球产业链供应链的主导力量，我国企业在研发质量和创新能力方面与欧美企业相比仍存在较大差距。在 2021 年《财富》500 强企业创新能力前 10 名中，美国有 7 家，我国仅华为 1 家。尽管我国是最大的货物贸易国、最大的制造业国家，但很多贸易额和产值是跨国公司在我国产业链布局的结果。我国参与全球产业链以低端加工组装环节为主，尽管近些年在产业链中的地位有所上升，但在核心零部件、自有品牌影响力和产品质量等方面有明显差距，对发达国家的技术依赖严重。与东盟国家相比，在有些领域我国制造能力水平相对较高，但整体上均处于低端制造环节，很多产业的发展被动受制于跨国公司全球产业链布局的影响。

最后，中国在区域产业分工格局中的优势面临被弱化和稀释的风险。中美大国博弈、地缘政治、产业链安全、发展模式、意识形态、劳工标准以及价值观等非经济因素对产业链供应链布局的影响越来越大。受美国技术出口管制和与中国科技脱钩和"去中国化"的影响，一些制造业已向东盟国家转移。如果加上日本、韩国、澳大利亚、新西兰以及新加坡等发达经济体，中国在区域产业分工格局中的优势更是面临被弱化和稀释的风险。

3.3.3 人民币区域使用仍然较少

尽管人民币在中国与 RCEP 其他成员的跨境支付中得到了越来越多的使用，但是目前 RCEP 成员之间的结算和支付主要还是美元，RCEP 跨境清算仍主要依托 SWIFT 系统。

在中美大国博弈中，一旦面临选边站队，RCEP 其他成员恐怕绝大多数会"选边"美国。日本、韩国、新西兰和澳大利亚对人民币的接受度很低，东盟国家受美国的影响也比较大，"经济靠中国、安全靠美国"的情况仍然存在，东盟国家的国际结算、国际支付和国际储备货币仍然以美元为主，越南、柬埔寨、老挝和缅甸等国甚至出现了美元化的态势。有些东盟国家虽然允许人民币在边境贸易中流通，但其机构和居民仍不能开设人民币账户。目前中国仅与印度尼西亚、越南、老挝开展双边本币结算，越南尚未将人民币的流通使用权限扩大到全国范围，存在"边境流通，内陆受限"现象。缅甸则不允许企业和个人在当地银行开立人民币账户。

人民币金融基础设施仍然比较薄弱。截至 2023 年 1 月，有 5 个东盟国家尚未有人民币跨境支付系统（CIPS）直接参与者，相关机构只能以间接参与者的身份获得 CIPS 提供的服务，东盟的间接参与者数量也仅有不到 90 个，缺乏高效便捷的支付清算平台来支撑跨境人民币业务的拓展。这也客观反映出大部分东盟国家银行的跨境和离岸人民币业务量较少。目前在东盟国家仅有 47 家中资金融机构的分支机构，且主要分布在新加坡（11 家）和马来西亚（10 家），而在缅甸、柬埔寨、文莱等金融相对落后的国家，仅各有 1～3 家分支机构。

当前，在人民币尚且不能自由兑换、境外人民币回流渠道不畅、中国资本账户没有完全开放、离岸人民币资金池规模有限、人民币计价投资产品较少的情况下，人民币很难作为第三方货币在 RCEP 其他成员之间广泛使用，而能作为第三方货币广泛使用是货币国际化最重要的标志和关键环节。可见，尽管取得了很大进步，但人民币在区域各国的储备货币、计价货币、结算货币中的比重仍然较低。人民币区域化仍然任重道远。

3.3.4 人民币在区域内还面临来自日元的有力竞争

日元作为外汇储备货币的量高于人民币，人民币在全球外汇储备中的货币量相当于日元货币量的 40% 左右，而且日元长期作为全球第四大支付货币，只是在近年人民币国际支付额才呈赶超态势。SWIFT 数据显示，人民币国际支付份额于 2021 年 12 月提高至 2.7%，超过日元成为全球第四大支付货币。日元在区域化方面与人民币存在竞争关系。尽管中国长期是东盟最大的贸易伙伴，但日本、美国分别是东盟第二、三大贸易伙伴，日本与东盟经贸合作不断深化。日本与印度尼西亚、马来西亚、菲律宾、新加坡、泰国等 5 个东盟国家签订了货币互换协议。日本还是东盟国家最终产品出口的主要市场之一，在全球产业链尤其是在亚洲区域产业链中居领导地位，这也加强了日元在东盟国家贸易结算中的优势地位。综上所述，日元在东盟国家比人民币具有优势，尤其是在中美对抗加剧的情况下，日元的优势地位可能会进一步增强。

3.3.5　中国金融市场的发展水平、金融开放程度以及金融自由化程度尚不足以支撑人民币广泛的国际使用

国际储备货币的发行国要为其他货币当局提供高安全性、高流动性的适合外汇储备投资的投资产品，类似美国国债市场的债券市场已成为最重要的外汇储备投资渠道。尽管中国债券市场不断扩大对外开放，但是中国债券市场的发展还不成熟，境外机构投资者持有规模还比较小。截至 2022 年 4 月末，中国债券市场余额为 138.2 万亿元人民币，共有 1 035 家境外机构投资者进入中国债券市场，总持债规模为 3.9 万亿元人民币，较 2017 年末增长了 225%。截至 2023 年 4 月末，境外机构在中国债券市场的托管余额为 3.2 万亿元，出现了下滑，占中国债券市场托管余额的比重为 2.2%。中国资本账户也只实现了有限开放，人民币还不是可自由兑换货币，境外人民币存量有限，人民币作为第三方货币在跨境结算和支付中使用的条件尚不具备。此外，中国金融市场开放尽管在市场准入方面取得了重大突破，但是在透明度、特定信息处理、支付和清算以及审慎措施认定等方面与国际通用的价值理念和规则标准仍有较大差距。尽管中国金融业对外开放的大门越开越大，不断推出扩大开放的举措，取消了银行、证券、基金、期货、人身险等业务领域的外资股比限制，有序推进了跨境、证券市场的互联互通，推动了沪深港通、沪伦通、债券通以不断完善合格投资者制度，2020 年版的金融业外商投资准入负面清单已经清零，但外资金融机构在中国的实际业务占比仍然非常有限，尤其是近年来由于受监管规则等因素影响，一些外资金融机构撤出了中国市场。金融脱钩的现象也反映了我国金融市场开放度仍然有待提高，金融开放水平和自由化程度也有待加强，这也是人民币成为国际广泛使用货币的重要阻碍。

3.4　对策建议

3.4.1　推动 RCEP 规则真正落地生效并加快升级，建设高标准自由贸易区

针对目前表述相对原则、政府自由裁量权较大的投资保护、支持中

小企业、数字贸易本地化存储等条款，通过研究和主动协调加以明确，推动 RCEP 规则真正落地生效并加快升级。第一，尽快针对专业服务、经济技术合作、知识产权保护等概念性议题制定实施细则；第二，针对目前 RCEP 诸多独特条款在执行中已经遇到问题而无法落实的情况，尽快修订现行法律法规以落实 RCEP 文本要求，提高我国在 RCEP 其他成员中的信誉；第三，我国还应积极联合日本、韩国等发达经济体，共同策划一些能力建设项目，为区内发展中国家提供支持；第四，加快研究和推动升级版 RCEP。破除狭隘的意识形态对立心态，不主观地认为美国等发达国家主导的高标准自由贸易协定就是为了"去中国化"。要对标高标准自由贸易协定的规则，更加积极主动地向高标准自由贸易协定看齐。比如，通过积极引入劳工、反腐败、政府采购、国有企业、竞争政策、能力建设、监管一致性等非传统议题，不仅可以倒逼国内改革、树立中国负责任大国的形象，更有利于获得规则共识。中国作为区域最重要的国家之一，理应承担起更重要的责任，尤其是要主动深化国内改革，切实加强法制建设，提高法律法规和执行程序的透明度，适应国际经贸规则重构，建立与国际经贸规则相衔接的制度体系。

3.4.2 深化与 RCEP 其他成员的互补合作，提升中国在区域产业链价值链中的位势

日韩是 RCEP 成员中技术和服务相对领先的发达经济体，要将我国的市场优势和制造能力与日韩的技术和服务充分结合，建立集成优势。深化中日韩在汽车、机械、电子等制造领域以及大数据、人工智能等新兴领域的合作。吸引日韩企业到我国来投资，用好已经有的中日、中韩产业园等平台。充分发挥我国数字经济的优势，加强与东盟开展数字经济领域的合作。加强与新加坡在电子、机械制造、生物医药以及绿色发展等领域的合作。

3.4.3 加强金融基础设施的硬联通和制度规则的软联通，优化人民币国际使用的环境

要提高人民币国际化水平，就必须为人民币区域使用提供便利。不仅需要加强金融基础设施硬件的联通，更需要在规则和制度层面加强联

通，形成规则和制度共识。首先，加快 RCEP 成员的地区人民币跨境支付基础设施建设。可以率先在东盟完善跨境金融服务体系，继续扩大 CIPS 在各成员的使用范围，增加接入方式，不断为各参与机构提供除了实时全额结算和定时净额结算模式外种类更加丰富的混合结算模式。其次，健全和完善人民币跨境流出、境外流转、跨境回流渠道。通过加大货物及服务贸易进口、加大人民币贷款发放等渠道向东盟国家输出人民币，同时创新金融产品，提升国内金融市场人民币投资产品供给能力以增强对境外投资者的吸引力。进一步开放资本市场，增加境外机构和个人人民币金融资产投资渠道，畅通人民币跨境回流渠道。最后，人民币真正国际化还要采取更多的扩大开放和自由化措施，比如要进一步放宽资本账户管制、允许人民币自由兑换、大力发展人民币离岸市场，但这也是一把双刃剑，一旦大量境外投资者持有人民币计价境内境外投资资产，就必然会对宏观经济稳定构成巨大挑战。所以，要在提高人民币国际使用便利程度和风险防范之间寻求平衡，关键还是要练好内功，中国在成为强大"引力场"和区域生产网络及市场网络中心之后，应对外部冲击的能力会更强。

3.4.4　利用中国数字经济的优势，在 RCEP 成员中推广使用数字人民币

随着新一代信息技术的发展，数字经济产业链也飞速发展。数字经济产业链中大数据、云外包以及数字内容等具有跨境分工成本低的显著特点，将成为全球产业链竞争的重要领域。中美两国数字服务水平居世界前列，欧盟、澳大利亚、日本、韩国在数字经济领域的整体竞争力明显低于中美两国。在数字经济产业链中，目前，美国已经开始对我国数字产业进行打压。由于针对数据流动规则不同可能形成中美两套平行体系，因此，利用我国数字经济优势，在 RCEP 成员中推广使用数字人民币可能是人民币区域化的突破口。

按照 RCEP 服务贸易协议，在成员内部，各成员在新金融服务领域能享受国民待遇，这有利于消除数字人民币的使用障碍，探索数字人民币在跨境支付中的应用，搭建人民币跨境支付新渠道。可以在 RCEP 区域内构建法定数字货币跨境支付国际清算体系，进一步提高跨境支付的

便捷性与安全性，显著增强人民币在 RCEP 区域内的交易结算功能。RCEP 还达成了全面且较高水平的多边电子商务规则，降低了跨境电商多个环节的成本。中国是全球最大的电子商务出口市场，可以在中国与东盟的跨境电子支付环节进一步提升人民币国际支付和结算功能。

3.4.5 加强与 RCEP 其他成员尤其是东盟国家的货币和金融合作，争取达成合作协议

随着区域一体化的发展，如何加强和完善区域治理是一个不可回避的问题，也是中国作为区域大国必须有的责任担当。美国滥用制裁，把 SWIFT 作为工具让更多的国家深刻认识到美元主导的国际货币体系的风险。当前美国强力加息，各国深受美元流动性不足之苦，这加大了各国寻找替代方案的动力。在这种情况下，研究和提出区域货币金融合作方案恰逢其时。货币和金融合作要求合作国让渡一部分经济政策的自主权，加强宏观经济政策协调。由于 RCEP 成员在发展水平、政治和经济制度、价值观等方面差异较大，全面达成货币合作的难度很大，因此，中国可以加强与东盟国家的合作，并对其他成员持开放态度。建议积极推动建立和完善亚洲版货币金融合作机制，合作内容可以涉及亚洲货币基金、亚洲区域性金融组织建设、亚洲债券市场、双多边货币互换网络、货币和汇率政策协调等方面。尽管目前在亚洲推行货币联盟还不现实，但在 RCEP 框架下深化合作，并在贸易投资及边境后规则等方面采用更高标准之后，进行区域合作协定的创新，探讨增加区域货币和金融合作的议题，有助于把以往软约束的合作倡议逐步转化为更有约束力的法律协定，切实推动亚洲区域货币和金融合作，为人民币区域化创造更好的环境和条件。

第 4 章

中欧 CAI 与人民币国际化

《中欧全面投资协定》对标国际高标准经贸规则，着眼于制度型开放，是一项全面、平衡、高水平、互利共赢的协定。该协定所涉及领域远远超越传统双边投资协定，谈判成果涵盖市场准入承诺、公平竞争规则、可持续发展和争端解决四个方面内容。《中欧全面投资协定》符合中欧双方和世界的共同利益，如能落地实施，将在促进中欧双边经贸合作、拉动世界经济增长等方面发挥重要作用。同时，该协定也将通过促进中欧双边贸易、投资增长，深化中欧金融领域开放合作等方式为人民币国际化提供有力支持。由于欧洲议会冻结了该协定的审议程序，因此其签署生效进程遭遇了重大挫折。虽然目前还不清楚该协定能否重启，但该协定主要面向发达经济体、适用高标准经贸规则，对于我们研究人民币国际化问题仍然具有很好的现实意义和政策参考价值。本章根据《中欧全面投资协定》的主要内容，分析该协定对人民币国际化的可能影响，并结合所面临的障碍和困难提出对策建议。

必须看到，与发达经济体广泛开展高标准国际经贸合作，既是我国构建双循环新发展格局、推动高质量发展的应有之义，也是在人民币国际化进入纵深发展阶段后必须迈过的一道关卡。可以相信，解决好类似《中欧全面投资协定》所面对的困难和挑战，对于人民币成功晋级国际货币第一梯队具有重大而且深远的意义。

4.1 协定内容简介

4.1.1 协定背景

《中欧全面投资协定》(China-EU Comprehensive Agreement on Investment，简称"中欧CAI")谈判始于2014年初。自中国加入WTO后，中欧经贸往来日益密切。由商务部数据可知，截至2013年，欧盟连续10年成为中国第一大贸易伙伴，中国连续11年保持欧盟第二大贸易伙伴位置，双边贸易额由2001年的766.3亿美元上升至2013年的5 591亿美元，贸易发展势头良好。尽管中欧贸易呈现迅猛发展态势，但双边投资水平较低，与中欧的经济体量和双边贸易额度并不相符。2007—2013年中国对欧盟直接投资额呈先上升后下降趋势，但中国对欧盟直接投资额占中国对外直接投资总额比重不高，2013年占比仅为4.2%(见图4-1)。中国对外直接投资的60%分布在亚洲、拉丁美洲等国家，对欧洲国家投资较少。与此同时，欧盟对华实际投资额同样处于较低水平，2013年欧盟对华实际投资65.18亿美元，占中国实际使用外资金额的比重仅为5.26%。中欧双边投资处于较低水平，具有较大的发展空间，双方在投资领域存在巨大的发展潜力。

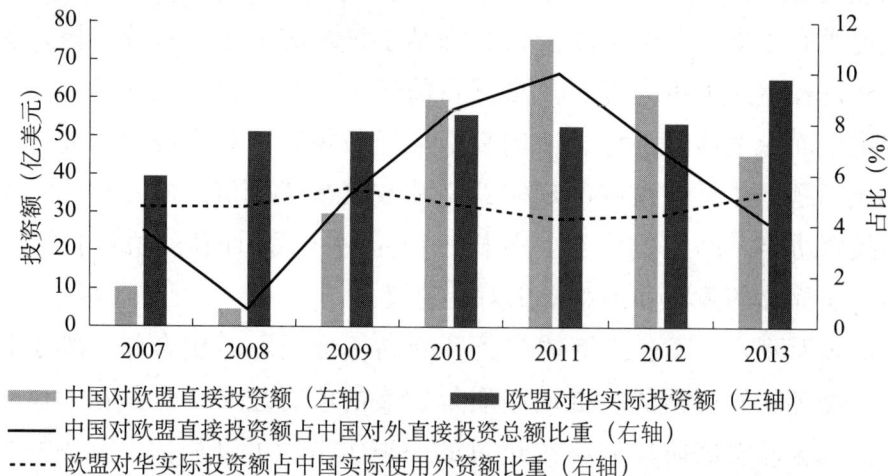

图4-1 中欧投资流量数据(2007—2013)

资料来源：历年《中国外资统计公报》《中国对外直接投资统计公报》。

另外，中欧双方已有投资协定已经不能满足中欧经贸关系发展的现实需要。20 世纪八九十年代，中国与除爱尔兰以外的欧盟成员签订了水平不一的双边投资协定（bilateral investment treaty，BIT）。这些投资协定有以下特点：一是上述协定是在中国经济发展较为落后、急切寻求境外直接投资的背景下签订的，主要目的是吸引欧洲对华投资，内容主要涉及欧方企业在中国投资的法律保护，侧重于反映欧洲国家的利益。二是《里斯本条约》① 于 2009 年生效后，外商直接投资被纳入欧盟共同贸易的范畴，成为欧盟的专属权限，有关投资的权能由成员过渡到欧盟，已经签署的上述双边投资协定的法律效力受到影响。三是上述协定缺少市场准入、企业运营、可持续发展等方面的内容。

2007—2008 年全球金融危机与 2010—2011 年欧洲主权债务危机相继爆发后，欧盟在经济危机的冲击之下更乐于吸引外国投资，提振本国经济。与此同时，中国的"走出去"战略也已经发展到了企业进入和开拓发达国家市场的阶段，需要更好的国际环境来促进"走出去"战略的进一步发展。在此背景下，双方此前签订的双边投资协定已经不再适应各国的投资水平、国际经济地位和国内经济现状，不再满足中欧双方相互开放市场、提高投资自由化水平的需要。一份包含投资自由化、市场准入、劳工待遇、可持续发展等各方面内容的综合投资协定成为中欧经贸关系发展的客观需要。基于上述原因，中国和欧盟双方启动了投资协定谈判，以期为双方投资者提供可预见的、长期进入欧盟和中国市场的渠道，保护投资者及其投资。

自 2013 年至 2020 年，历时 7 年，中欧双方共进行了 35 轮谈判，其间经历重重阻碍，多种因素相互交织，过程艰难曲折，最终于 2020 年 12 月 30 日宣布如期完成谈判。这对中欧发展具有里程碑意义，不仅有助于促进中欧合作，为区域经济一体化带来更多机遇，还将有力拉动后疫情时代世界经济复苏，提振全球经济增长信心，加速新一轮经贸规则重构。但在欧盟内部反对势力和美方施压下，欧洲议会于不到半年之后的 2021 年 5 月 20 日通过了冻结中欧 CAI 的议案，为协定前景蒙上了一层阴影。

---

① 这是由欧盟非正式首脑会议在葡萄牙首都里斯本通过的欧盟新条约。这一条约于 2007 年 12 月 13 日由欧盟各国首脑在里斯本签署，随后交由各成员批准。各成员批准后，条约于 2009 年 12 月生效。

尽管目前协定签署面临一定阻碍，但从长远来看，求同存异、合作共赢是中欧关系的主基调。中国在协定中体现了极大诚意，并正在非常积极地探索不同的路径。在中欧经贸合作和对话交流日益密切的背景下，中欧双方应共同努力，一道克服困难，尽快释放这份协定对推动中欧合作的巨大潜力。

4.1.2 协定内容

（一）概览

中欧 CAI 签署后，预计将取代中国与欧盟成员之间现行有效的双边投资协定，为中欧双向投资提供统一的法律框架。从已公布的文件来看，协定主要包括序言和六个章节，其主要内容见表 4-1。

表 4-1 中欧 CAI 内容简介

序言	序言部分主要介绍协定背景和国际承诺，重申《世界人权宣言》和《联合国宪章》的原则，简要提及保护环境、保证劳工权利、企业社会责任等内容
目标和一般定义	本章共两节。第一节规定了协定目标，即为促进和发展双方之间的贸易和投资创造更好的环境，为投资自由化做出必要安排；双方有权在领土内进行管理以实现合法的政策目标。第二节对协定涉及的概念进行了定义
投资自由化	本章共七节。第一节规定了本章的适用范围；第二节为市场准入，承诺仅在特定部门和特定情况下实施数量限制；第三节强调禁止业绩要求，说明涵盖实体相关内容，同时对监管机构的公平性、非歧视性和独立性做出了规定；第四节和第五节与国民待遇和最惠国待遇相关；第六节对高级管理人员和董事会、自然人因业务目的入境和临时居留及其透明度进行了安排；第七节说明了不合规的措施和例外情况
监管框架	本章共三节。第一节从定义和范围、授予许可证和资格的条件、授予许可证和资格的程序三个方面规范了双方内部法规的订立；第二节为透明度相关内容，包括信息公开、一般透明度义务、公示、联络点和提供信息、行政诉讼、复核上诉等内容；第三节为金融服务相关内容，涉及有效和透明的监管、新金融服务、特定例外情况、自律组织、支付结算系统等
投资与可持续发展	本章共四节，第一节为背景和目标，双方承诺追求可持续发展，并认识到经济发展、社会发展和环境保护是可持续发展中相互依存、相辅相成的三个方面；第二节和第三节分别规定了环境和劳工领域与投资的关系，涉及政策修订、保护水平、与多边协定的关系、相关问题的对话与合作等内容，提出鼓励有利于可持续发展的投资；第四节提出了本章相关内容的解决分歧的机制，涵盖磋商、共同商定的解决方案、专家组、程序透明度等内容

续表

争端解决	本章的目的在于建立高效的争端解决机制以避免和解决双方之间可能存在的争议，尽可能地通过和平方式解决争端，具体内容包括磋商机制、调解程序、共商方案、设立仲裁小组、合规审查等
机制和最终条款	本章共两节。第一节为机制，规定了投资委员会的组成和职责，下设投资工作小组和可持续发展小组；第二节为最终条款，涉及双方定期对话，协定修正，投资保护协商与投资争端解决，一般例外条款，影响资本流动，支付或转移的措施，征税，协议的权利与义务，与其他协议的关系，等等。

（二）核心内容

中欧 CAI 对标国际高标准经贸规则，着眼于制度型开放，是一项全面、平衡、高水平、互利共赢的协定。其核心内容包括市场准入承诺、公平竞争规则、可持续发展与争端解决机制。

1. 市场准入承诺

总体而言，中欧双方均给予了对方最大限度的市场准入承诺，主要体现在三个方面：一是采取准入前国民待遇加负面清单模式。除负面清单中罗列的行业外，所有行业和部门均享受国民待遇。中欧双方承诺在负面清单外不以法律法规或政策来限制企业数量、投资额、营业额、产量、人员任命、技术研发等问题，同时尽力保证投资者合法转移投资收益，允许双方人员入境停留和居住。二是全方位保障投资自由化。协定说明了全面国民待遇、最惠国待遇、高级管理人员和董事会成员以及禁止业绩要求等四个方面的主要规制：要求双方在包括准入前阶段的投资全生命周期提供国民待遇，在大多数领域不得针对外资进行专门审批；在任何情况下，双方给予非缔约方（如美国）的更优惠的投资待遇将自动给予对方；禁止缔约方对企业的高级管理人员和董事会成员施加国籍要求；禁止缔约方对境内所有企业施加包括国内成分要求、当地采购要求、技术转让要求、设立总部要求等在内的业绩要求，最大限度地保障了投资自由化。三是双向实质性开放覆盖面进一步扩大。在中国层面，中国首次在包括制造业和服务业在内的所有行业以负面清单的形式做出了开放承诺。在服务业行业，特别是在金融服务、医疗服务、电信服务、国际海运服务等领域，中国承诺将进一步扩大对欧盟企业的开放力度，使欧盟企业在更广泛的领域在华开展业务。在欧盟层面，欧盟在制造业领域对中国做出了进一步的投资开放承诺，包括新能源、环保、电子产业等。欧盟在服务业领域的开放水平已较高，此次协定并未做出进一步开放的实质性承诺。

2. 公平竞争规则

公平竞争一直是国际经贸规则制定的焦点议题，中欧全面投资协定在这方面的要求主要有三点：一是国有企业竞争中立。协定并未直接使用"国有企业"的定义，而是以"涵盖实体"扩大国有企业指代范围，在此框架下，国有企业不仅包括由各级政府特别是国资委控股的企业，而且包括国资委参股企业、国家指定的垄断企业以及享有特殊权利的企业等。同时，协定提出针对"涵盖实体"的三项核心义务：商业考虑义务要求双方的涵盖实体必须根据商业考虑的原则采取行动；非歧视义务要求涵盖实体在采购和销售商品或服务时不得采取歧视性行为，包括制定不同的价格、提供不同的品质等；透明度义务允许缔约方提出公布涵盖实体的股权结构、组织架构等信息的要求。二是禁止强制性技术转让。协定建立了禁止强制性技术转让的明确规则，还要求缔约双方监管机构在未得到当事方授权的情况下不得披露搜集到的商业机密信息。三是确保补贴透明度。协定明确将制造业和服务业部门的补贴纳入透明度义务范围，补充了现行多边规则中对透明度要求的空白。同时，协定还将适用具体的协商程序，要求任何一方提供关于可能对另一方投资利益产生负面影响的任何补贴的额外资料，并寻求消除这些负面影响的解决方案。

3. 可持续发展

可持续发展是双边投资协定中的双赢概念，在协定谈判中，双方就可持续发展达成了共识，相关规则主要由环保条款和劳动条款构成，涉及劳工、环境、气候等规定。中欧双方承诺不以牺牲劳工利益和环保标准来促进投资，承诺不得将劳工和环境标准用于投资保护主义目的。在环保方面，中国和欧盟分别作为世界最大和第三大温室气体排放者，在可持续发展上具有较一致的价值理念和政策目标，承诺切实履行《联合国气候变化框架公约》及《巴黎协定》；在劳动条款方面，中国国内劳动立法日益完善，与国际劳工标准的差距已越来越小，双方就劳工标准问题达成共识，承诺有效执行国际劳工组织公约，努力争取批准尚未批准的国际劳工组织基本公约，并承诺继续努力争取批准国际劳工组织关于强迫劳动的基本公约。对于落实可持续发展承诺中可能出现的分歧，协定还专门制定了独立于整个协定的争端解决及执行机制，包含政府磋商、专家小组仲裁、争议解决方案等内容。

4. 争端解决机制

中欧 CAI 要求建立一个有效、透明的机制以避免和解决双方之间的争端。协定关于争端解决的机制以磋商为基础，若出现争端，双方首先就问题进行协商以达成共识。如无法达成共识，则可诉诸仲裁小组。协定对仲裁小组的构成、议事程序、成员行为均做出了专门规定，以确保其行为独立、处事公正。

目前国际双边投资协定中的争端解决机制多为以国际仲裁为基础的投资者-国家争端解决机制（ISDS）：允许投资者对东道国违反投资协定的行为提起诉讼，如果投资者胜诉，东道国将向投资者支付违约金。这种争端解决机制的特点在于投资者可以不借助母国政府直接将东道国政府诉至国际仲裁机构，赋予了投资者极大的便利，但对东道国的国家管制主权较为不利。目前的协定内容并未包含关于投资者与东道国之间争端解决机制的条款，有关内容还需双方继续协商。其中，中国主张对现有 ISDS 进行一定程度的改革，欧盟则主张将 ISDS 司法化，建立一个司法化运行模式的投资法庭。

4.2 人民币使用现状和推进路径

4.2.1 区域内人民币使用情况

（一）部分欧盟国家将人民币作为储备货币

欧盟在人民币国际化进程中扮演着积极角色，早在 2017 年，欧洲央行就宣布将人民币纳入外汇储备，这也是发达经济体第一次将人民币纳入外汇储备，使人民币国际化进程得到进一步推进。其后，部分欧盟国家也相继表示将人民币作为储备货币。截至目前，欧洲央行与德国、法国、西班牙、匈牙利、比利时、斯洛伐克、捷克等欧盟成员已经将人民币纳入外汇储备，这是欧盟及其成员对人民币国际化的重要支持和承认，也是人民币国际化深入发展的重要体现。在外汇交易方面，中国外汇交易中心人民币对欧元、丹麦克朗、瑞典克朗、匈牙利福林实现了直接挂牌交易，2021年银行间外汇即期市场人民币对上述四个币种的交易量分别达17 629.67亿元、66.08亿元、46.92亿元、11.92亿元。

（二）金融基础设施不断完善

近年来，我国积极创建人民币跨境支付系统、布局人民币清算银行，已取得积极成效。目前，CIPS已覆盖德国、意大利、奥地利、卢森堡、比利时、拉脱维亚、葡萄牙、丹麦、捷克、匈牙利等大多数欧盟成员，为人民币在欧跨境支付打下了坚实的基础。与此同时，欧盟主要成员支持人民币离岸交易和清算网络构建。境外人民币清算业务是由中国人民银行授权，在境外具备清算资格的国家和地区，由中资银行向参与行提供人民币交易业务的清算服务。一般而言，境外央行或监管机构只有与中国央行签订清算合作备忘录，才能获得人民币清算资格。目前，中资银行已陆续在德国、法国、卢森堡、匈牙利获得了人民币清算业务资格（见表4-2和表4-3）。截至2021年，中国已在25个国家和地区授权了27家境外人民币清算行，其中欧洲占7家，欧盟占5家。2015年11月，中欧国际交易所开业，它由上海证券交易所、中国金融期货交易所和德意志交易所集团共同建立，是中国境外首个专注于提供中国及人民币相关金融产品的交易平台，通过连接中德两个市场，带动人民币全天候交易。中欧国际交易所在人民币国际化进程中扮演着重要角色。此外，随着法兰克福、卢森堡、巴黎等在欧人民币离岸金融中心的进一步发展，在欧人民币业务也将得到进一步扩展。

表4-2　境外人民币清算安排

时间	国家	清算行
2014-06-18	德国	中国银行法兰克福分行
2014-09-05	法国	中国银行巴黎分行
2014-09-05	卢森堡	中国工商银行卢森堡分行
2015-06-28	匈牙利	中国银行匈牙利分行

表4-3　中国与欧盟成员签订的建立人民币清算安排的合作备忘录情况

时间	文件类型	机构名称
2014-03-28	MOU	德意志联邦银行
2014-06-28	MOU	法兰西银行

续表

时间	文件类型	机构名称
2014 - 06 - 28	MOU	卢森堡中央银行
2015 - 06 - 27	MOU	匈牙利中央银行

注：MOU，为英文 Memorandum of Understanding 的首字母缩写，是对国际协议的一种通常叫法，直译为"谅解备忘录"。

（三）中国与欧盟国家双边货币合作稳步推进

在资本账户尚不能完全自由兑换的情况下，外国进口商使用人民币与中国出口商进行贸易结算将受到一定限制，对此，双边本币互换协议可以为愿意使用人民币进行贸易结算的外国进口商提供资金来源，有效增强人民币货币锚效应，成为人民币国际化的一个重要手段。根据协议规定，外国央行可以按照一定的汇率水平，以本币为抵押向中国人民银行借入人民币，并以最后贷款人的身份通过当地金融机构向进出口商提供人民币贷款，从而增加人民币在贸易结算中的吸引力。这不仅可以为扩大人民币贸易结算提供必要的基础设施，而且有助于降低协议签约双方在双边贸易活动中面临的美元汇率波动风险。

中国与欧盟及其成员签署货币互换协议的时间早、金额大。2013 年 9 月，中国与匈牙利两国央行签署了 100 亿元人民币货币互换协议；同年 10 月，中国人民银行与欧洲央行签署了 3 500 亿元人民币货币互换协议（见表 4-4）。此后协议每 3 年续签，货币互换规模相对稳定且有扩大趋势。数据显示，中国人民银行与欧洲央行 3 500 亿元的货币互换规模仅低于其分别与香港金融管理局和韩国央行续签的 4 000 亿元和 3 600 亿元，在货币互换总量中发挥着举足轻重的作用。

表 4-4　中国与欧盟及其成员货币互换协议签署情况

协议签署时间	央行名称	金额（亿元）	期限（年）
2013 - 09 - 09	匈牙利央行	100	
2013 - 10 - 08	欧洲央行	3 500	
2016 - 09 - 12	匈牙利央行（续签）	100	
2016 - 09 - 27	欧洲央行（续签）	3 500	
2019 - 10 - 08	欧洲央行（续签）	3 500	3
2019 - 12 - 10	匈牙利央行（续签）	200	
2022 - 10 - 08	欧洲央行（续签）	3 500	
2022 - 12 - 10	匈牙利央行（续签）	400	

4.2.2 推进人民币国际化的可能路径

（一）带动中欧双方经贸合作，有望扩大对人民币的需求

中欧 CAI 对标国际高水平经贸规则，其涵盖内容之广、开放内容之深，是中欧双方合作共赢的结果。一方面，它为中欧双边经贸合作提供了坚实的制度基础；另一方面，作为中欧坚定维护多边贸易体系的成果，协定的实施将加强中欧在全球贸易治理领域的合作。因此，中欧 CAI 能有效带动中欧双方利益融合，拓展合作深度，从而促进中欧双方经贸合作，带动双向投资额增长。投资额的提升必然考虑资产计价、贸易结算、融资等问题，使用人民币或欧元结算而不是用美元中间计价无疑是更安全、更便利的选择，因此协定带来的双方贸易的增长将扩大双边本币应用场景，有可能增加对人民币的需求，促进人民币的国际使用。

（1）为中欧双方经贸合作提供坚强的制度保障，带动中欧贸易增长。

中国与欧盟是彼此重要的贸易合作伙伴。2022 年中欧双边贸易延续增长势头，中欧贸易总额平稳增长；中国成为欧盟的第二大贸易伙伴、第一大进口商品来源地以及第二大出口市场；欧盟成为中国第二大贸易伙伴、第二大进口商品来源地和第二大出口市场。如图 4-2 所示，2022 年中欧进出口贸易额呈现增长趋势，中欧双边贸易总额为 56 467.98 亿元人民币，相较 2021 年全年同比增长 5.6%。中欧彼此已经形成了紧密的经贸关系，双边贸易也逐渐达到了新的高度。

中欧 CAI 所涉及领域远远超越了传统的双边投资协定。在该协定中，我国首次在包括服务业在内的所有行业以负面清单形式做出开放承诺，首次明确国有企业行为义务和补贴透明规则，首次纳入可持续发展章节。中欧 CAI 将是欧盟签署的第一个对外纯投资协定，它不附加在任何贸易协定之中。对于重视法律和制度保障的欧盟来说，该协定的签订无疑可为中欧经贸合作提供坚强的制度保障。

（2）加强中欧在全球贸易治理领域的合作，稳定全球经贸发展大局。

在世界多边贸易体系遭受冲击、全球经贸合作发展受阻的背景下，协定的签订与实施将表明中欧坚定维护多边贸易体系的决心与信心，也表明中欧将在诸多投资规则方面达成共识。这有助于推动中欧在维护世界贸易组织稳定运行、推动世界贸易组织改革等方面加强合作。

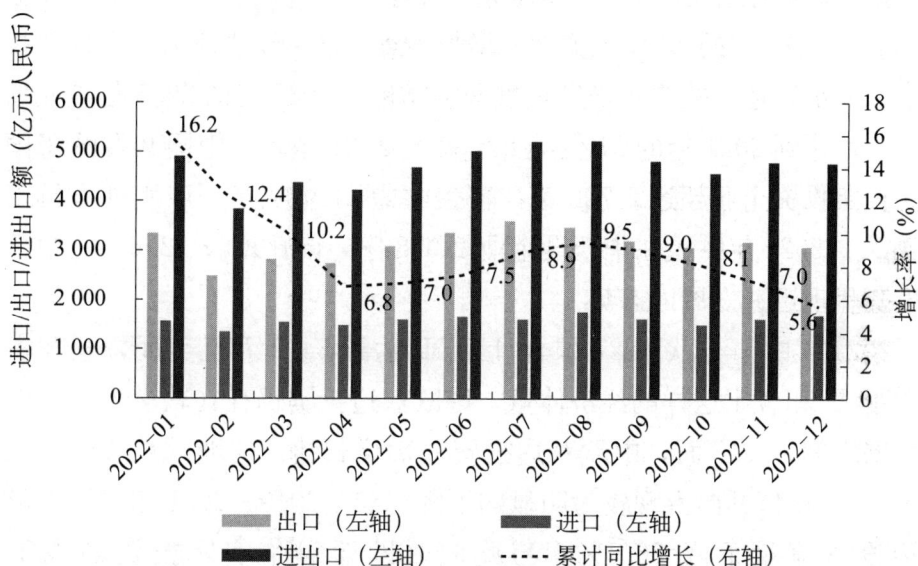

图 4-2　2022 年中国对欧盟进出口额及其增长率

资料来源：中国海关总署。

同时，该协定中的诸多内容也是高标准自贸协定内容，协定的实施将会为未来中国与欧盟展开自由贸易协定的谈判奠定基石。中国通过 RCEP 以及中欧 CAI，与欧亚大陆东西两侧的经济体紧密联系在一起，积极推动多边经贸合作，这必将深刻影响世界经贸发展格局。面对当下复杂严峻的国际化环境，特别是逆全球化、保护主义、霸权主义等思潮，中欧 CAI 将极大地提振国际经贸合作信心，为世界经济带来强劲的驱动力。

（二）拉动中欧双边直接投资增长，可能扩大人民币使用

其一，双方在开放的同时保留了必要的监督权，既注重促进投资合作，又强调可持续发展；其二，协定所涉及领域远远超越传统双边投资协定，是促进双方投资自由化的高水平谈判成果；其三，中欧均做出了高水平市场准入承诺，致力于为企业打造公平竞争的市场环境。因此，中欧 CAI 有助于降低投资成本，拓展投资开放领域，填补现有协定空缺，从而大大拉动中欧双边直接投资增长，培育人民币真实需求，扩大人民币在中欧投资中的使用。

（1）促进双边投资增长，降低投资成本。

自 2007 年以来，中欧双边直接投资呈现波动上升的趋势，中欧双边直接投资规模显著增长。中国对欧盟直接投资流量由 2007 年的 10.4 亿美元上涨至 2021 年的 78.6 亿美元，增长了近 7 倍。欧盟成为中国外商投资的第三大来源地。欧盟对华实际投资金额也由 2007 年的 39.5 亿美元增长 29.3%，达到 2021 年的 51 亿美元。截至 2021 年末，中国共在欧盟国家设立直接投资企业超过 2 700 家，覆盖欧盟 27 个成员，雇用外方员工近 27 万人。2021 年欧盟在华新设企业 2 078 家，同比增长 22.6%，中欧双边投资呈现迅速发展的态势。

2021 年中国与欧盟 27 国合计 GDP 达到 34.9 万亿美元，全球占比 36.2%。[①] 相较于这样的经济体量，中欧双边投资仍存在较多不足，有较大发展空间。一方面，中欧双边投资总额增长快，但波动性较强，尤其从 2019 年疫情开始出现较为明显的下降趋势。2019—2021 年中国对欧盟直接投资流量下降 26.5%，与此同时欧盟对华实际投资额也下降 30.2%。除疫情因素的影响外，其中一个重要因素在于协定的冻结受阻，使得中欧双边投资仍面临双边市场的诸多限制，存在诸多不确定性。另一方面，中欧双边投资占比不高。如图 4-3 所示，2021 年欧盟对华实际投资总额仅为中国吸引外资总额的 2.8%，中国对欧盟直接投资总额仅为中国对外直接投资总额的 4.4%，这表明未来双边投资的上升空间仍然巨大。

在此基础上，中欧 CAI 将使双方拥有一个平衡、高水平且合作共赢的投资合作框架。尤其是在市场准入以及公平竞争规则方面的改进，将进一步提高双边投资的自由化、便利化。减少双边投资壁垒，降低投资成本，使中欧企业在对方市场上获得更大的发展空间和发展机遇，这必将进一步促进中欧双向投资的增长，加强中欧投资合作，构建开放的经济秩序，有望扩大人民币的使用范围。

（2）拓展双方投资开放领域，为更多行业带来投资机会。

协定谈判的一大焦点在于投资领域的开放。此次中欧 CAI 采取了准入前国民待遇加负面清单的模式，这是我国首次在包含制造业和服务业的所有行业采用负面清单形式做出投资承诺。在协定实施前，中欧双边投资领域主要集中在制造业、服务业、采矿业等领域。如图 4-4 所示，

---

① 资料来源：Wind 终端。

2021 年欧盟对华投资集中在制造业，占比达到 54.5%，其余欧盟对华投资金额排名前列的行业分别为：租赁和商务服务业、科学研究和技术服务业、批发和零售业以及采矿业。而如图 4-5 所示，中国对欧盟制造业投资占比也超过 30%，排在 2021 年中国对欧盟投资主要行业的第一位，采矿业、金融业、租赁和商务服务业以及软件和信息技术服务业分列第 2~5 位。中国与欧盟在达成中欧 CAI 之后，由于《世界贸易组织协定》中缺少对制造业投资的最惠国待遇承诺，中欧在制造业方面的开放准入仅针对彼此双方，将进一步提升中欧制造业的投资信心，促进双方在制造业投资领域的合作。同时，协议签订后欧盟在建筑服务、环境服务、计算机服务等方面将获得超过中国在世界贸易组织《服务贸易总协定》（GATS）项下所做的开放承诺，有助于促进双方服务业的投资合作。

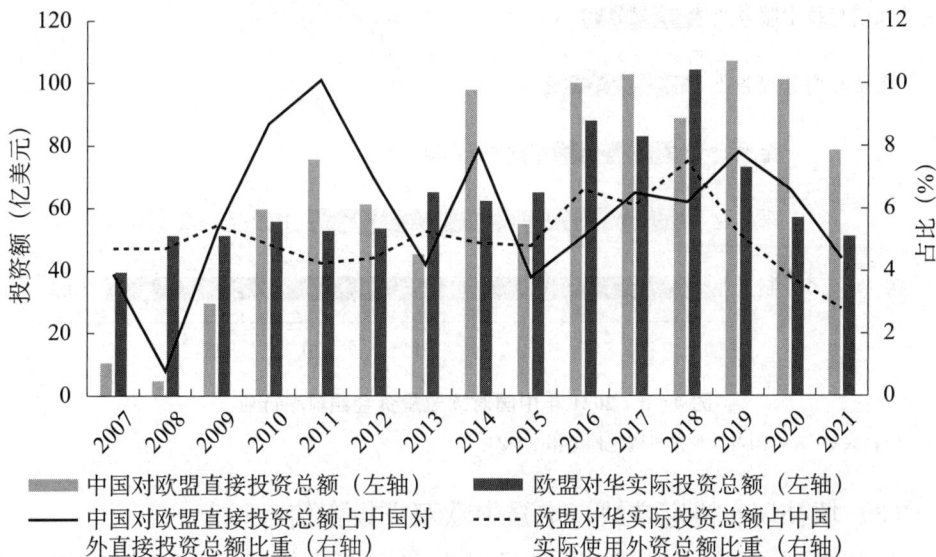

图 4-3 中欧双边直接投资流量数据（2007—2021）

资料来源：历年《中国外资统计公报》《中国对外直接投资统计公报》。

除上述投资往来较为密切的领域外，中欧双方还获得了在通信、研发、健康等诸多新领域的开放承诺。例如，欧盟国家可以在中国设立私立医院，中国取消欧盟在中国新能源汽车领域的投资数量限制以及在云计算领域最高持股 50% 的投资准入限制等。这些都将进一步拓展中国与欧盟双方的投资合作领域，为更多行业带来投资机遇，有利于扩大业务经营范围。

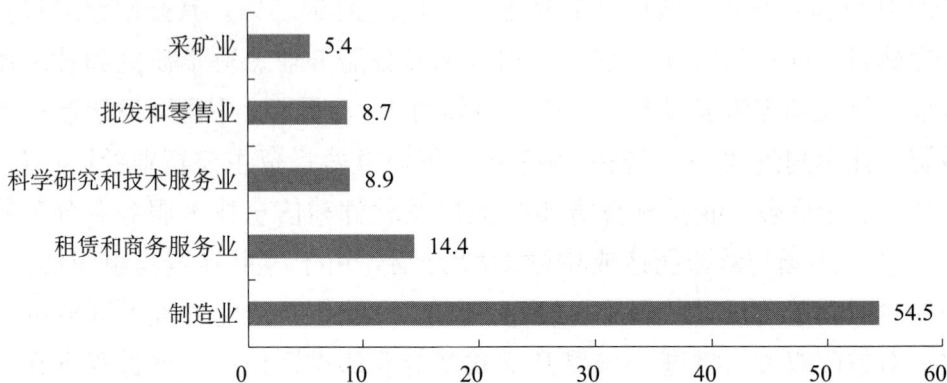

图 4-4　2021 年欧盟对华投资金额前 5 行业（%）

资料来源：《中国外资统计公报 2022》。

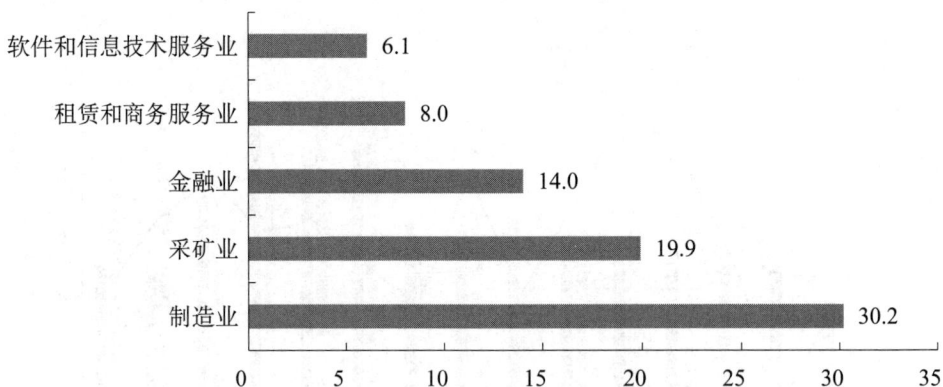

图 4-5　2021 年中国对欧盟投资金额前 5 行业

资料来源：《中国对外直接投资统计公报 2022》。

（3）填补现有协定空缺，增强中欧双方投资信心。

当前中国已陆续与欧盟签订了二十多个双边投资协定，但现有协定较为分散，且在内容上尚有欠缺，远不如中欧 CAI 全面。对欧盟企业而言，它们主要关心在华投资的市场开放、公平竞争等方面的问题，协定的生效将进一步优化中国的营商环境，增强欧盟企业在华投资的确定性，提振其投资信心，从而扩大欧盟企业的对华投资。对中国企业而言，欧盟一直是中国企业投资的重要目的地，一直以来，欧盟都是多边主义的倡导者和实践者，但由于近年来欧盟市场不确定性增强，政治风险扩大，部分成员甚至出台外商投资限制政策，使中国企业对欧投资面临重重阻碍。2022 年意大利、荷兰等欧盟成员通过修订、延长或新设本国外商投资审查制度，扩大审查范围，降低审查触发门槛，延长审查时间，使得外资企业在欧盟的投资遭遇较大限制。同时，欧盟外资审查中仍然存在不透明和歧视外资企业的问题，迫使中资企业改变投资计划，转而投资于审查较为宽松的国家或地区。中欧 CAI 的生效将使欧盟营商环境得到较大程度改善，确保欧盟市场对华开放，保障中国企业在欧投资安全性与公平性，进一步促进中国企业对欧投资。

（三）推动中欧双方绿色金融领域合作

中欧 CAI 将协定各方约束在以可持续发展为原则的基于价值的投资关系中。协定指出中欧双方应加强投资行为对环境保护和应对气候变化的贡献，缔约方承诺会促进、鼓励和保护对环境或气候友好型商品和服务的投资，有效实施《巴黎协定》。这将有力促进中欧双方在绿色金融领域的进一步开放合作。借助这一契机充分利用金融支持新能源技术发展、推动人民币在非碳能源技术投融资、碳排放交易等环节中的使用；促进绿色金融产品发展、丰富以人民币计价的金融产品类型将为人民币国际化进程提供有效助力。

（1）中欧双方在绿色金融领域的合作具有坚实基础。

欧盟是绿色金融发展历程中的主要参与者和先行者，在绿色金融顶层设计方面较为完善和成熟。欧盟首先将《可持续发展投资计划》作为指导性文件，对可持续活动的分类、可持续投资基金等做出规定。同时欧盟以《欧盟绿色协议》作为纲领性文件，提出在 2050 年实现"碳中和"目标。欧盟的可持续发展政策对绿色金融活动分类标准和信息披露有着更高的要求，欧盟发布《欧盟可持续金融分类方案》《欧盟绿色债券标准》等报告，对绿色环境相关领域的发展提供了界定标准和参考范例。

中国作为全球环境治理的贡献者，在绿色金融领域虽起步较晚，但经过长期不断的探索与实践，目前已在绿色金融政策体系、产品体系、激励机制、国际合作等多个方面取得了长足进展。2016 年"建立绿色金融体系"被写入"十三五"规划，政府相应出台《关于构建绿色金融体系的指导意见》，逐步完善在绿色投资等领域的绿色金融基础设施建设。2021 年"十四五"规划提出"大力发展绿色金融"，绿色金融作为中国实现"双碳"目标的重要抓手，迎来高速发展。与此同时，中国积极参与绿色金融领域的多边国际合作，扩大绿色金融市场的对外开放，便利国际投资者参与到中国绿色金融市场中来。

中欧作为全球重要的稳定性和建设性力量，一直在全球气候与能源多边治理领域开展广泛而密切的合作。早在 2005 年，中欧便在应对气候变化议题方面达成共识并通过《中国和欧盟气候变化联合宣言》建立了气候变化双边伙伴关系，此后通过多份联合声明的签署加强了双方气候合作伙伴关系。与此同时，中欧双方积极参与绿色金融多边合作平台，共同参与央行与监管机构绿色金融网络（NGFS）、G20 绿色金融研究小组、可持续金融国际平台（IPSF）等多边合作平台。在绿色金融标准方面，中欧致力于推动全球绿色金融标准趋同。2021 年在第 26 届联合国气候变化大会召开期间，中欧牵头发布了《可持续金融共同分类目录》，提升了中欧可持续金融标准的兼容性，为推动中欧绿色投融资以及相关的跨境金融合作形成了共同认证标准。

（2）中欧投资协定将促进中欧绿色投资和贸易合作。

中欧 CAI 承诺促进、鼓励和保护对环境或气候友好型商品和服务的投资，为中欧绿色领域投资贸易合作提供了发展机遇。从贸易来看，欧盟是中国重要的绿色商品贸易伙伴国，2019 年中国对欧盟绿色商品贸易额占中国对世界绿色商品贸易额的 20.16％，双边贸易额不断扩大。2019年中欧绿色商品贸易额达到 560.38 亿美元，约是 2000 年的 14 倍，2010年增长率达到最大值，为 52.54％。[①] 从投资来看，一方面，中欧在资金方面能够实现互补，中国绿色金融政策框架起到了引导资金进入绿色发展领域的作用，大量中国资金希望进入全球绿色高科技产业。而欧洲实现绿色复苏需要大量投资，根据欧委会的测算，欧盟若要在 2030 年达成气候目标，需要每年投入 2 600 亿欧元。就绿色投资而言，德国、瑞典、法国等欧洲国家仍是最受中国欢迎的投资目的地。另一方面，中国凭借自己巨大的绿色贸易市场、日益优化的市场环境和较为完善的基础设施成为被欧洲企业看好的海外绿色投融资地。中欧双方在绿色投融资及贸易合作方面往来密切，具有较大的发展潜力。而中欧 CAI 将进一步促进中欧双方在绿色投融资和绿色贸易等方面的合作，有助于增加人民币支

---

① 资料来源：曲如晓，李婧，杨修. 绿色合作伙伴建设下中欧绿色贸易的机遇与挑战. 国际贸易，2021（5）：32-40.

付和结算需求，推动人民币国际化进程。

同时，协定也为中欧带来了绿色技术创新合作的机遇。中国在数字经济和数字技术发展上的优势，为中欧深入开展绿色技术创新创造了条件。中国的数字技术优势可以促进中欧在绿色制造、绿色基础设施互联互通等方面展开创新合作。而欧盟在智能电网、碳捕集与封存等方面拥有领先的技术和实践经验，这也有助于中国吸收先进经验和技术，弥补中国在低碳技术等方面存在的短板。在新能源领域，技术是核心竞争力，依靠与欧盟进行的绿色技术创新合作，有助于依靠非碳能源利用技术输出，增加人民币作为结算货币的使用场景，为人民币国际化提供重要推动力。

（3）有助于中国绿色金融发展，丰富人民币计价金融产品类型。

中欧经济的绿色转型需要大量资本支持，但是绿色项目本身的属性在一定程度上提高了其融资难度，从而催生出对绿色金融产品的需求。目前绿色融资主要来自四类渠道：绿色债券、绿色贷款、私募基金与上市公司。其中绿色债券是目前最主要的绿色融资方式，在全球绿色市场中占比高达73%。欧盟是绿色债券的发行主力，2020年欧洲地区绿色债券发行量达到1 560亿美元，超过全球总发行量的一半。欧盟委员会于2021年9月发布了"下一代欧盟"绿色债券框架，计划发行高达2 500亿欧元的绿色债券，其目标是使欧盟成为世界上最大的绿色债券发行方和可持续金融的全球领导者。近年来，中国绿色债券发行数量显著扩张（见图4-6）。截至2021年底，中国境内外绿色债券累计发行规模超过2.1万亿元人民币。按照符合气候债券倡议组织（CBI）绿色定义的发行量计算，中国绿色债券市场位居全球第二。在金融领域，欧盟发达国家在ESG金融产品方面处于领先地位，已经拥有诸如可持续信贷、可持续债券、可持续交易所交易基金（ETF）等各类与可持续表现挂钩的绿色金融产品。中欧CAI有助于促进中国与欧盟在绿色金融产品和绿色金融市场方面的合作，助力中国绿色金融产品的发展，丰富以人民币计价的金融产品类型。

（四）助力中国金融市场进一步开放

货币国际化遵循着"金融市场的广度、深度和弹性→资本账户开放→本国货币国际化"的顺序规律。稳慎推进资本账户开放和人民币国际化是统筹国内国际两个大局、贯彻新发展理念、建设现代化经济体系

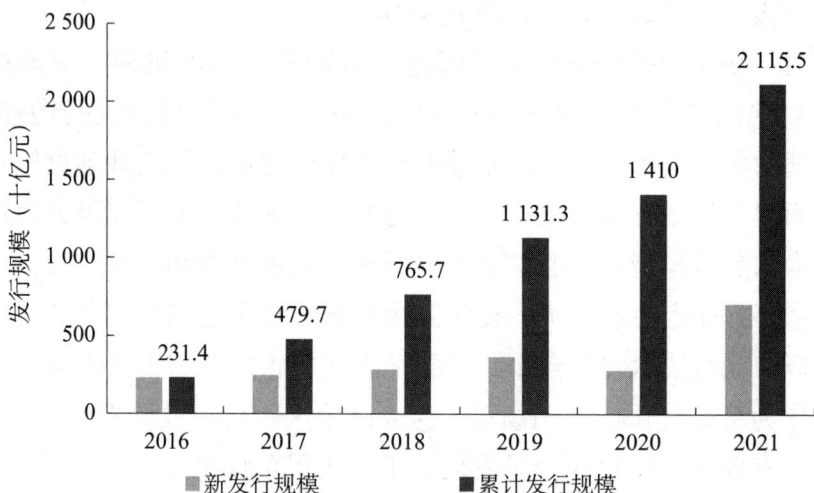

图 4-6　2016—2021 年中国绿色债券发行规模

资料来源：历年《中国绿色债券市场报告》。

的必然要求，也是构建更完善的要素市场化配置体制机制的重要组成部分。中欧 CAI 中双方就数字货币、金融市场开发与合作、跨境投资以及金融科技等领域的热点话题展开深入讨论，并就重点问题达成一致。根据该协定的规定，中国将向欧盟进一步开放在中国的金融投资领域，与此同时，金融业准入负面清单已在 2021 年正式清零。这显示出我国稳慎有序扩大金融开放的决心，有助于中国进一步扩大资本市场开放程度，推动中欧金融体系合作互补，促进金融机构开展业务合作，更开放的资本市场也将为人民币国际化提供重要支撑。

从金融体系来看，中欧金融体系具有合作互补的关系。改革开放以来，虽然中国经济取得了飞速的发展，但金融体系的发展起步较晚，还在发展中，体制仍有完善空间。而欧盟金融体系经历几十年的发展虽已较为完善，但其缺少潜力巨大的市场空间。中欧 CAI 将促进双方优势互补，世界第二大经济体与世界第二大主要货币和金融体系将携手共建全球货币支付、清算、结算、投资、融资体系，充分发挥"人民币＋欧元"信用体系的重要作用，减少在经贸合作中对于美元的依赖。

从金融机构来看，中欧 CAI 的实施势必增强中欧在银行、保险、证券、资管等金融行业业务的合作，推动双方在金融领域的深入合作，有利于境内金融机构"走出去"深度拓展境外市场，同时有利于境外金融机构

"引进来"，促进中欧金融市场主体的多元化发展。在银行业方面，我国于2019年12月18日发布了新修订的《外资银行管理条例实施细则》，于2019年12月26日颁布了《中国银保监会外资银行行政许可事项实施办法》（该办法于2022年9月做了修正），银行业对外开放政策全面落地实施，外资银行在华业务具备较大发展空间；在保险业、金融业方面，疫情后中国居民保险意识、投资意识有所提升，伴随着中国对证券市场、基金市场开放的进一步推进，欧盟金融公司在此过程中也将获得较大的发展机遇。中欧CAI的签订，将拓宽欧洲金融机构的市场投资渠道，中国金融机构也将面临更多的国际合作发展机遇。

总的来看，中欧CAI将进一步加大中国金融市场的对外开放，对中国资本市场等各类市场的开放提出了更高的要求。后续中国也将进一步加强证券市场、基金市场等金融市场的开放，提高金融市场的流动性，便利欧洲投资者对境内股票、债券等金融资产的投资。放眼未来，该协定将在促进中欧双方的投资经贸合作、满足境外投资者多元化投资需求的同时，有助于推进中欧跨境资本自由流动，推动落实人民币资本自由可兑换，提高人民币在中欧经贸合作中的结算力度，优化中欧货币合作环境，为人民币国际化创造更加有利的条件。

4.3 面临的障碍和困难

（一）协议最终签署生效存在不确定性

（1）欧盟内部反对势力阻挠协定进程。

虽然中欧双方政府已达成基本共识，但欧盟内部还对协定存在较大分歧。中欧CAI本身被政治化、意识形态化，成为各方势力博弈的一大焦点。欧盟内部反对势力无视中国严正立场，恶意炮制反华决议，通过媒体、欧洲议会等平台放大反对声音，妄图阻挠协定的签署和批准。欧盟内部反对势力对协定的攻击主要集中在所谓劳工和人权议题上，他们罔顾中国在新疆等地取得的人权事业发展成就和维持香港稳定繁荣的有效措施，并以此为由对中国实施制裁。

（2）美国施压干扰协定生效。

美国是影响中欧CAI签署生效的最重要的第三方力量。在谈判完成后，美国曾批评欧盟未经商议就与中国达成共识。考虑到美国长期通过军事、经济、政治等方面对欧洲进行渗透，其对欧盟决策的影响不容忽视。在协定正式批准生效前，美国可能会对欧盟委员会和欧盟成员实施威逼利诱，借媒体、非政府组织等平台捏造中国在人权、劳工等问题上的负面信息，煽动欧盟内部成员对协定的反对。

（二）人民币使用环境有待优化

良好的人民币使用环境是人民币国际化的重要条件。当前人民币在欧盟成员中的使用仍有很大的提升空间。一是金融基础设施覆盖面和影响力有限。部分欧盟成员尚未加入 CIPS，人民币跨境清算仍主要依托 SWIFT 系统。二是人民币可使用的范围有待提升。直到 2023 年 3 月，法国才与中国签署第一个允许以人民币支付而非以美元或欧元支付的贸易协定，它也成为首个与中国签署此类协定的欧盟成员。三是欧盟各成员对美元和欧元有较强的路径依赖。尽管人民币的竞争力逐步上升，但美元在世界货币中依然保持强势货币地位，加之欧盟有自己的国际货币即欧元，使欧盟区企业改变交易习惯，转而使用人民币而不是美元或欧元进行交易尚存在较大难度。四是市场对持有和使用人民币尚有疑虑。部分欧洲投资者并不熟悉人民币产品，加之媒体不时有诬陷中国的负面报道，中国经济金融的正常波动也被无限放大，更加加重了投资者对中国经济的担忧和对人民币的疑虑，也阻碍了人民币的国际化进程。

（三）协定实施效果在各成员间可能存在差异

作为多边投资协定，中欧 CAI 无疑将在碎片化的国际投资制度中为中欧经贸合作提供有力的制度化保障，但由于其涉及成员较多，协定推进过程中也将面临较多的成员之间以及成员内部的分歧。首先，欧盟成员之间对华政策存在较大差别。例如，法德两国对中国的政策总体保持平稳。在 2022 年 11 月访华之行中，德国总理朔尔茨表示："中国是德国和欧洲的重要经贸伙伴，愿同中方继续深化经贸合作。"法国总理马克龙也在 2023 年 4 月访华之行中表示："法国将主动致力于推进与中国的商务关系。"但是相反，立陶宛则对中国表现冷淡。其次，部分欧盟成员内部不同政党、不同群体对中国的态度也存在较大差异。因此，相较于双边投资协定，中欧 CAI 在谈判、签署、实施过程中都将面临更多的障碍，这也会导致其实施效果在各成员间存在一定差异。

以匈牙利与立陶宛为例。两国是经济体量与经济发展状况较为相似的两个中东欧国家，但对华政策却相差较大。匈牙利与中国的经济关系随着匈牙利"向东开放"政策的宣布不断获得新的增长动力。双方在经济贸易领域的合作不断加深，并达成了一系列的双边经济协定（见表4-5）。目前，中国已成为匈牙利的第四大贸易合作伙伴及第二大贸易进口国[①]，中匈的经贸务实合作稳步推进。匈牙利对于中欧CAI大力支持，认为其将惠及中欧，助力构建开放型世界经济。中国与立陶宛近年来经贸关系较为疏离。2021年5月，立陶宛外交部长对外宣布正式退出中国中东欧跨区域合作的"17＋1"机制，为两国经贸关系笼罩上一层黑暗面纱，破坏了双方经济互利务实合作的氛围，不利于中国与立陶宛两国开展经贸投资合作。

表4-5 中国与匈牙利签订的主要双边经济协定

时间	协定名称/主题
1991年	关于鼓励和相互保护投资协定
1995年	关于互助民法和商法援助协定
2003年	关于匈牙利被批准的旅游目的地国家签证协定
2004年	经济合作协议
2013年	匈牙利进出口银行与中国进出口银行之间的信用额度协议
2013年（续期：2016年）	匈牙利中央银行与中国人民银行签订的双边互换协议
2015年	中华人民共和国政府与匈牙利政府关于共同推进丝绸之路经济带和21世纪海上丝绸之路建设的谅解备忘录

中欧CAI将面临多方协调问题，其最终实施效果不宜过度高估。对一直对华持积极态度的国家而言，协定的实施无疑将进一步促进其与中国的贸易投资发展，从而带动双方货币合作，促进人民币国际化。而对那些对华态度表现激进的国家，即使协定达成，它们可能也会采取相关措施抗拒协定实施，从而导致协定实施效果打折扣。

4.4 对策建议

尽管中欧CAI的签订面临一定挑战，但我们并不否认它的意义和价

---

① 资料来源：中华人民共和国商务部。

值，更不能放弃推动这一协定落地的努力。对欧盟而言，在通货膨胀、能源危机等困境对欧盟经济的冲击下，欧盟对外国投资的需求进一步扩大。综观全球，中国一直致力于推动中欧合作，是为数不多的有意愿、有能力为欧盟提供经济支持和投资机会的坚定合作者。该协定是双方就一系列关键问题达成的共识，是中欧双方未来合作的基础和发展方向，具有极为重要的现实意义。

对中国而言，该协定契合中国新发展阶段战略目标的需要，有助于中国加快构建以国内大循环为主体、国内国际双循环相互促进的新发展格局。一方面，该协定有助于加快中国产业结构转型升级，全面深化改革，有助于改善中国发展的国际环境，促进中国经济金融稳定发展。另一方面，该协定作为一项高标准的经贸规则，是中国参与国际经贸新规重构的重要体现，彰显了中国推进高水平对外开放的决心和信心。此外，中欧 CAI 还有利于中国构建更加公平的营商环境，以及构建更加安全的国际环境。

对整个国际社会而言，中欧 CAI 为大变局下国际经贸领域合作所发出的积极信号，有利于推动区域合作，重塑全球化经济格局。当前受地缘政治以及全球经济增长乏力等因素的影响，全球经济发展出现了"逆全球化"趋势，使多边贸易体制受到挑战。在此背景下，该协定表明不同经济体制、不同发达程度的国家在考虑相互需求、做出适当让步、彼此协商合作中也可以达成一致的经贸投资规则，从而为其他国家的谈判合作提供了借鉴意义。

因此，中欧 CAI 符合中欧双方和国际社会的共同利益。中欧双方应共同努力，"加强对话，增进互信，深化合作，妥处分歧"，早日推动协定签署和生效。

（一）稳步推进协定进程

其一，加强中国与欧盟国家间的经贸合作。欧盟长期以来面临经济增长乏力困境。2010—2019 年欧盟及欧元区的 GDP 增速都在 5% 以下。2020 年在疫情冲击下，欧盟经济陷入负增长。欧盟 GDP 下降 3.97%，欧元区 GDP 下降 2.32%（见图 4-7）。在欧盟主要经济体中，法国、德国、意大利 GDP 分别萎缩 5.22%、1.95%、4.47%。与此同时，疫情以来欧盟为应对疫情冲击出台了一系列财政刺激政策，这也加剧了欧盟的债务负担以及金融系统性风险。经济增长的疲软乏力以及金融稳定风险的上升使得欧盟亟须找到新的经济增长点来带动经济的恢复和增长。

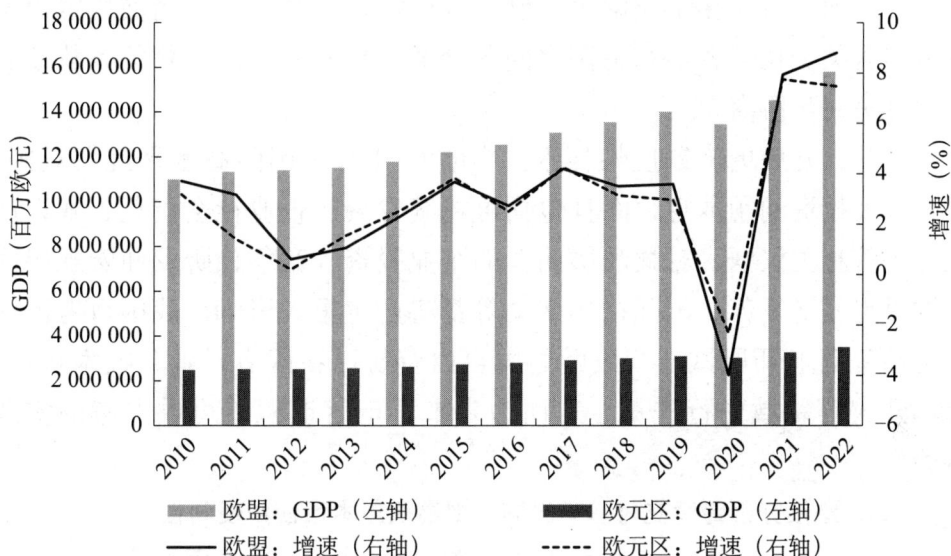

图 4-7 2010—2022 年欧盟及欧元区 GDP 总额及增速

资料来源：欧盟统计局。

而中国作为 2020 年全球主要经济体中唯一实现正增长的国家，也是现如今欧盟的第二大合作伙伴，则成为助力欧盟实现经济恢复发展的最佳合作伙伴。欧盟市场对中国投资的需求日益迫切，2019—2021 年中国对欧盟直接投资流量连年下降，欧洲市场对中国资本的吸引力日益下降。与此同时，2020 年东盟超越欧盟跃居中国第一大贸易伙伴，也给欧盟的贸易市场带来了竞争压力与挑战。在欧盟自身经济产业日益缺乏活力、对资金和市场的需求日益迫切之时，协定的签署和实施将为欧盟带来经济增长新动力。

协定冻结不符合欧洲的经济利益。推动协定实施对欧盟经济意义突出，否决协定或推迟批约对欧盟的损失远远大于对中国的损失。中国只需继续加强中国企业与欧盟企业间的合作，巩固既有中欧经贸合作成果，使欧盟感受到协定延期的危机感，促使欧盟将协定复议提上日程。

其二，妥善处理中欧 CAI 条款。除所谓劳工和人权问题外，欧盟在协定中主要关注国有企业相关问题。协定通过商业考虑义务、非歧视义务、透明度义务等三大核心义务对国有企业进行了严格规制。但在欧盟对中国国有企业普遍持有偏见的背景下，中国国有企业需要在认真研究规则的基础上严格执行，妥善处理协定条款，避免引起不必要的争端。此外，目前的协定在争端解决机制上也尚需进一步讨论，当前协定内容并未包含关于投资者与东道国之间争端解决机制的条款，相关条款还有待双方进一步协商。

其三，开展更多制度性探索。中欧 CAI 对标国际高水平经贸规则，不仅涉及投资问题本身，而且包括可持续发展、企业社会责任、知识产权保护等相关议题，对微观层面上的企业投资、竞争、研发和宏观层面上的世界经济复苏、国际格局变动等都将产生重大影响。我国可考虑在协定的基础上开展试点，鼓励国内自由贸易区在国有企业、技术转让、市场开放等领域先行先试，从而为未来协定落地积累可供参考的实践经验。

（二）继续完善跨境支付基础设施，提高双边本币使用便利性

目前全球支付清算系统主要由两部分构成：一是各国的支付清算系统，如我国的 CIPS 和大额实时支付系统、美国纽约清算所银行同业支付系统（CHIPS）和美国联邦资金转账系统（Fedwire）、俄罗斯的金融信息传输系统（SPFS）等；二是连通各国支付清算系统和实体账户的电信收付通道，目前全球使用最广泛的是环球银行金融电信协会提供的 SWIFT 系统。在以美元主导的国际货币体系下，SWIFT 系统的美元结算比例最高。美元"武器化"也使得 SWIFT 系统成为美国实施金融制裁的工具。

为保障中欧双方经贸发展的效率与安全，应鼓励加大双边本币计价结算，进一步完善欧元和人民币跨境支付基础设施建设，不断提高区域内经贸活动的双边本币使用程度。未来，我国应继续扩大 CIPS 在欧盟各成员的使用范围，加强与各国金融机构的合作，运用新一代网络技术升级跨境支付清算系统，夯实人民币跨境支付基础设施地位，为方便中欧企业、机构和政府部门更广泛使用人民币创造必要条件。

（三）深化中欧绿色伙伴关系，提高中欧绿色资本跨境对接效率

当前国际形势复杂多变，中欧围绕能源和数字转型、共同应对气候变化等全球性挑战展开合作，符合双方的根本利益。中欧绿色金融领域的合作将成为人民币国际化的重要助推力，我国应积极推动对外绿色项目合作与绿色金融业务对接。通过采用联合研发、技术共享等多种形式，强化同欧盟在绿色金融、绿色产业、节能减排等多领域的合作。与此同时，中欧应加大绿色金融领域标准的趋同性探索，为深化中欧乃至全球的绿色金融合作奠定基础。我国应以欧盟《可持续金融分类体系》为依据，细化绿色产业目录，细化绿色金融产品的界定标准，扩大与欧盟的互认标准，借助《可持续金融共同分类目录》等文件积极输出标准理念，进一步拓展中欧绿色发展的融资空间。

另外，我国应加快建立绿色金融离岸中心，鼓励并引导中欧绿色资本开展跨国投资，强化国内自贸区与欧盟自贸港、金融中心的互动对接，依托政策优势，促进中欧绿色资本的顺畅流通，提高中欧绿色资本跨境对接效率，提高人民币跨境使用频率。

（四）依托中欧数字经济合作，探索人民币国际化新路径

数字经济领域合作是中欧双方未来深化发展的重点，中欧双方可以在清算网络建设、金融市场互联互通等方面展开深入合作。在数字经济时代，主权数字货币的发展有望构建全新的国际货币体系。随着 5G、物联网大数据、电子商务等领域的充分发展，我国数字经济发展势头迅猛。与此同时，我国数字货币持续推进。早在 2014 年，我国就着手法定数字货币的开发和研究，当前已处于测试与试点阶段。相比之下，欧盟的数字货币进展相对滞后，欧洲央行在 2021 年才正式启动数字欧元项目。凭借数字货币的先发优势，我国可以加强与欧盟的沟通交流，主动参与其数字货币的合作项目，加强双方数字货币合作，共享数字经济发展新红利。双方可以在资本市场的数字技术与应用领域开展更深层次的合作交流，以数字货币拓宽人民币在欧盟成员的应用场景，开辟人民币国际化新路径。

附录 4−1　中欧投资协定谈判历程及实施发展情况

谈判历程

2013 年 11 月 20—21 日，第十六次中国欧盟领导人会晤在北京举行，其间发表了《中欧合作 2020 战略规划》，双方共同宣布启动中欧投资协定谈判。中欧 CAI 自 2013 年启动，经历了长达 7 年、共 35 轮艰难谈判，才终于在 2020 年底全面完成、宣告达成。

谈判经历的重要时间节点如附表 4-1 所示。双方于 2015 年在第 4 轮谈判中，开始正式的文本谈判，并于 2015 年 11 月的第 8 轮谈判中取得重大突破，双方在协定议题范围问题上取得突破性进展，谈判取得阶段性成果。随后双方保持年均 3～5 次的谈判频率。在 2018 年 7 月举行的第 20 次中欧领导人会晤中，中欧双方交换投资协定的清单出价，谈判进入关键阶段。2019 年 4 月在第 21 次中欧领导人会晤中双方提出在 2020 年达成协定。2020 年中欧双方克服疫情困难，加紧推进谈判进程，并最终于 2020 年 12 月 30 日如期完成协定谈判。

附表 4-1　中欧 CAI 谈判重要时间节点

时间	地点	进展
2012 年 2 月 14 日	北京	发布联合新闻公报，对启动中欧投资协定谈判达成共识；双方同意尽早启动谈判进程
2013 年 11 月 20—21 日	北京	发表《中欧合作 2020 战略规划》，双方共同宣布启动中欧投资协定谈判
2014 年 1 月 21—23 日	北京	中欧投资协定首轮谈判举行，中欧双方就谈判安排、谈判可能涉及的议题等内容展开充分磋商
2014 年 3 月 24 日	布鲁塞尔	第 2 轮中欧投资协定谈判举行，双方就投资协定的概念性问题进一步交换意见
2015 年 1 月 20—23 日	布鲁塞尔	第 4 轮中欧投资协定谈判举行，从本轮起双方开始正式的文本谈判
2015 年 11 月 30 日—12 月 4 日	布鲁塞尔	第 8 轮中欧投资协定谈判中，双方就制作合并文本做出安排；从 2016 年 1 月开始，双方以合并文本为基础，推进实质性的文本谈判
2018 年 7 月 16 日	北京	中欧双方交换了投资协定的清单出价，标志着中欧投资协定谈判进入新阶段
2018 年 11 月	—	中欧谈判双方对文本中投资自由化和投资保护的部分重要条款达成一致，对投资市场准入方面的清单出价进行实质性谈判

续表

时间	地点	进展
2019 年 4 月 9 日	布鲁塞尔	双方承诺 2019 年在谈判中，特别是在投资自由化承诺方面取得结束谈判所必需的决定性进展，以便在 2020 年达成高水平的中欧投资协定
2020 年 9 月 14 日	视频	确认加快中欧投资协定谈判，实现年内完成谈判的目标
2020 年 9 月 21—25 日	视频	双方围绕文本和清单的剩余问题展开谈判，取得了积极进展
2020 年 12 月 6—11 日	视频	双方聚焦文本和清单遗留问题进行磋商，取得了重要进展
2020 年 12 月 30 日	视频	中欧领导人共同宣布如期完成中欧投资协定谈判

资料来源：中华人民共和国商务部。

中欧双方谈判过程中的焦点和难点主要集中在市场准入与公平竞争条款上。一方面，中国部分行业的市场准入较为严格，欧盟近年来也加强了对外商投资的资质审查工作。欧盟与中国在许多行业的发展水平与开放水平不同，双方对市场准入的对等开放问题存在分歧。为解决问题，双方在市场准入方面均做出协商让步，并最终达成一致。另一方面，由于国有企业在我国国民经济中占据主导地位，国有企业在投融资、市场准入方面具有优势。欧盟方面要求中国提高国有企业政策的透明度，并减少补贴以达到公平竞争的市场环境。双方最终在谈判中解决了上述争端，结束了中欧投资协定的谈判。

进展情况

中欧 CAI 是中国与欧盟双方达成的全面、平衡、高水平、互利共赢的投资协定。然而这一互惠互利的双边投资协定在欧盟内部反对势力及美国方面的施压下，于 2021 年宣告冻结。

2021 年 5 月 20 日，欧洲议会以 599 票赞成、30 票反对、58 票弃权，通过了冻结该协定的批准程序。协定冻结的表面原因在于中欧在劳工与人权方面问题上的争议，导火索是欧盟的制裁与中国的反制裁。2021 年 3 月，欧盟与美加等国在同一天宣布对涉嫌在中国新疆侵犯人权的官员实施制裁。为维护我国利益，中方随后做出反击以进行应对，提出反制裁措施，宣布对严重损害中方利益、恶意传播虚假信息的 10 名欧方人员与 4 个实体实施制裁，相关人员及其家属被禁止入境中国，他们及其关联企业、机构也已被限制同中国进行往来。①

然而，协定冻结的更深层次原因在于中美欧三方国际关系的变化。欧盟作为世界第三大经济体，在历史传统上与美国有着较为密切的关系。中国经济发展使美欧等发达经济体受到了威胁与挑战。根据欧盟委员会发布的《欧中战略前景》，欧盟同时将中国视为合作伙伴及经济技术和制度对手。随着欧美关系趋于缓和，加之一系列经贸合作等措施使欧盟与美国在价值观上更加靠近，在欧盟内部反对势力阻挠和外部强压之下，中欧 CAI 受阻冻结。

外部的不确定性使中欧 CAI 的前景尚不明朗。欧盟内部的政局变动以及美国对华经贸政策和态度都会影响中美欧三方间的经济贸易关系，从而影响协定的后续进展和生效实施。与此同时，随着国际局势的日益复杂多变，欧洲各国不仅面临能源危机、通胀危机和经济风险，而且面临急剧上升的地缘政治风险，这也对中欧关系走势以及协定的推进带来了新的不确定性。

尽管外部局势复杂多变，但中国对外开放的决心不会动摇。当前我国正在加快构建以国内大循环为主体、国内国际双循环相互促进的新发展格局，为中国经济发展开辟空间，同时也为世界经济的复苏和增长增添动力。我国将继续奉行互利共赢的开放战略，以更加积极有为的行动推动高水平对外开放，发展更高层次的开放型经济。

协定的冻结不代表终结，中欧加大经贸合作是大势所趋，符合两国的共同利益与发展的必然趋势。中欧双方在经贸合作上具有广阔的空间，中欧双方的对话交流和交往合作仍十分密切，并正在不断走向成熟，呈现出多领域、全方位、深层次的发展趋势。无论是从国际地位还是从经济体量来说，中国与欧盟的合作都将成为疫情后推动全球经济复苏的关键力量，中欧双方应当以最大的诚意积极谋求经贸合作，维护和推动双边关系继续向前发展。

---

① 资料来源：中华人民共和国外交部官网。

附录 4-2 中欧经济金融基本情况

欧洲经济现状

根据欧洲统计局公布的数据，2022 年欧盟 GDP 总额约为 16.6 万亿美元，同比增长 3.6%，占全球 GDP 总量的 16.3%，仅次于美国（26 万亿美元）和中国（约 18 万亿美元），是世界第三大经济体。尽管近期表现尚可，但欧盟经济增长趋势正在减弱，面临通胀压力、能源危机、部分成员债务危机、全球经济放缓等多重难题。

能源危机是目前欧盟亟待解决的问题。一方面，欧洲能源对外依存度较高，在俄乌冲突爆发前，俄罗斯支持了欧洲约 40% 的天然气供应，随着欧盟发动对俄尤其是能源方面的多轮制裁，欧洲天然气价格飙升，一度上涨至 70 美元/百万英热（见附图 4-1），加之 2021 年欧洲多国遭遇极端气候，新能源发电不足，进一步加剧了其能源危机，欧盟工业体系运行面临巨大挑战，部分企业减产甚至停产，特别是钢铁、玻璃、造纸等能源密集型行业。另一方面，能源危机带来的电费、燃气费上升也将打击民众消费能力，消费者信心指数与零售销售指数呈下降趋势（见附图 4-2）。伴随着经济发展动力不足，欧盟未来消费前景黯淡。

在通货膨胀方面，欧洲地区通胀水平居高不下。新冠疫情之初，由于各种防控措施导致经济活动停滞，欧盟国家一度出现通货紧缩。随着疫情趋缓，欧盟调整货币政策和财政政策，经济开始回暖，带动通货膨胀率逐步攀升。2021 年 12 月，欧盟通货膨胀率达到 5.3%，此后俄乌冲突爆发，欧盟能源价格快速增长，成为助长其通货膨胀的主要原因。如附图 4-3 所示，2022 年 12 月，欧盟通货膨胀率达 10.4%，剔除能源、食品和烟酒价格的核心通货膨胀率达 6.18%，远远大于欧洲央行的通胀目标。在美联储加息背景下，欧元对美元汇率持续下跌，进一步加剧了其通胀压力。在通货膨胀背景下，消费者购买力和投资者信心将受到较大削弱。由于加息对特定事件导致的粮食和能源价格影响不大，欧洲央行收紧货币政策面临遏制通胀和经济增长的双重难题。

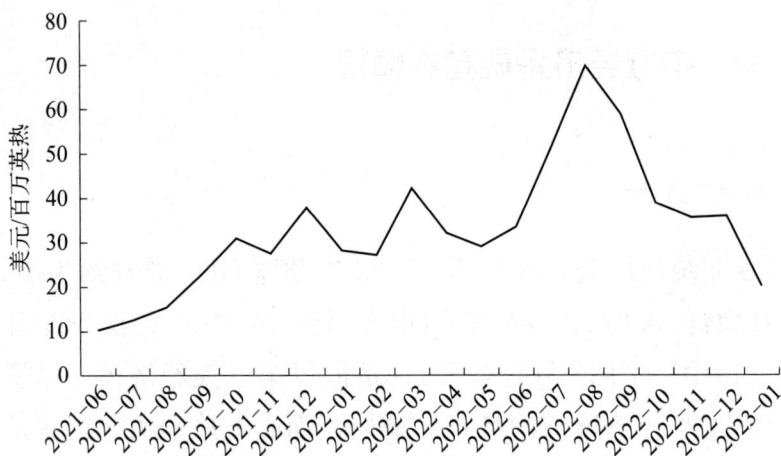

附图 4-1 欧洲天然气价格（2021 年 6 月—2023 年 1 月）

资料来源：Wind.

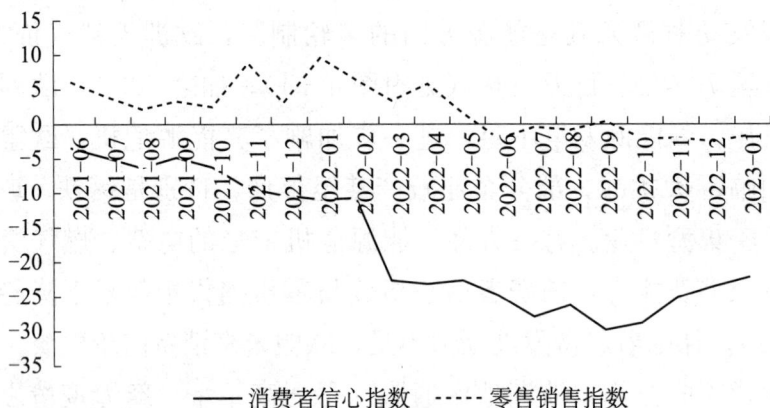

消费者信心指数 ⋯⋯⋯ 零售销售指数

附图 4-2 欧盟消费者信心指数与零售销售指数（2021 年 6 月—2023 年 1 月）

资料来源：Wind.

中欧贸易投资往来

长期以来，欧盟在世界贸易格局中占据重要地位。如附图 4-4 所示，2018—2022 年，欧盟进出口贸易总额从 39 324 亿欧元增长至 55 752 亿欧元，区域内贸易活跃。从区域内贸易规模来看，区域内德国、荷兰、法国、意大利、比利时为全球前十大贸易国，其中，德国在世界贸易中排名第三，仅次于中国和美国。从欧盟与中国的贸易合作来看，2022 年欧盟对华贸易额为 8 563 亿欧元，较 2021 年增长 22.8%。其中，对华

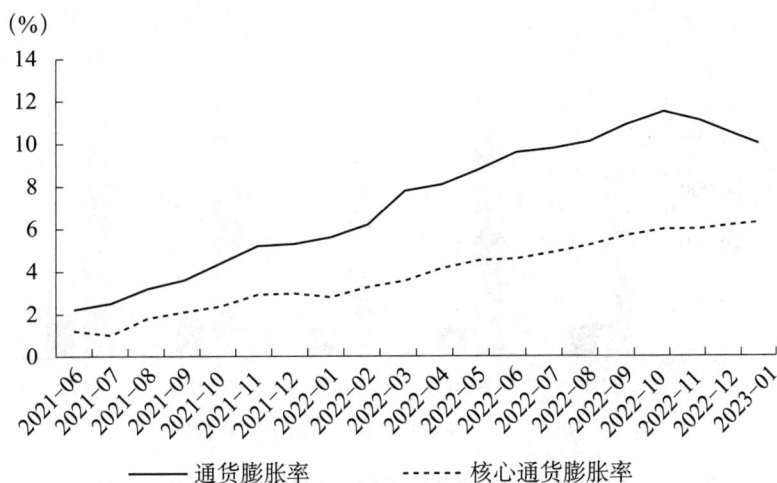

附图4-3 欧盟通货膨胀率（2021年6月—2023年1月）

资料来源：Wind终端。

出口 2 303 亿欧元，增长 3.0%；自华进口 6 260 亿欧元，增长 32.1%；逆差 3 957 亿欧元，增长 58.1%。中国为欧盟第二大贸易伙伴、第一大进口来源地、第三大出口市场，占比分别为 15.4%、20.8% 和 9.0%。此外，截至 2019 年，欧盟连续 16 年为中国第一大贸易伙伴，中国连续 15 年为欧盟第二大贸易伙伴。此后在 2020 年，欧盟与中国货物贸易在疫情中逆势双向增长，中国首次取代美国成为欧盟最大贸易伙伴，特别是 2020 年底中欧 CAI 谈判如期完成，为中欧经贸合作前景带来了更多乐观情绪。但由于 2021 年欧洲议会"冻结"中欧 CAI，给中欧合作前景蒙上了阴影。对此，中国加强区域合作，促进贸易投资自由化便利化水平不断提升。至 2022 年，东盟已连续 3 年成为中国第一大贸易伙伴。

在投资方面，欧盟是全球主要的外商投资来源地和投资目的地，也是世界上最开放的投资地区之一。一方面，欧盟是世界重要的投资来源地。相关数据显示，2021 年全球 ODI 规模为 17 075.9 亿美元，同比增长 118.8%。其中，作为欧盟成员的德国位列全球 ODI 规模第二，仅次于美国，占全球总流量的 8.9%。从欧盟在华投资情况来看，2021 年欧盟在华投资新设企业 2 078 家，同比增长 22.6%，实际投资金额为 51 亿美元，同比下降 10.4%。欧盟对华投资行业主要分布于制造业、租赁和商务服务业、科学研究和技术服务业、批发和零售业、采矿业等五大行业。另

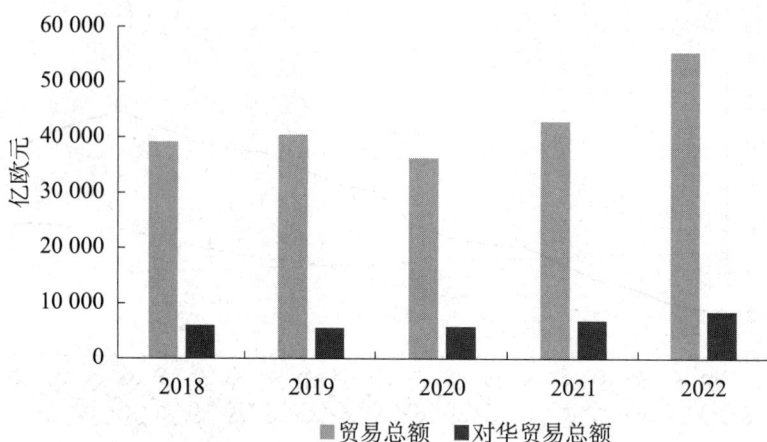

附图 4-4　欧盟进出口贸易总额及对华贸易总额（2018—2022）

资料来源：中华人民共和国商务部。

一方面，欧盟也是中国对外投资的重要目的地。中国对欧盟直接投资流量从 2007 年的 10.4 亿美元上涨至 2021 年的 78.6 亿美元，增长近 7 倍，约占中国全部对外直接投资的 4.4%。

欧盟金融体系

欧盟包含众多发达国家，经济金融发展程度高，国家间金融发展水平和开放程度极高。从金融机构来看，欧盟金融机构可分为银行业金融机构、证券业金融机构和保险业金融机构。其中，欧洲央行、欧洲投资银行、欧洲复兴开发银行、成员银行业共同构成了欧盟的银行业体系，在欧盟金融体系中占据主要地位。同时，证券业、保险业发展水平较高，欧盟成员中有 20 个国家有自己的证券交易所，西班牙、意大利等国家还有两家以上证券交易所，证券交易基础设施完备；保险公司作为欧洲最大的机构投资者，其充足的资金为欧洲对外投资提供了资金支持，成为推动经济增长的重要投资来源。从金融市场来看，欧盟的货币市场、债券市场、股票市场、金融衍生品市场、大宗商品市场均具有较高的国际化水平。统一的货币市场不仅打破了成员间的相互隔绝，促进了资本自由流动，还为国际金融市场化提供了重要基础；欧洲债券市场是仅次于美国的第二大债券市场，也是最具活力的市场之一，具有交易成本低、交易产品丰富、交易活跃度高等特点；欧盟证券市场是全球最重要的证券市场之一，其中，卢森堡是欧盟最大的股票市场，卢森堡证券交易所是欧洲最大的人民币债券交易市场；欧盟也是全球金融衍生品的主要交易地区之一，还是多家主要衍生品交易所的所在地，拥有欧洲期货交易所和泛欧证券交易所等众多衍生品交易所，其中的欧洲期货交易所具备提供高流动性的国际产品、现代化的结算架构、低成本的交易渠道等多重功能，使市场参与者在全球各地都能下单交易；欧盟的大宗商品交易所也具有较高的国际化水平，同时具有国际定价权。

第 5 章

DEPA 与人民币国际化

《数字经济伙伴关系协定》(Digital Economy Partnership Agreement, DEPA) 是新加坡、新西兰和智利于 2020 年签署的数字经济合作协定，是全球首个专门的多边数字贸易协定。DEPA 旨在促进数字经济的发展，加强各成员在数字经济领域的合作与交流，推动全球数字经济治理规则的制定和完善。该协定具有强包容性并能兼顾各方的利益，追求数字资源使用效率最大化、基本个人隐私保护和国家数字主权三者间的平衡。DEPA 对成员的贸易量、外国直接投资、数字经济等有显著的正向影响。中国已经正式申请加入该协定，这是中国积极参与全球数字经济合作与治理，推动数字经济规则制定与完善的重要体现。通过贡献中国方案和中国智慧，可以让更多国家看到中国在数字贸易领域做出的努力和收获的经验，扩大中国在全球贸易治理中的话语权。本章根据 DEPA 的内容及进展情况，分析其对人民币国际化和中国数字贸易潜在的促进作用，总结可能面临的困难和障碍，并提出对策建议和未来展望。

5.1 DEPA 的内容、特点及影响

5.1.1 签署背景与目的

随着数字技术的蓬勃发展，人类的生产和生活方式也产生了巨大改

变，数字化已经改变了商业模式和贸易，但全球贸易规则和惯例并未跟上这些变化。如果能够解决分散的数字框架、标准和系统的挑战，这就会为企业和消费者带来其他重要的机会和选择。跨境操作的便捷程度将决定公司和居民能在多大程度上实现数字经济中的贸易潜力。虽然目前尚不清楚数据和数字经济是否更普遍地"准备好制定条约"，世界各国政府都没有等待（Ciuriak，2018）。数据和数字贸易章节已被纳入贸易协定，例如《全面与进步跨太平洋伙伴关系协定》（CPTPP）、《美国-墨西哥-加拿大协定》（USMCA）和《区域全面经济伙伴关系协定》（RCEP），以及独立协定，例如美国与日本的数字贸易协定和新加坡与澳大利亚、韩国和英国的数字经济协定（DEA）。然而，目前全球还缺乏一个被广泛接受的专门的数字贸易协定。究其原因，主要是目前全球数字贸易规则由三种不同的力量主导：一是美国提出的倡导支持数据自由流动、反对服务器和数据本地化要求的模式；二是以欧盟为代表的强调隐私、视听产品例外、知识产权和消费者保护的模式；三是以中国为代表的强调数字主权的治理模式。① 显然，上述三方数字贸易主张存在明显差异，因此较难协调。

在此背景下，新加坡、新西兰和智利正在通过 DEPA 合作，支持和推进数字时代的国际贸易规则发展。DEPA 是一种新型的跨国数字经济合作协定，主要目的是促进数字经济的发展，加强各成员在数字经济领域的合作与交流，推动全球数字经济治理规则的制定和完善。DEPA 秉持以下原则：透明度、互惠、自愿参与、法治、包容性、可持续发展等。这些原则体现了 DEPA 的公平、开放和发展导向。可见，DEPA 试图成为推动数字经贸规则的第四种力量，是考虑到自由开放、隐私安全等需求的模块化贸易协定，具有强包容性并能兼顾各方的利益，追求数字资源使用效率最大化、基本个人隐私保护和国家数字主权三者间的平衡。DEPA 的签署国包括新西兰、智利和新加坡，协定于 2020 年 6 月 12 日由新加坡、新西兰和智利通过完全在线的虚拟签字仪式签署，并于 2021 年 1 月 7 日对新西兰和新加坡生效。2021 年 11 月 23 日，该协定在智利正式生效。目前，该协定仅有上述三个成员，实际影响力尚且有限。

---

① 限于篇幅，国际数字贸易规则模式详情见附录 5-1。

5.1.2　规定与框架

DEPA 缔约方考虑了可能支持数字时代贸易的数字经济的几乎所有方面。缔约方还研究了一系列新兴的数字经济问题和主题领域。DEPA 覆盖了数字经济领域的多个方面，共计 16 个模块，包括数据流通、数据保护、电子商务、跨境数据传输等。DEPA 将帮助建立数字贸易的新规则和实践，并促进关于数字包容、包容性贸易和支持数字经济中的中小企业发展等前沿议题的持续讨论。该协定涵盖从电子发票到人工智能的广泛领域，并将随着新的数字机遇和挑战的出现而继续发展。DEPA 是一个独立的、开放的诸边协定，世界贸易组织（WTO）的其他成员均有资格加入。作为一个动态协定，DEPA 允许根据需要进行持续更新和现代化。总体而言，DEPA 旨在补充和支持正在进行的 WTO 电子商务谈判，并以亚太经合组织、经济合作与发展组织和其他国际论坛正在进行的数字经济工作为基础。

分模块分析，DEPA 由 16 个模块组成，其中大部分采用或完善旨在解决数字贸易便利化问题的现有措施。最重要的文本来源是 CPTPP，所有三个 DEPA 成员均已加入。模块 1 列出了协定的范围、它与其他协定的关系并提供了一般定义；模块 2～9 涵盖实质性条款；模块 10～12 介绍了合作措施；模块 15 解决了为成员开辟政策自由空间的关键例外情况；其余模块即模块 13、14 和 16 涉及行政事项，包括透明度、争端解决以及旨在解决条约生效、加入和退出等问题的最终条款。

DEPA 注重与已经存在的主流自贸区协定的协调一致。一些模块中包含的条款来自 CPTPP 电子商务章节，包括以下部分：数字产品的非歧视性待遇、不对电子传输征收关税与监管一致性。此外，DEPA 包含涵盖互连、竞争政策合作、公共领域和电子支付等问题的条款。这些规定与 CPTPP 的以下章节相关：电信服务、跨境服务贸易、技术性贸易壁垒、知识产权、金融服务、竞争政策、中小企业、例外和一般规定、透明度和反腐败、争端解决与最终条款。

在合作落实部分，DEPA 探讨如何进一步加强成员之间的数字经济伙伴关系。在中小企业和数字经济部分，共享中小企业在数字经济运营方面所需信息，并开展中小企业数字化对话。在消费者信任部分，促进在线消费者保护，以确保消费者有信心进行交易，并在出现问题时获得适当补救。在数字产品部分，确认与不歧视数字产品和使用密码技术的信息与通信技术（Information and Communications Technology，ICT）产品相关的现有承诺水平。在数据部分，保护个人信息并确认与数据流和计算机设施所处位置相关的现有承诺水平。在创新部分，加强和鼓励数字经济的创新，例如开放政府端数据。在贸易便利化部分，促进包裹的无纸化交易、电子发票的采用、电子支付和海关程序的简化。在数字身份部分，开始讨论数字身份，并分享有关数字身份政策和法规的最佳实践。在新兴技术部分，探索新问题，包括数字经济中的竞争，促进金融技术和开发框架，以支持安全和负责任地使用人工智能（AI）等相关新兴技术。在数字包容部分，则为合作伙伴之间在数字包容和包容性贸易方面的未来合作建立了一个框架，包括成员之间新的人与人之间的联系。

具体而言，DEPA 在成员中的发展情况如下。

新加坡、智利和新西兰在 2019 年 5 月 17—18 日于智利比尼亚德尔马举行的亚太经合组织贸易部长会议（MRT）期间，启动了关于 DEPA 的三边会谈。由新加坡发起的 DEPA 是新加坡、智利和新西兰制定具有前瞻性的数字贸易经济协定的机会，也是建立新的国际贸易秩序以顺应数字时代发展的机会。

DEPA 旨在解决影响数字经济的新问题（如人工智能、电子支付、电子发票和数字身份的管理），为国际贸易规则提供一个基准以使企业受益，并支持中小企业的数字化和国际化努力。作为一个三边协定，DEPA 将增加数字连接，并加强新加坡、智利和新西兰之间的经济联系。DEPA 是一项由新加坡贸易与工业部、通讯和信息部以及信息通信媒体发展局牵头开展的机构间工作。它还涉及相关机构，如智能国家和数字政府办公室、新加坡金融管理局和新加坡知识产权局。DEPA 旨在深化和加强数字领域的合作，为数字贸易问题建立新的国际方法，并探索数字经济的新领域，如数字身份、电子支付、跨境数据流和人工智能。DEPA 补充了正在进行的世界贸易组织关于电子商务以及亚太经合组织和其他国际论坛内的数字经济工作流的联合声明倡议谈判。

2020 年 1 月 21 日，新加坡实质性地完成了与智利和新西兰的数字经济伙伴关系协定的谈判。2020 年 6 月 12 日，新加坡、新西兰和智利三国政府代表以电子方式签署了 DEPA。该协定的签署肯定了新加坡、智利和新西兰对深化数字经济合作的承诺。DEPA 是新加坡缔结和签署的第一个数字经济协定。电子签名强调了数字连接在新冠疫情期间为实现业务连续性提供的机会。在新加坡和新西兰获得批准后，DEPA 于 2021 年1 月 7 日对两国生效。智利于 2021 年 8 月批准了 DEPA，DEPA 于 2021 年 11 月 23 日对智利生效。

5.1.3 DEPA 的意义

DEPA 是一种独一无二的数字贸易协定，旨在解决新问题。DEPA 为传统自贸区协定以外的关键领域的讨论奠定了基础。鉴于数字贸易正在迅速变化，过去的自由贸易协定还不够全面，无法消除或减少在数字经济中运营的企业所面临的壁垒。DEPA 通过统一标准和解决数字化带来的新问题，促进不同制度之间的互操作性。其中一些新内容包括电子发票、数字身份、人工智能、数据流和数据创新、中小企业的贸易和投资机会以及数字包容性。

DEPA 为针对数字化转型经济量身定制的区域贸易协定提供了迄今为止最全面的模板。DEPA 是对正在进行的 WTO 电子商务谈判联合声明倡议（JSI）的补充。由于关于电子商务的 WTO 联合声明倡议谈判仍在进行中，DEPA 可被视为朝着更广泛的多边协定迈出的重要一步。

具体而言，DEPA 的签订与发展具有以下深远意义：

第一，促进全球数字经济治理。DEPA 为全球数字经济治理提供了一个多边合作的范例，有助于推动全球数字经济领域的规则制定和完善。

第二，增强成员数字经济合作。DEPA 加强了成员在数字经济领域的合作与交流，有利于共同应对数字经济发展中的挑战，提高各国在全球数字经济中的竞争力。

第三，促进数字贸易自由化。DEPA 通过降低跨境电子商务成本和简化电子商务流程，有助于促进数字贸易自由化和推动全球贸易增长。

第四，保护数据安全与隐私。DEPA 规定了数据保护和隐私保护的原则与要求，有助于确保数据跨境流动的安全性和可靠性，维护各国民众的隐私权益。

第五，提升数字创新与创业能力。DEPA 鼓励各成员共同培育数字创新与创业生态，有利于激发数字创新与创业活力，推动数字经济的可持续发展。

第六，加强人工智能合作。DEPA 关注人工智能的发展，有利于各成员在人工智能领域的研发和应用上加强合作，推动人工智能技术的创新与普及。

第七，促进智慧城市建设。DEPA 提倡各成员在智慧城市建设方面开展合作，有利于共同推进智慧城市网络建设，提高城市治理水平和居民生活质量。

第八，缩小数字鸿沟。DEPA 关注数字经济发展中的数字鸿沟问题，致力于推动数字普惠，保障各国民众共享数字经济发展的红利。

5.1.4 DEPA 对成员经贸的影响

本章主要以新加坡作为案例，研究 DEPA 对成员经贸的影响，具体从贸易、外国直接投资、数字经济三个角度进行分析。

（一）DEPA 对成员贸易的影响

1. DEPA 对成员贸易影响的定性分析

DEPA 的条款促进了协定签署国家之间的贸易往来，主要体现在以下三个方面：DEPA 能够运用数字身份、电子发票等条款促进端到端数字贸易，运用信息保护、监管沙盒等规则实现可信的跨境数据流和创新，运用中小企业合作、人工智能等方法建立对数字系统的信任。

（1）提升端到端的数字贸易水平。

贸易数字化将大大减少文件处理时间和货物清关时间，这将导致运营成本的降低和效率的提高。根据马士基和 IBM 在 2014 年的"纸迹研究"，处理贸易文件的成本高达货物转移成本的 20%。通过DEPA，新加坡、智利和新西兰的海关当局将通过连接各自国家的单一窗口并启用可互操作的跨境网络履行 WTO 相关义务。这些国家还将促进电子贸易文件在清关（如电子原产地证书、卫生和植物检疫证书）和 B2B 交易（如电子提单）中的使用和交换。

人工开具发票的过程效率低下，成本高。在新加坡，公司处理每张手工发票的成本为 8 美元，纠正错误的费用居高不下。为了加快流程和降低成本，新加坡于 2019 年 1 月在国际 Peppol 电子发票框架的基础上建立了全国性的电子发票框架。Peppol 电子发票框架允许以结构化的数字格式传输发票，实现更快、更具成本效益的支付，并促进获得新的融资选择。DEPA 鼓励各国为其国内电子发票系统采用类似的国际标准。这将使拥有国际商业伙伴（供应商或客户）的企业能够通过可互操作的系统更轻松地进行跨国交易。企业可以缩短发票处理时间，并有可能加快付款速度，同时通过数字化带来显著的成本节约。随着越来越多的国家认同类似的标准，这将促进跨境的互操作性，并简化买卖双方之间的付款请求的处理步骤。

随着电子钱包、智能手机和电子商务的兴起，金融技术的使用已变得更加普遍。DEPA 成员允许金融技术领域的企业之间的合作，并为企业和金融部门开发金融技术提供解决方案。它们还允许通过促进非歧视性、透明和便利的规则［如开放的应用程序接口（API）］，为金融技术的发展创造有利的环境。

（2）促进可信跨境数据流和创新的实现。

DEPA 在实现可信跨境数据流和创新方面的主要表现体现在保护个人信息、促进跨境数据流动、开放政府数据、加快数据创新四个方面。

保护个人信息是维护数字经济和贸易发展中的信任的关键。各国在处理数据方面可能有不同的政策和立法，例如，一些国家的个人数据保护法可能要求企业的特定数据满足某些条件才能出境。DEPA 允许各国根据一套与国际框架相一致的共同原则，就其数据政策和法律框架达成共识。DEPA 成员将制定机制，促进各自保护个人信息的法律方法之间的兼容性和互操作性。这种机制的一个例子是承认企业的国家信任标志和认证框架。这些将向消费者表明，该企业有良好的数据管理做法，是值得信赖的。

促进跨境数据流动对一个国家的经济实力和竞争力发展越来越重要。DEPA 将使在新加坡、智利和新西兰经营的企业能够更无缝地跨境传输信息，并保证它们符合当地的法规。这促进了一个有利的环境，使企业能够为它们的客户提供服务，无论他们在哪里，无论是通过新兴的商业模式（如软件即服务）还是数字原生产品和服务（如在线游戏和视频流）。

对于经济和社会发展、竞争力提升和数字经济创新而言，政府数据的公开访问权限十分有价值。DEPA 成员可以探讨如何增加开放政府数据的获取和使用机会，为企业特别是中小企业创造新机会。这包括共同确定开放哪些部门的数据集，特别是具有全球价值的数据集，可以用来促进技术转让、人才培养和创新。

跨境数据流动和数据共享能够加快数据驱动的创新。DEPA 可以通过促进数据驱动的跨境创新来加快新产品和服务的发展。例如，监管沙盒是政府和行业合作的机制，以支持私营部门的数据创新，填补政策空白，同时跟上技术和商业模式的新发展。通过 DEPA，新加坡、智利和新西兰将努力在数据监管沙盒方面进行合作，以创造安全的交易环境，让企业能够与政府协商进行创新。新加坡的金融科技监管沙盒就是一个例子，它使金融机构和金融科技参与者能够在一个真实的环境中试验创新的金融产品或服务，但必须确保在一个明确的空间和期限内进行。

（3）建立对数字系统的信任及增加参与数字经济的机会。

DEPA 能够建立对数字系统的信任，增加参与数字经济的机会，主要表现在人工智能技术、在线消费者保护、中小企业合作、数字经济包容性四个方面。

人工智能技术的使用在数字经济中已变得越来越广泛。DEPA 有利于促进道德的人工智能治理框架的采用，该框架将各国同意的原则纳入其中，以便各国以负责任的方式利用人工智能。这些原则包括：（i）人工智能应该是透明的、公平的和可解释的，以及（ii）人工智能必须有以人为本的价值观。这将有助于就治理和道德原则达成共识，并建立对跨境使用的人工智能系统的信任。它还将确保人工智能治理框架与国际接轨，并促进人工智能技术在各国管辖范围内的采用和使用。

为了提高消费者的福利，DEPA 成员同意通过或维持法律和法规，以防止对从事网上商业活动的消费者造成伤害的欺诈、误导或欺骗行为，加强对在线消费者的保护。

DEPA 认识到中小企业在保持经济活力和提高竞争力方面发挥的特殊作用。促进信息共享和交流的数字中小企业对话，加强中小企业合作，将进一步确保中小企业为最大限度地利用 DEPA 的优势做好准备。

DEPA 承认数字经济包容性的重要性，并承诺确保每个人都能参与数字经济，为数字经济做出贡献，并从中受益。该协定旨在改善他们参与数字经济的机会和消除障碍，并促进有关数字包容事项的合作，包括分享最佳做法和制定促进数字参与的联合方案。

在微观层面，一些代表性的公司也对 DEPA 的模块性进行了相应的评价，详情见附录 5－2。

2. DEPA 对成员贸易影响的定量分析

在宏观层面，本研究使用了实证方法来研究 DEPA 对新加坡贸易的影响。图 5－1 显示了新加坡向新西兰和智利的出口额。新加坡在 2021 年与新西兰、智利签订了 DEPA。该图显示，2021 年和 2022 年新加坡向上述两个国家的出口额相较于 2020 年有显著增加。其中，2021 年新加坡对新西兰的出口额达到 2 230.82 百万美元，比 2020 年增加 53.88%；2022年新加坡对新西兰的出口额达到 4 212.23 百万美元，比 2021 年增加 88.82%。2021 年新加坡对智利的出口额达到 104.59 百万美元，比 2020 年增加 7.74%；2022 年新加坡对智利的出口额达到 165.28 百万美元，比 2021 年增加 58.03%。

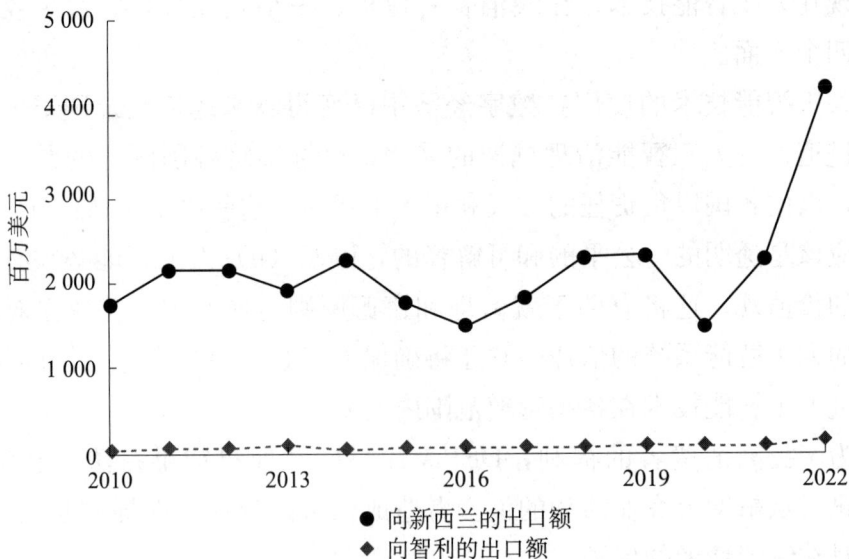

图 5－1　新加坡向新西兰和智利的出口额

资料来源：CEIC.

为了探究新加坡签署 DEPA 生效后对本国贸易量的影响，本研究采用双重差分方法，并分别控制了年份固定效应和国家固定效应。实证结果及回归模型见附录 5－3。研究结果表明，DEPA 对贸易总额的正向影响更加显著。DEPA 的生效能使国家贸易总额占 GDP 的比重增加 20.96%，有显著的正向影响。这表明 DEPA 的签订能够显著增加新加坡的贸易总额所占 GDP 比重，对进出口贸易有正向影响。

（二）DEPA 对成员外国直接投资的影响

1. DEPA 对成员外国直接投资影响的定性分析

新加坡保持着严重依赖贸易的经济，其特点是开放的投资制度，在金融服务、专业服务和媒体部门有一些许可证限制。新加坡政府致力于维护自由市场，但也积极规划新加坡的经济发展，包括通过国有独资和多数企业网络。截至 2022 年 4 月，新加坡上市的前三大国有企业（星展银行、新加坡电信、凯德投资有限公司）占新加坡交易所（SGX）资本的 15.6%。

新加坡的法律框架和公共政策总体上对外国投资者有利。外国投资者不需要加入合资企业，也不需要将管理控制权交给当地利益集团，当地和外国投资者遵守相同的基本法律。除了某些部门的监管要求外，各种激励计划的资格取决于符合相关政府机构制定的标准的投资提案。新加坡对收益或资本的再投资或回流没有任何限制。包括国际仲裁和调解中心以及商业法院在内的司法系统维护合同的神圣性，判决通常被认为是透明和可有效执行的。

经济发展局（EDB）是吸引外国投资进入新加坡的主要促进机构，经济发展局负责投资促进和行业发展，并与外国和当地企业合作，提供信息，促进当地和国际投资的引入和获得政府激励。政府通过经济发展局与投资者保持密切接触，经济发展局向其他政府机构提供反馈，以确保基础设施和公共服务保持高效和低成本的竞争力。经济发展局拥有 18 个国际办事处，包括设在芝加哥、休斯敦、纽约、旧金山和华盛顿特区等地的办事处。

在新加坡，并非所有行业均对外部投资者普遍开放，也会有一些例外情况，这些例外情况通常被认为是关乎国家安全的行业和部门，包括电信、广播、国内新闻媒体、金融服务、法律和会计服务、港口、机场等等。根据新加坡法律，公司章程可能包括限制外国人对此类实体所有权的持股份额。

新加坡于 2020 年 3 月结束了与澳大利亚关于《数字经济协定》的谈

判。2020 年 6 月，新加坡、智利和新西兰签署了 DEPA。2021 年 12 月，新加坡基本结束了与韩国就《韩国-新加坡数字合作协定》以及与英国就《英国-新加坡数字经济协定》进行的谈判。这两项协定将在两国完成各自国内批准程序后立即生效。

2. DEPA 对成员外国直接投资影响的定量分析

新加坡于 2020 年签署、于 2021 年生效的 DEPA 对吸引外国直接投资有显著的影响。

在宏观层面，DEPA 的条款促进了协定签署国家之间的贸易往来。为了研究 DEPA 对新加坡外国直接投资的具体影响，我们使用回归模型进行分析。本研究采用面板数据进行固定效应模型分析，分别控制了年份固定效应和国家固定效应。实证结果及回归模型见附录 5-3。

实证结果表明，在衡量 DEPA 对新加坡贸易的影响时，DEPA 对外国直接投资有正向的影响，进而促进新加坡与其他国家的贸易。协定的生效使相关国家外国直接投资增加 32 亿美元，有显著的正向影响。这表明 DEPA 能让更多外国直接投资进入新加坡，带动新加坡的经济发展。

（三）DEPA 对成员数字经济的影响

数字经济为区域乃至全球经济复苏提供了重要支撑。《世界互联网发展报告 2022》指出，数字技术创新作为全球战略重点，是实现创新驱动生产力发展的先导性、关键性力量。2021 年，47 个国家的数字经济增加值规模达 38.1 万亿美元，同比名义增长 15.6%，占 GDP 的比重达到 45.0%。数字经济为全球经济增长注入新动能，成为推动全球经济复苏的重要引擎。

图 5-2 是新加坡数字经济收入数据，其中 2022 年和 2023 年为 Statista 根据新加坡新近状况所得的预测值。在签订 DEPA 之后，2020 年新加坡数字经济收入增速为 45%，2021 年增速为 35%，2020 年和 2021 年数字媒体的增速分别为 11.54% 和 17.24%，电子商务的增速分别为 52.56% 和 37.81%，电子服务的增速分别为 12.50% 和 22.22%。

根据互联网巨头谷歌、新加坡淡马锡控股和咨询公司贝恩联合公布的 2022 年东南亚数字经济报告，东南亚的数字经济总交易额 2022 年预计可获得 20% 增长，有望达 2 000 亿美元，比 2016 年的预测提前 3 年达到这一规模。这些交易额来自电子商务、旅游、食品和运输以及网络

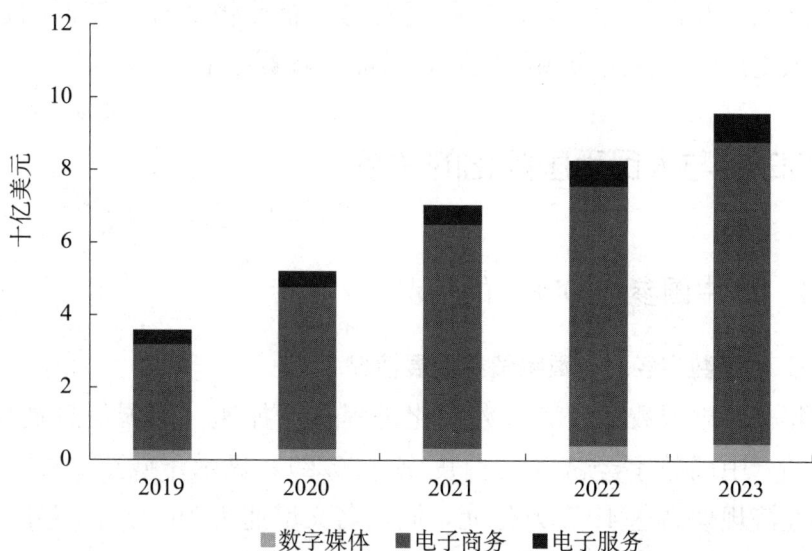

图 5-2　新加坡数字经济收入数据

资料来源：Statista.

媒体行业。报告预测，到 2025 年，东南亚数字经济规模可达 3 300 亿美元。2022 年，新加坡的数字经济规模预计增长 22％，达到 180 亿美元，2025 年则有望达到约 300 亿美元。主要推动力来自电子商务领域的增长。

深化区域经济一体化是新加坡现有数字经济协定的主要动机（Lim，Toh and Xie，2022）。新加坡、智利和新西兰之间的 DEPA 是新加坡缔结的第一个数字经济协定。DEPA 是一个首创的协定，旨在为解决数字贸易问题提供新的方法，提升不同制度之间的互操作性，并解决数字化带来的新问题。它的目标还包括促进商业合作（如建立联营企业）、促进经济增长（如生产力、竞争力）和促进研究合作。新加坡目前正在与韩国、越南、英国和中国讨论签订数字经济贸易协定。

除了深化区域一体化的潜力外，技术领域也有了新的发展。随着世界变得越来越数字化，技术已经在许多方面触及并改变了经济，如信息和通信技术部门的生产力、电子商务和跨境数据流动等方面。虽然技术带来了效率和便利，但对它们的道德使用需要利益相关的管辖区进行协调。治理数字经济已成为政策制定者今天必须解决的最紧迫问题之一。与数字身份证、电子发票系统和新型金融科技工具的接触将提升不同数据系统之间的互操作性，以促进跨境贸易。企业将受益于较低的运营成本和进入更广泛的国际市场的便利，增加国际贸易量。

5.2 DEPA 与人民币国际化的关系

5.2.1 中国参与 DEPA 的情况

（一）中国数字经济与数字贸易发展情况

近年来，中国数字经济与数字化进程日益加速。中国信息通信研究院发布的《中国数字经济发展白皮书（2022）》显示，截至 2021 年，中国数字经济规模高达 45.5 万亿元，同比名义增速为 16.2%。其中，与互联网、大数据、人工智能相结合的产业数字化规模达 37.18 万亿元，同比名义增长 17.2%，占数字经济的比重为 81.7%，占 GDP 的比重为 32.5%。中国的数字经济产业结构多样，包括信息技术、电子商务、移动互联网、云计算、大数据、人工智能、物联网等多个领域。这些领域的快速发展推动了数字经济的整体增长。中国数字经济领域的企业数量庞大，竞争激烈。一批具有全球影响力的互联网企业，如阿里巴巴、腾讯、华为、字节跳动等，已经成为促进全球数字经济发展的重要力量。

中国跨境数字服务贸易增长势头强劲。2021 年，中国数字服务进出口总值达到 3 597 亿美元，同比增长 22.3%，占服务进出口的比重达 43.2%。附属机构数字服务贸易发展态势相对较好，跨境电商持续快速发展。2021 年，全球跨境数字服务贸易为促进全球经济稳定复苏注入新动能。数据显示，2021 年，全球跨境数字服务贸易规模达到 3.86 万亿美元，同比增长 14.3%，在服务贸易中的占比达到 63.3%，在服务贸易中的主导地位日益稳固。同时，中国积极推动数字贸易创新发展与国际合作。

中国的数字货币发展也走在世界前列。2014 年，中国人民银行成立专门团队，开始对数字货币发行框架、关键技术、发行流通环境及相关国际经验等问题进行专项研究。经过数年的发展，数字人民币双层运营架构等顶层设计已通过全方位测试，其可行性和可靠性得到有效验证。截至 2022 年底，"数字人民币" App 试点范围再次扩大，全国共有 17 个省级行政区全域或部分城市开展数字人民币试点。2023年3月，数字人民币App（试点版）"钱包快付管理"中新增"微信支付"，用户在微信小程序等场景支付时，可以选择用数字钱包支付了。这也是继支付宝后，在数字人民币App中可开通的第二大支付平台，数字人民币的使用将更加便捷。

中国政府高度重视科技创新，将其作为数字经济发展的核心驱动力。政策支持、资金投入和产学研结合共同推动了数字经济的创新与发展。在基础设施层面，中国政府加大了对数字基础设施建设的投入，以支持数字经济的快速发展。其中包括5G网络、数据中心、云计算平台等关键领域的建设。此外，中国政府将数字普惠作为重要目标，通过政策倡导和资金支持，推动互联网覆盖城乡、减小数字鸿沟，让更多人分享数字经济发展的成果。为了规范数字经济的发展，中国政府制定了一系列法规和政策，如《中华人民共和国电子商务法》《中华人民共和国网络安全法》《中华人民共和国数据安全法》等，以保障数据安全、维护网络空间秩序、保护消费者权益。

（二）中国申请加入DEPA的背景及动因

目前，中国已经正式申请加入DEPA。这是中国积极参与全球数字经济的合作与治理，推动数字经济规则的制定和完善的重要体现。中国已与多个国家和地区建立了数字经济合作机制，共同应对数字经济领域的挑战和问题。尽早加入DEPA将使中国能够参与其发展，从而丰富其从小型开放经济体到大型经济体的多样化包容的发展需求。

在中国申请于2021年11月1日加入DEPA之后，DEPA联合委员会已同意正式启动中国的加入程序。为此，联合委员会成立了一个加入工作组（AWG），由智利担任主席。由DEPA各缔约方的政府代表组成的特设工作组将讨论有加入意愿的经济体的加入问题。有加入意愿的经济体将被要求向特设工作组展示其履行DEPA义务的能力，包括对其国内法律和法规所需的任何额外修改。特设工作组将审查中国的加入请求，就中国遵守DEPA标准和承诺的能力进行讨论，并就中国加入的拟议条款和条件向联合委员会提交一份报告。

中国的数字经济发展呈现出快速增长、产业多样化、创新驱动、国际合作等特点。未来，中国有望在全球数字经济中扮演更重要的角色。

然而，中国在数字经济发展过程中仍然面临一些挑战，如数据安全与隐私保护、数字鸿沟法规与政策的协调及实施等。为了应对这些挑战，中国需要积极加入 DEPA 等国际高标准数字经济协定，促进国内加强数字基础设施建设，培育数字人才，加大科技创新投入，完善法规政策体系，并积极参与全球数字经济治理，以推动数字经济的可持续、健康、包容性发展。

综合各方观点，中国申请加入 DEPA 的原因可以从以下几个方面进行分析：

第一，促进数字贸易自由化与便利化。DEPA 旨在消除数字贸易壁垒，推动数字产品与服务跨境流通，降低贸易成本。中国加入 DEPA 有利于进一步拓展国际市场，提高中国数字经济的国际竞争力。

第二，优化全球数字经济治理。作为世界第二大经济体、数字经济大国，加入 DEPA 有助于中国参与乃至主导制定全球数字经济规则，推动全球数字经济治理体系的完善。这将有利于中国在全球数字经济中发挥更大的作用，为国际数字经济合作提供中国智慧和中国方案。

第三，提升国内数字经济水平。DEPA 成员在电子商务、数据流通、网络安全等方面具有先进的经验和技术。中国加入 DEPA 可以借鉴这些经验，推动国内数字经济产业的转型升级，提升整体发展水平。

第四，拓展国际合作空间。通过加入 DEPA，中国可以与成员在数字经济领域开展更广泛的合作，促进双边与多边交流，加深相互了解，共同应对数字经济发展中的挑战和问题。

第五，保护数据安全与隐私权。DEPA 涉及数据安全、隐私保护等方面的规定，有利于加强成员间的政策协调与合作。中国加入 DEPA 将有助于提升国内数据安全与隐私保护水平，为数字经济的发展提供良好的法治环境。

第六，支持发展中国家数字经济发展。DEPA 关注发展中国家在数字经济领域的发展需求，提倡共享数字经济发展成果。中国作为发展中大国，加入 DEPA 有助于推动南南合作，为其他发展中国家的数字经济发展提供支持与帮助。

（三）加入 DEPA 对中国数字贸易发展的意义

第一，DEPA 能扩大中国在数字贸易治理领域的话语权。

DEPA 在数字贸易便利化方面的最主要特点就是强调缔约方之间技术和规则的互联互通。中国加入 DEPA，不仅会壮大数字经济国际共享共建力量，进一步打造"数字丝绸之路"并推动"一带一路"高质量发展，也有助于扩大中国在数字贸易治理领域的话语权。

在全球数字经济规则的竞争中，由于各国利益诉求不同，各主要成员利用自己的实力和优势组建自己的数字经济技术共同体，"全球化"已经逐渐被"联盟化"趋势所替代，可能出现破碎化和小多边的图景。

中国如果要在全球贸易治理中享有一定话语权，就要积极地在全球贸易治理和规则制定上贡献出中国智慧和中国方案，让更多国家看到中国在数字贸易上做出的努力和收获的经验，扩大中国在数字贸易方面的影响力。因此，中国加入 DEPA 将为中国在未来参与和构建全球互联互通的数字贸易体系奠定更好的基础，有助于扩大中国在全球数字贸易治理领域的话语权。

第二，DEPA 能提升数字贸易效率。

促进贸易便利化是国际贸易协定的重要目标。国际贸易"单一窗口"设施是促进贸易便利化的无纸供应链的核心组成部分。早在 2005 年，联合国贸易便利化与电子商务中心（UN/CEFACT）就发布了关于建设"单一窗口"的建议书，建议各国建设"单一窗口"。

我国"单一窗口"系统的推广简化了贸易手续，降低了企业通关成本，提高了口岸通关及经济运行效率。但是，电子贸易便利化与"单一窗口"项目因众多因素和挑战而比较复杂，可能存在跨部门协作难、程序和单证要求繁多、彼此独立的信息系统孤岛、法律方面的障碍等诸多问题。世界银行在 2007—2018 年期间，每隔 2～3 年用物流绩效指数（logistics performance index，LPI）来衡量各国的物流绩效，以此来评估不同国家的贸易便利化程度。在 2018 年的报告中，中国全球 LPI 排名第 26 位，在基础设施、物流时效方面得分最高，在国际运输便利性方面与德国和新加坡差距最小，但通关时效是中国 LPI 的短板。而无论总体物流绩效还是通关时效，德国、新加坡都名列前茅。

此次中国申请加入 DEPA，将进一步对接高标准的数字贸易规则，能够在一定程度上加快中国数字经济领域建章立制的进度，也有助于向新加坡等国家吸取技术和规则方面的经验。2021 年 12 月 29 日《中华人民共和国海关总署和新加坡共和国关税局关于"单一窗口"互联互通联盟链的合作备忘录》作为中新双边合作机制会议成果宣布。这意味着中新海关作为"单一窗口"区块链联盟的常任创始成员将共同管理和实施中新"单一窗口"互联互通联盟链，推动其他国家或单独关税区作为成员加入联盟，降低贸易成本，促进国际贸易便利与安全。中新两国在数字贸易方面的合作将继续推进双方的数字贸易便利化和基础设施建设，并在 DEPA 的加持下推进更多领域、更深层次的贸易合作。

中国对标 DEPA 互操作性规则，协调国内标准与国际标准，将有助于通过规模经济降低物理和基础设施成本，产生规模经济效益。利用数字基础设施如电子支付、电子发票、单一窗口的互操作性，企业可以提高其运营效率，降低成本，并通过加快收款速度改善现金流，以促进端到端的数字贸易便利化。数字身份作为识别企业或身份的新兴技术，为跨机构进行身份信息共享和身份核验提供便利，以开展跨行业业务合作和提高跨地域风险防控能力。

（四）中国的加入对 DEPA 的影响

随着中国加入 DEPA，该协定扩大了在人口和经济活动方面的范围。作为世界第二大经济体，中国正在加快数字发展，并在规则、法规和标准等领域进行扩展。中国申请加入 DEPA 充分表明其愿意与高标准的国际数字规则兼容，并加强数字经济领域的全球合作。这是国家在更高层次上推进对外开放的重要举措。中国加入 DEPA 将为其他签署国带来与世界上最大市场之一进行数字贸易的重要机会。

此外，中国的加入将为协定提供更广泛的专业知识和技术能力，从而为贸易和商业带来更具创新性的数字解决方案，中国的加入也会给数据安全、隐私保护和知识产权等协定规则带来更多中国智慧。

中国加入 DEPA 所带来的确切变化将取决于缔约方之间的谈判。总的来说，中国加入 DEPA 会对亚太地区乃至全球数字贸易产生重大影响。

5.2.2　DEPA 促进人民币国际化的机制分析

申请加入 DEPA，从长远角度来看，是在抢占 21 世纪数字贸易的国际规则制定权。在这一视角下，一国在数字贸易领域掌握了规则制定权，未来在数字贸易占主导的世界中，其货币就具备了国际化的资本和场景。

尽早入局并参与规则制定全过程是中国助力经济全球化进程的必由之路。通过深化由 DEPA 所代表的数字区域合作，中国与 DEPA 成员将为人民币国际化进程创造新的发展机遇。通过双边合作，可以进一步拓宽人民币在国际贸易中的使用，从而推进人民币的国际化进程。本节将从以下三个方面进一步分析 DEPA 对人民币国际化的间接促进作用：助力数字经济蓬勃发展，增加人民币使用场景；减少贸易壁垒，助力人民币成为主要结算货币；降低交易成本，提升人民币国际竞争力。

（一）助力数字经济蓬勃发展，增加人民币使用场景

近年来，互联网、大数据、人工智能等技术的快速发展为数字经济的蓬勃壮大奠定了基础。数字经济已成为全球经济增长的重要驱动力。全球数字经济市场规模逐年增大，数字贸易、跨境电子商务等新型业态异军突起。数字经济的繁荣为各国贸易往来带来了新的机遇。

与此同时，人民币国际化水平逐步提升，其在全球经济中的地位日益显现。自 2021 年以来，人民币跨境收付金额在上年高基数的基础上延续增长态势。2021 年，银行代客人民币跨境收付金额合计 36.6 万亿元，同比增长 29.0%，收付金额创历史新高。人民币跨境收支总体平衡，全年累计净流入 4 044.7 亿元。SWIFT 数据显示，人民币国际支付份额于 2021 年 12 月提高至 2.7%，超过日元成为全球第四大支付货币，2022 年 1 月进一步提升至 3.2%，创历史新高。

在此背景下，DEPA 作为一个多边贸易协定，为数字经济的国际贸易和投资创造了有利条件。以 DEPA 的多边协定框架为突破口，通过双边渠道加强合作，稳步促进人民币国际化相关进程。这样的合作形式有助于各国对接各自的数字贸易政策，创新支付和结算方式，使人民币在国际贸易中的应用更加广泛。具体来看，DEPA 对数据流动、数字身份验证、电子支付、电子商务等关键领域提供了全面规范，可减少国际数字贸易中的不确定性和风险，使得人民币的国际流通更为顺畅。此外，通过在 DEPA 下深化双边合作，可以在各国之间建立起全面的信任机制，这对于人民币的国际化进程也具有积极作用。这是因为货币的国际化，不仅需要技术和规则的支持，也需要在各国之间建立起深厚的信任关系。通过 DEPA 的多边协定框架，各国可以在数字贸易领域形成合作共赢，从而加快人民币的国际化进程。

DEPA 的实施将为数字经济发展提供有力保障。随着越来越多的国家加入协定，DEPA 的覆盖范围逐渐扩大，为参与国间的数字贸易创造了更广阔的市场空间。DEPA 可以提升数字贸易领域的政策协调和规则制定水平，使参与国在跨境数据流、知识产权保护、消费者权益保障等方面达成共识。通过推动数字经济政策的协同与创新，DEPA 将有助于进一步推动数字经济的全球化进程。

（二）减少贸易壁垒，助力人民币成为主要结算货币

DEPA 在降低数字贸易壁垒方面发挥了积极作用。通过简化贸易流程、优化关税政策以及推动电子商务及数据流通等领域的政策协调，DEPA 为参与国间的数字贸易提供了更加顺畅的环境。这将为人民币在全球范围内的应用创造有利条件。

首先，DEPA 可助力人民币在跨境贸易结算中发挥更大作用。在全球数字贸易不断壮大的背景下，中国已成为世界第二大经济体，与众多国家建立了紧密的贸易联系。这些国家在开展跨境贸易时，选择人民币作为结算货币将大大降低汇率风险和成本。随着 DEPA 的实施，贸易壁垒的降低将有助于人民币在参与国间的贸易结算中发挥更大作用。

其次，DEPA 能够为人民币在跨境电子商务领域的应用提供更广阔的空间。在 DEPA 框架下，参与国可以共享数据、技术和市场资源，推动跨境电子商务的快速发展。DEPA 旨在推动数字贸易的发展，为电子商务和跨境数据流提供法规框架。协定的参与国将共同制定政策和技术标准，促进数据互通、知识产权保护和消费者权益保障。越来越多的国家加入协定，表明全球范围内对数字经济的认同与支持。数字经济的繁荣将为各国贸易往来带来新的机遇。

最后，DEPA 可助力数字人民币发挥实效，以数字化赋能人民币国际化。第一，DEPA 有利于促进数字人民币的便利化。作为中国央行发行的法定数字货币，数字人民币具有诸多优势，可以在 DEPA 框架下的数字贸易中发挥重要作用。数字人民币使用便捷，无网无电均可支付。具体而言，数字人民币的推出为全球用户提供了一种便捷、安全、低成本的支付工具。此外，数字人民币采用了先进的密码学技术和身份验证机制，确保了交易的安全性和可靠性。数字人民币的实时清算功能可以大幅缩短交易时间，提高支付效率。在 DEPA 框架下，数字人民币的使

用便利性将进一步提升。第二，DEPA 有利于促进数字货币桥建设，提升支付效率。数字货币桥是指利用数字货币技术建立不同国家货币之间的直接兑换和清算通道。在 DEPA 框架下，参与国可以通过建立数字货币桥实现数字人民币与其他货币之间的无缝对接。这将有助于降低跨境支付成本、提高支付效率，进而促进全球贸易的繁荣。数字货币桥可以降低外汇兑换成本和风险，提高跨境支付的透明度和可追溯性，进而有助于缩小全球金融服务的覆盖差距。第三，DEPA 有利于支持数字金融创新，拓宽应用场景。DEPA 的实施将有助于激发数字金融创新活力，拓宽数字人民币的应用场景。一方面，DEPA 为数字金融创新提供了良好的政策环境。参与国可以通过政策协调、监管沙盒等手段支持企业开展数字金融创新实验，推动数字人民币技术的应用和发展。另一方面，DEPA 有助于推动数字金融技术在各领域的广泛应用。随着 5G、物联网等新兴技术的发展，数字金融服务将不再局限于支付领域，而是可以被拓展到智能供应链、跨境电子商务、数字身份认证等多个场景。

（三）降低交易成本，提升人民币国际竞争力

DEPA 的实施将为参与国降低数字贸易成本，提高交易效率。

首先，在政策协调方面，DEPA 通过建立统一的数字经济规则和标准，有助于减少不同国家之间的政策碎片化问题。参与国可以遵循统一的政策框架，在保护知识产权、维护消费者权益等方面实现协同。这将有助于降低参与国在数字贸易中面临的法律风险和成本。

其次，在贸易流程优化方面，DEPA 将推动数字贸易流程的简化和标准化。通过电子化的报关、报检等程序，DEPA 或可减少人工环节，缩短货物通关时间，降低参与国在贸易中的物流成本。

最后，在金融服务方面，DEPA 有助于推动金融科技创新，提高金融服务水平。数字人民币的推出正是中国金融科技发展的一个重要成果。在 DEPA 框架下，参与国可以通过合作建设跨境支付基础设施，简化跨境支付流程，提高人民币在国际贸易结算中的地位。这将有助于进一步降低数字贸易中的交易成本，提高整体交易效率。

综合以上分析，在数字经济蓬勃发展、DEPA 覆盖范围扩大的背景下，DEPA 将为人民币在全球范围内的应用创造有利条件。通过降低贸易壁垒，人民币在参与国间的贸易结算中将发挥更大作用。同时，DEPA

有助于降低包括协议规则在内的交易成本，进一步提高人民币在数字贸易中的竞争力。中国可能会考虑抓住 DEPA 带来的发展机遇，积极推动人民币国际化进程。

5.3　可能面临的困难和障碍

更多潜在成员的加入，特别是像中国这样经济体量的大国的加入，将为 DEPA 的发展带来巨大机遇。随着拥有超大规模市场和海量数据的经济体的加入，DEPA 的国际影响力将会日渐增大，在全球经贸规则中的重要性将逐步提升。在 DEPA 框架下的数字合作同样为人民币国际化创造了有利条件。然而，上述进程也面临着一定的障碍和困难，包括规则影响力扩大和协议发展不确定性、国际合作风险与政策协调障碍、数据安全与数字技术不确定性以及数字支付方式合作与协同发展障碍等问题。

5.3.1　规则影响力扩大和协议发展不确定性

目前，世界面临"百年未有之大变局"，地缘政治关系复杂，DEPA 的成员参与情况面临不确定性。随着更多国家的加入，DEPA 的国际影响力将会日渐增大。更多国家的加入势必对该协定的未来发展产生影响，然而不同国家的诉求与关切各有不同，DEPA 的未来发展方向与重心均存在不确定性。

与此同时，能否持续"扩圈"？这一问题仍需面临挑战。DEPA 作为一种多边合作协定，在全球政治经济格局变化的背景下，需要不断调整和完善合作机制，以适应不断变化的外部环境，进而消除规则影响力扩大的不确定性。

面对上述不确定性，如何通过不断更新与迭代，确保新设定的法规、标准、政策能在成员间取得实效，并在国际数字经贸往来中切实提升贸易效率、降低贸易成本，都是值得深入研究的议题。DEPA 是否有利于数字贸易业务的安全高效开展、是否惠及各成员内数字经贸个体等具体诉求也正是规则影响力扩大与协议发展不确定性等宏观问题的微观体现。

5.3.2　国际合作风险与政策协调障碍

在人民币国际化与 DEPA 背景下，国际合作风险与政策协调障碍仍然存在。国际合作风险主要包括贸易保护主义和地缘政治风险，而政策协调障碍则涉及法律协调与政策协调。

贸易保护主义是人民币国际化与 DEPA 面临的一个挑战。虽然 DEPA 旨在促进数字经济领域的自由化和便利化，但在全球经济格局中，贸易保护主义仍然存在。这可能导致某些国家采取限制性贸易政策，针对跨境数字货币交易设置障碍。地缘政治风险也可能影响人民币国际化与 DEPA 的实施。在国际政治环境中，地缘政治因素可能导致国家间关系紧张，从而影响 DEPA 成员间数字贸易。

法律协调与政策协调在人民币国际化与 DEPA 实施中也是一个重要挑战。由于各国监管政策和法律法规存在一定的差异，因此可能存在协调成本。

5.3.3　数据安全与数字技术不确定性

数据安全与数字技术不确定性是人民币国际化与 DEPA 实施过程中需要克服的关键障碍。数据安全不确定性包括数据安全与隐私保护不确定性，而数字技术不确定性则涉及数字技术发展路径不确定性与数字技术应用路线不确定性。

数据安全与隐私保护不确定性是人民币国际化的一大挑战。在 DEPA 框架下，各成员需要共享和交换数据以推动数字经济合作，但数据安全与隐私保护问题仍然突出。在数字贸易过程中，如何确保数据安全、防止数据泄露、保护用户隐私成为关键问题。

数字技术发展路径不确定性与数字技术应用路线不确定性对人民币国际化也会产生影响。随着数字技术不断创新，如区块链、大数据、人工智能等，数字技术发展方向和具体应用场景仍然存在许多未知因素。在此背景下，中国可能需要在 DEPA 框架内加强与其他成员的技术合作，共同研究和推动数字技术发展和应用，以确保经济整体在数字技术变革中保持竞争力。

此外，中国可能会考虑关注新兴数字技术与应用的发展趋势，并有可能适时地参与国际数字技术标准制定。与此同时，中国有可能会选择与 DEPA 成员开展深入的技术交流与合作，共享技术创新成果，从而可能提高人民币国际化的技术水平。

5.3.4　数字支付方式合作与协同发展障碍

随着全球数字经济的高速发展，各国纷纷推进包括数字货币在内的数字支付方式的研发和应用。在 DEPA 背景下，中国在推动数字支付方式国际化过程中，需要合作对接其他国家，使得多国数字支付方式协同发展。

为应对数字支付方式合作，中国可能会选择更积极地参与 DEPA 框架内的相关规则制定，并可能加强与其他成员在数字货币等数字支付方式研究与发展方面的交流与合作。此外，中国也可能会考虑更密切地关注其他国家和地区数字支付方式的发展动态和政策趋势，与国际接轨。在合作与发展过程中，中国可能会秉持开放合作的态度，以互利共赢为原则，推动数字货币领域的国际合作与交流。

与此同时，在数字支付方式协同发展方面，中国可能会选择在DEPA框架下，与其他成员共同探讨数字货币等数字支付方式的互联互通机制。这包括制定统一的技术标准，建立跨境支付清算机制。在此过程中，中国可能与其他国家分享技术经验，同时吸纳其他国家的成功实践，以促进数字支付方式协同发展。

为推动数字支付方式的国际协同发展，中国可能会考虑加强与国际组织如国际货币基金组织和世界银行等的合作，参与全球数字支付治理与规划，共同推进数字支付体系的建立和完善。此外，中国可能会通过在 DEPA 框架下推动设立数字支付方式合作与研究中心等机构，以深化各成员在数字支付领域的交流与合作。

5.4　对策建议与未来展望

随着 DEPA 的持续推进和不断完善，中国在促进人民币国际化进程中将面临上述诸多新的机遇和挑战。在此背景下，政策制定者需要积极应对这些挑战，制定合适的政策来推动人民币国际化的发展。本章将从以下几个方面提出对策建议，并立足 DEPA 框架展望未来。

5.4.1 对策建议

（一）创新数据安全与隐私保护规则，注重数据、知识产权等无形资产处置规范

为了应对数据安全与隐私保护问题，中国可能会考虑与各成员在 DEPA 框架下创新数据安全与隐私保护政策。具体措施包括：建立跨境数据传输安全评估机制，确保数据在跨境传输过程中的安全；制定统一的数据保护法规，确保个人隐私得到有效保护；加强在国际数据治理平台的合作，共同应对全球数据安全与隐私保护挑战。

DEPA 的一大亟待完善的部分便是无形资产、知识产权和数据的具体处理。作为数字经济的核心部分，DEPA 并未对该方面做出明确清晰的规范化表述。具体而言，包括对此类无形资产的估值、处置与监管均需要进一步厘清并形成文化规范。

（二）以全面推动跨境税收合作与协调为抓手，充分发挥中国优势

全面推动跨境税收合作与协调在 DEPA 中占有重要地位，尤其是在跨境电子商务日益发展的背景下。随着数字经济的迅速发展，跨境税收合作与协调成为各国面临的共同挑战，而中国在这方面具有独特的优势。中国在数字税务发票系统上的建设和发展，为解决跨境税收问题提供了可借鉴的模式。在中国，数字税务发票系统的广泛应用，不仅提高了税收收取效率，也减少了偷税、骗税等行为，同时还提升了企业的经营透明度。在跨境税收合作中，中国的这一经验或可作为一种重要参考。例如，推动建立全球统一的数字税务发票系统，从而提高全球跨境税收的效率。

在 DEPA 背景下，各参与国需要充分考虑如何有效解决跨境税收合作与协调问题，避免双重征税及税收空白现象。为应对跨境税收合作与协调挑战，中国可能会考虑在 DEPA 框架下，加强与其他成员在税收政策和法规方面的协调与沟通，探讨建立跨境税收信息交换平台和相互协助机制。这涉及税收居民身份认定、跨境支付税收适用规则、避免双重征税等方面的国际合作。此外，中国可能会选择更积极地参与国际税收合作与协调机制，如 G20、OECD 等组织的税收改革议程，加速向人民币国际化目标迈进。

在实际操作中，中国可能会考虑与 DEPA 成员共同制定跨境交易税收政策，明确税收征管的主体和范围，为我国数字支付方式在国际市场上的应用提供税收保障。同时，为促进跨境税收合作与协调，中国可能会选择进一步完善国内税收法律法规体系，以适应数字经济和人民币国际化带来的税收挑战。

（三）以数字监管能力建设为路径，促进数字服务普惠性与包容性

在 DEPA 背景下，数字服务普惠性与包容性问题亦为一重要议题。数字服务在扩大服务覆盖面、降低服务成本等方面具有显著优势，但同时也可能加大服务的不平等现象。对于发展中国家及弱势群体来说，数字服务的可获得性仍需进一步提高。

为推动数字服务普惠性与包容性，中国可能会考虑重视 DEPA 成员数字贸易市场的发展水平与特点，以确保各项议题在各国的有序推广。这包括加强与成员在数字基础设施、政策法规和消费者保护等领域的合作与协调。例如，可以在成员推动建设数字服务基站、提升数字通信水平和数字贸易知识普及水平等方面展开合作。同时，应关注弱势群体和中小企业在数字服务中的地位和需求，为他们提供定制化和便捷化的数字服务方案。

此外，为促进数字服务普惠性与包容性，中国可能会借助 DEPA 框架，与成员共同推动数字创新，发掘数字服务潜能。例如，可以支持跨境金融科技企业合作、推动区块链等先进技术在数字服务领域的应用，以提升数字服务的质量与效率。在此过程中，中国还可能在保障贸易稳定和防范经济风险的前提下，推动监管政策和数字服务市场的协同创新。这涉及制定灵活的监管政策、鼓励市场竞争、建立健全风险预警和应对机制等方面。

（四）加强与 DEPA 成员的法规与标准协调，批判性地审查多项协定间的相互作用

为应对法规与政策协调挑战，中国可能会选择与各成员合作加强在数字贸易、金融科技等领域的法规与标准协同。具体措施包括：建立专门的政策协调机制，定期召开政策磋商会议；加强在国际标准制定组织中的合作，共同推动制定国际通用的数字经济领域法规与标准。

需要批判性地审查越来越多的协定之间的相互作用，这些协定涉及数字空间中的国际商业监管，包括 DEPA、CPTPP、USMCA 和 RCEP 等。

（五）超越 DEPA，由国际规则合作深入各国政策协作

最后，中国可能会考虑推动超越 DEPA 的更广泛的国际合作框架与视角。对数字经济及其与社会连接的实质性监管大部分是在数字经济贸易协定谈判之外进行的。在贸易谈判之外达成的协定可能会对贸易协定中实现的利益平衡产生重大影响。

为应对贸易保护主义和地缘政治风险，中国和 DEPA 成员或可在多边和双边层面加强政策协调与合作。在多边层面，各国可以通过参与区域和全球性的政策论坛、世界贸易组织等平台，共同应对贸易保护主义和地缘政治风险。在双边层面，中国可能会与后续加入成员通过签订自由贸易协定、投资保护协定等协定，深化经济合作。

5.4.2 未来展望

在 DEPA 所代表的数字区域合作背景下，人民币国际化将迎来新的发展机遇。在国际环境不断变化的情况下，中国可能会考虑与相关国家密切合作，共同应对各种挑战，积极推动人民币国际化进程。

（一）将 DEPA 做实，中国与 DEPA 成员深度合作前景广阔

随着数字技术的不断发展，协定框架内数字科技、数字贸易等领域的合作将不断深化。通过数字技术创新与应用，中国与 DEPA 成员在贸易、跨境电商、物流等领域的互联互通将不断提高，从而为人民币国际化提供更为广阔的发展空间。中国已在数字化基础设施和服务等方面取得显著成就，包括电子商务、电子支付、电子身份验证等。此外，中国的大规模市场和丰富资源也为与 DEPA 成员的深度合作提供了广阔的空间。

首先，中国在数字支付领域的发展让其在 DEPA 框架下的交易更为便捷。中国的电子支付系统如支付宝和微信支付已经普及到生活的各个角落，为 DEPA 成员提供了高效的支付解决方案，或可进一步简化跨境贸易的流程，降低成本。其次，中国的大型电子商务平台也将为 DEPA 的实施提供强大的支持。这些平台不仅拥有庞大的用户基数，也具备丰富的经营管理经验。这将帮助 DEPA 成员更好地进入中国市场，拓宽业务范围。最后，中国的数字化身份验证技术在全球范围内也处于领先地位。这些技术可以帮助 DEPA 成员解决跨境交易中的身份验证问题，增强交易安全。

总体而言，中国与 DEPA 成员的深度合作前景广阔。通过加强合作，各成员不仅可以使 DEPA 更好地取得实效，也可推动全球数字经济的长足进步，实现共同发展。

（二）立足 DEPA，提升人民币的国际定价能力与国际商品市场参与度

在推动人民币国际化的过程中，提高人民币的国际定价能力是关键。在 DEPA 背景下，中国可能会考虑不断努力提升人民币在国际商品市场中的参与度，以增强人民币的国际定价能力。

首先，中国可能会选择积极推动人民币在国际大宗商品交易中的使用。例如，通过与 DEPA 成员探讨建立人民币计价的国际大宗商品交易平台，或可使人民币在国际大宗商品交易中发挥更加重要的作用。这将有利于降低贸易成本，减少汇率波动风险，并提高人民币的国际影响力。

其次，中国可能会考虑积极推动人民币计价的国际债券市场的发展。通过扩大人民币计价的国际债券的发行规模，或可吸引更多的国际投资者，进而提高人民币在国际资本市场中的参与度和定价能力。同时，中国可能会与 DEPA 成员在监管、税收等方面进行协调，以促进人民币计价的国际债券市场的稳健发展。

再次，中国可能会选择加强与 DEPA 成员在基础设施建设领域的合作，推动人民币在"一带一路"沿线国家的项目投资和融资中发挥更大作用。推动人民币计价的基础设施项目的投资和融资，有助于降低项目成本并提升人民币在国际市场中的认可度。

最后，中国可能会考虑进一步推动人民币在国际结算、支付和储备货币领域的应用。这包括与 DEPA 成员及其他国际机构探讨建立人民币结算和支付体系，推广人民币国际储备货币的使用。通过以上措施，或可进一步提高人民币在国际经贸市场中的地位，为其国际化进程提供有力支持。

（三）依托 DEPA，全面开展国际信用体系建设与信任推广

在人民币国际化进程中，国际信用体系建设与信任推广至关重要。

在 DEPA 框架下，中国可能会选择积极参与国际信用体系建设，提高中国在国际市场中的信誉和影响力。

第一，中国可能会与其他国家共同探讨建立信用信息共享机制。例如，可建立数字货币信用信息数据库，加强跨境信用信息的共享与交流，以便各国在进行跨境投资、贸易等活动时，能够了解对方的信用状况，降低交易风险。

第二，中国还可能会积极推广典型应用案例和成功经验，加强国际市场对中国数字货币的了解与认知。这包括在国际论坛、展览会等场合展示数字贸易的应用与发展成果，以及分享中国在数字货币领域的创新与实践经验。

（四）遵循开放包容、互惠共享的正确义利观、价值观指引，共谋全球数字经济发展新格局

2013 年，习近平总书记访问非洲时提出了正确义利观，强调中非从来都是命运共同体。2017 年，习近平总书记在联合国日内瓦总部的演讲中指出："中国将继续坚持正确义利观，深化同发展中国家务实合作，实现同呼吸、共命运、齐发展。"将开放包容、互惠共享价值观与正确义利观注入到具体的 DEPA 等协定条款、目标与原则层面，在协定推进全过程深度贯彻开放包容、互惠共享的国际发展观。与志同道合的国家一起将开放包容、互惠共享价值观带给更多国家与更广泛的地区。这些国家可能正在寻求对价值观的替代方案，而开放包容、互惠共享的价值观也与数字经济时代下政府效益最大化与公司收益最大化等多方关切不谋而合。

面对全球经济治理体系的变革，中国与 DEPA 成员或相关方或许可加强在国际组织和多边政策平台上的合作，推动建立更加公平、合理的国际经济秩序，为人民币国际化创造更有利的外部环境。

附录 5-1 国际贸易规则模式详细内容

美 国

美国长期致力于树立数据跨境流动政策反数据本地化、维护自由贸易的形象。奥巴马政府时期签订的《跨太平洋伙伴关系协定》（TPP）规定，缔约方不得将要求受约束的组织和个人使用该缔约方领土内的计算设施或者将设施置于其领土之内作为在其领土内从事经营的条件。尽管特朗普政府退出了 TPP，但是 2018 年签署的《美国-墨西哥-加拿大协定》（USMCA）完全吸收了上述规定，美国也在与英国、日本、韩国等谈判的贸易协定中，积极推广上述反数据本地化政策。

美国目前通过国际治理机构以及双边和多边贸易协定制定政策并表明其对数据本地化的立场。于 2020 年 7 月生效并取代《北美自由贸易协定》的 USMCA 禁止数据本地化，并使成员之间的数据自由流动正式化。正如 2021 年战略与国际研究中心（CSIS）的一项针对亚太地区的研究报告所述，该地区一些国家之间的多项贸易协定禁止数据本地化要求和跨境数据流动限制。

美国倡导反数据本地化政策与其强大的互联网企业密切相关。除了谷歌、脸书、亚马逊、微软、苹果等一批本土巨头企业外，几乎所有国际化科技企业都会在美国设立分支机构。在这种市场分布状态下，倡导数据全球自由流动，推行较低的数据安全保护要求，实际上是为数据向美国流动营造有利的政策环境。美国的数据霸权政策并未赢得广泛支持，相当大一部分国家直接或者变相反对美国的数据自由流动政策。欧盟直接拒绝了美国倡导的反数据本地化要求，并且一度将美国认定为"不充分保护国家"。韩国在与美国重新签署的《美韩自由贸易协定》中，将反数据本地化规则修改为"避免对跨境的电子信息流施加或维持不必要的障碍"，由此对数据跨境流动进行必要控制。

然而，自 Schrems II 案以来，美国和欧盟之间的跨大西洋数据流，至少在个人数据方面，仍然存在疑问。2020 年 7 月，欧盟法院宣布欧盟委员会关于美国废除美国隐私盾（U. S. Privacy Shield）的充分性决定无效，美国隐私盾是美国与欧盟数据传输的框架，理由是担心美国没有为欧盟互联网用户提供充分的隐私保护。自这项裁决以来，用新的数据传输协议取代隐私保护协议的谈判一直在进行中。

欧　盟

欧盟致力于在成员内部推动数据自由流动，但是德国、法国等出于维护本国数字经济利益的需要而支持必要的数据本地化政策。欧盟在2016年颁布的《通用数据保护条例》（General Data Protection Regulation，GDPR）和在2018年颁布的《非个人数据自由流动条例》（Free Flow of Non-Personal Data Regulation），分别对个人数据和非个人数据采取不同的跨境流动策略。

根据《通用数据保护条例》，个人数据可以在欧盟成员内自由流动，但是个人数据流出欧盟成员必须满足法律所规定的条件。欧盟以是否达到"充分保护"作为首要参考规则，可以认定一国、一个地区、一个或多个特定行业或者一个国际组织具备充分保护水平，准许这些符合条件的国家、地区、行业、组织与欧盟进行自由的数据跨境流动。

在《非个人数据自由流动条例》发布之后，欧盟在2019年5月发布了《欧盟内非个人数据自由流动框架条例指南》（Guidance on the Regulation on a Framework for the Free Flow of Non-personal Data in the European Union），此指南旨在帮助中小企业了解《非个人数据自由流动条例》和《通用数据保护条例》之间的联系。欧盟旨在实现成员内非个人数据的自由流动，激励各行业在数据服务提供商的转换和数据传输方面制定自律行为准则，禁止成员对非个人数据的本地化要求做出规定，只能基于符合比例原则的公共安全理由提出例外要求。欧盟建立了一个合作机制，确保各主管当局能够继续行使访问其他成员正在处理的数据的权力。然而，该条例并不能解决非个人数据向欧盟之外流动的法律问题。

欧盟的数据流动政策制定者在考虑个人信息权利保障的同时，也积极考虑对欧洲数字经济发展利益的影响。欧盟在2020年2月发布的《欧洲数据战略》没有直接提及数据本地化的要求，致力于构建自由而积极的数据流动体系，但是要求构建促使更多数据在欧盟境内存储和处理的环境，在2021年底建立欧洲数据流分析框架以监测和维护欧洲在数据跨境流动中的战略利益。此外，《欧洲数据战略》将维护公共安全、秩序和其他合法的公共政策目标作为数据自由流动的例外。

中　国

中国数据跨境流动始于重要数据保护的相关立法。2006 年，中国颁布《电子银行业务管理办法》，确立金融数据存储地应兼顾外资企业的需求，要求中资银行业金融机构的电子银行业务运营系统和业务处理服务器设置在中华人民共和国境内，外资金融机构的电子银行业务运营系统和业务处理服务器可以设置在中华人民共和国境内或境外。此后，2011 年的《关于银行业金融机构做好个人金融信息保护工作的通知》、2011 年的《保险公司开业验收指引》、2013 年的《征信业管理条例》、2014 年的《人口健康信息管理办法（试行）》、2015 年的《地图管理条例》、2016 年的《网络出版服务管理规定》、2016 年的《网络预约出租汽车经营服务管理暂行办法》、2016 年的《中华人民共和国网络安全法》、2021 年的《中华人民共和国数据安全法》（简称《数据安全法》）和 2021 年的《中华人民共和国个人信息保护法》（简称《个人信息保护法》）等，均对数据的本地化存储做了明确要求。

《网络安全法》第 37 条规定："关键信息基础设施的运营者在中华人民共和国境内运营中收集和产生的个人信息和重要数据应当在境内存储。因业务需要，确需向境外提供的，应当按照国家网信部门会同国务院有关部门制定的办法进行安全评估；法律、行政法规另有规定的，依照其规定。"这是中国第一次对数据跨境流动做出统一规定，提出了中国数据主权的典型要求，也引发了国际社会的广泛关注。相比于《网络安全法》突出数据本地化，《数据安全法》则兼顾了数据跨境流动的需要。《数据安全法》第十一条规定："国家积极开展数据安全治理、数据开发利用等领域的国际交流与合作，参与数据安全相关国际规则和标准的制定，促进数据跨境安全、自由流动。"《数据安全法》明确将数据自由流动作为中国支持的一项原则，但是其前提是能够保障数据跨境安全。此外，《数据安全法》第二十八条和《个人信息保护法》第三章为数据跨境流动需求提供了有效的机制安排。因此，保障数据必要的保密性、完整性和可用性，成为中国数据安全相关立法的重要需求。

附录 5-2 代表性公司对 DEPA 的模块性评价和潜在利益

代表性公司对 DEPA 的模块性评价请参见附录 5-1。

附表 5-1 代表性公司对 DEPA 的模块性评价

公司	DEPA模块	发言人	描述
渣打银行	电子发票、无纸化贸易	Samuel John Mathew，渣打银行常务董事，单据贸易和贸易平台转型负责人	数字技术将继续塑造贸易和贸易融资的未来。为了使贸易在一个日益无边界的世界中蓬勃发展，建立一套共同的数字标准和准则是至关重要的。新加坡、智利和新西兰签订的 DEPA 是一个有意义的第一步，有助于促进贸易平台之间加强互操作性、提供安全数据流和无缝电子发票。该行业可以期待更大的效率收益，以及更安全、更快速的贸易融资渠道。渣打银行致力于与新加坡等国家合作，促进无纸贸易生态系统，这将为互联世界中的全球贸易机会提供动力
牛奶国际	电子发票	Tom van der Lee，财务总监	集团一直寻求可持续的机会来利用技术提高其业务效率，以加强其竞争优势。虽然我们已经率先在新加坡使用 Peppol 电子发票，但是我们十分渴望寻求在整个亚太地区的更强大、标准、无缝、透明的跨境协同效应 通过 DEPA，随着电子发票在各地区的普及，我们可以预测运营成本的进一步降低，这是由于我们降低了对手动处理和重新处理来自各个地区供应商的多种发票格式的依赖。反过来，他们将从所获得的效率中受益，并最适合支持集团的需求
谷歌	人工智能、数据创新	TedOsius，亚太区公共政策和政府关系副总裁	通过解决影响数字经济的新兴和重要问题，如人工智能和数据创新，DEPA 是国际贸易协定的一个里程碑。人工智能和机器学习技术正在迅速改变全球贸易的面貌，打破传统的贸易壁垒，提高生产力。例如，人工智能在谷歌翻译等翻译软件中的使用，帮助贸易商克服了语言障碍，甚至为最小的企业创造了向国外市场出口的新机会。我们祝贺新加坡、智利和新西兰在推进进步的数字贸易规则方面发挥了领导作用，这些规则适应商业现实，并能够促进创新、开放和增加机会

下面是不同参与公司对 DEPA 潜在利益的引述，可见 DEPA 在微观经济主体层面所体现的价值（见附表 5－2）。

附表 5－2　公司对 DEPA 潜在利益的引述

公司	部门	发言人	描述
Grab	技术	Annabella Ng，政府事务总管	Grab 公司支持在确保安全、隐私和问责的前提下促进跨境数字流动和交易的努力。我们对新加坡和 DEPA 伙伴国政府率先制定基于规则的共同框架感到鼓舞，该框架可以帮助企业充分挖掘数字经济的潜力。我们希望 DEPA 最终能成为 CPTPP 和整个东盟的其他政府考虑采用支持企业互操作性和创新的规则的基础，并促进数据和信息的跨境流动
LazadaGroup	电子商务、技术	Gladys Chun，总法律顾问兼政府事务主管	DEPA 将有助于促进跨境贸易。看到新加坡推动这项协定令人振奋，我们希望看到新加坡与其他东南亚国家签订这样的协定，以推动跨境电子商务的发展
万事达卡	金融服务	Ari Sarker，亚太区联合总裁	数据跨境流动的能力是数字经济的基础，而像拟议的 DEPA 这样的伙伴关系，将有助于在建立高效、创新和可信的数字贸易走廊方面进一步合作
Shopee	电子商务、技术	Zhou Junjie，首席商务官	Shopee 了解企业在数字经济中面临的挑战，尤其是在涉及跨境贸易时。DEPA 是朝着正确方向迈出的另一步，因为它提高了数字贸易的透明度并简化了流程，使新加坡的企业能够更容易和自由地接触到整个地区的客户。这为面向未来的框架奠定了基础，以创造商业确定性，并在整个地区建立安全和综合的数字贸易生态系统
Xero	互联网、技术	Kevin Fitzgerald，亚洲区总裁	我们认为 DEPA 是切实可行的，因为新加坡政府呼吁当地企业在海外开展业务，以提高竞争力。随着数字经济的兴起，随着以前的地理边界被模糊或打破，我们正在目睹全球化的加剧。然而，不同的地方法规和合规性的存在对中小企业来说是一个天然的障碍，它们在进入新市场时可能会遇到挑战。DEPA的引入有望建立一套共同的标准和提高合规性，以促进安全顺利的交易和资金流动，最终推动数字贸易的发展

附录 5-3 DEPA 对协定成员贸易和外国直接投资影响的实证分析

DEPA 对新加坡贸易影响的实证分析

在宏观层面，本研究使用了实证方法来研究 DEPA 对新加坡贸易的影响。本研究采用双重差分方法，具体分析了新加坡签署 DEPA 并生效后对新加坡贸易量的影响，并分别控制了年份固定效应和国家固定效应。双重差分能够帮助分辨出新加坡建立并实施 DEPA 前后的影响，其他国家样本作为对照组能够充分控制其他变量的影响。

本研究的回归模型如下：

$$M_{it} = \beta_0 + \beta_1 ER_{it} + \beta_2 \Delta ER_{it} + \beta_3 IF_{it} + \beta_4 \Delta GDP_{it} + \beta_5 \Delta POP_{it}$$
$$+ \beta_6 SM_{it} + \gamma depa_i * time_t + year_t + country_i + \varepsilon_{it} \qquad (1)$$

$$M_{it} + X_{it} = \beta_0 + \beta_1 ER_{it} + \beta_2 \Delta ER_{it} + \beta_3 IF_{it} + \beta_4 \Delta GDP_{it}$$
$$+ \beta_5 \Delta POP_{it} + \beta_6 SM_{it} + \gamma depa_i * time_t + year_t$$
$$+ country_i + \varepsilon_{it} \qquad (2)$$

其中，M_{it} 为进口额占 GDP 的相对份额，X_{it} 为出口额占 GDP 的相对份额，ER_{it} 为该国家货币相对于美元的汇率，ΔER_{it} 为汇率的增长率，IF_{it} 为通货膨胀率，ΔGDP_{it} 为国内生产总值增长率，ΔPOP_{it} 为人口增长率，SM_{it} 为道琼斯工业平均指数增长率。$depa_i * time_t$ 为交乘项，$depa_i = 1$ 表示 DEPA 中包含该国家，否则 $depa_i = 0$。$time_t = 1$ 表示 DEPA 已经签订并执行，否则 $time_t = 0$。$depa_i * time_t = 1$ 表示该国家在 DEPA 范围内并且协定已经签订并执行对该国产生影响，否则 $depa_i * time_t = 0$。$year_t$ 为年份固定效应，$country_i$ 为国家固定效应。

本研究使用进口额占 GDP 相对份额和贸易总额占 GDP 相对份额衡量贸易指标，作为被解释变量。解释变量参考 Ho 和 Karim（2012）。国内生产总值（GDP）是本研究中衡量市场规模的一个因素。另外，通货膨胀代表了影响国家产品竞争力的价格水平的持续增长。国内商品和服务价格的上涨导致生产成本的提高，并导致国家产品竞争力的下降。本研究还包括一个新的因素，即世界金融市场的发展，以研究其对国际贸易的影响。世界金融市场表现的代理变量为道琼斯工业平均指数(DJIA)。这个指标是美国金融市场健康的一个重要信号，因为大部分国际贸易是以美国货币结算的，该指标的变化可能会影响世界国际贸易。本研究旨在分析 DEPA 是否会促进新加坡的国际贸易，同时它也研究市场规模和其他国家的宏观经济基本面对新兴国家贸易的影响。数字贸易协定在影响国际贸易方面的重要性将使跨国公司和主权政策制定者能够积极加入适当的协定，以加强国际贸易并确保可持续的经济增长。解释变量还加入了汇率变化，使用各国货币相对于美元的汇率的年份增长率度量。此外，人口增长率也作为解释变量加入回归。

对主要变量的描述性统计见附表 5-3。本研究采用了世界银行的世界发展指数数据库，此数据库是对全球经济发展各方面基本经济数据的汇总，它包含了 695 种发展指数的统计数据，以及 208 个国家和 18 个地区与收入群从 1960 年至今的年度经济数据。数据包括了社会、经济、财政、自然资源和环境等各方面的指数。本研究还使用了 CEIC 经济数据库全球股票市场道琼斯工业平均指数的数据。本研究使用 2010—2021 年的数据，由于 DEPA 的影响大多覆盖东南亚地区，样本仅覆盖亚洲地区的国家，样本数据结构为年份层面和国家层面的面板数据。本研究的回归分析样本中包含有 35 个亚洲国家、共 396 个样本数据，集中分析 DEPA 对新加坡贸易的影响。[①] 模型回归结果见附表 5-4。

附表 5-3　对主要变量的描述性统计——贸易

变量名称	观测值	平均数	标准差	最小值	最大值
$year$	585	2 015	3.745	2 009	2 021
X	488	45.46	41.10	2.393	221.6
M	488	57.33	37.97	5.767	221.0
ER	505	1 313	4 048	0.966	23 208
IF	557	3.716	6.284	−22.09	59.34
ΔGDP	557	3.268	6.508	−54.24	41.75

① 由于新加坡、新西兰、智利三国签订的 DEPA 是于 2020 年签订并于 2021 年生效的，数据库无法覆盖以新西兰、智利为实验组所需年份控制变量的数据，故本研究分析 DEPA 对成员贸易的影响，以对新加坡贸易产生的影响为例，下同。

续表

变量名称	观测值	平均数	标准差	最小值	最大值
ΔPOP	585	0.972	1.197	-5.344	4.423
SM	540	0.121	0.078 2	0.005 77	0.272

附表 5-4　回归结果——贸易

	(1)	(2)
ER	0.002**	0.007***
	(2.04)	(4.34)
ΔER	-0.176**	-0.321***
	(-2.02)	(-2.71)
IF	-0.171*	0.125
	(-1.93)	(1.03)
ΔGDP	-0.168*	0.380***
	(-1.85)	(3.07)
ΔPOP	5.463***	8.410***
	(4.24)	(4.80)
SM	-3.774	-18.607
	(-0.12)	(-0.43)
depa * time	13.860*	20.958*
	(1.69)	(1.88)
_ cons	49.270***	84.305***
	(6.32)	(7.95)
国家固定效应	是	是
时间固定效应	是	是
R^2	0.138 9	0.237 8
F	180.35***	403.42***
观测值	396	396

注：此表的显著性水平标注为：＊＊＊表示 $p<0.01$，＊＊表示 $p<0.05$，＊表示 $p<0.1$。括号内为 t 检验值。R^2 为组间 R^2。下同。

在第（2）列的回归结果中，可以分析出 DEPA 对贸易总额的正向影响更加显著。回归结果表明，DEPA 的生效能使国家贸易总额占 GDP 的比重增加 20.96％，有显著的正向影响。这表明 DEPA 的签订能够显著增加新加坡的贸易总额所占 GDP 比重，对进出口贸易有正向影响。

DEPA 对新加坡外国直接投资影响的实证分析

新加坡于 2020 年签署、于 2021 年生效的 DEPA 对新加坡吸引外国直接投资有显著的影响。

在宏观层面，DEPA 的条款促进了协定签署国家之间的贸易往来，为了研究 DEPA 对新加坡外国直接投资的具体影响，我们使用回归模型进行分析，研究 DEPA 对新加坡外国直接投资的影响。

本研究采用面板数据进行固定效应模型分析，分别控制了年份固定效应和国家固定效应。本研究采用双重差分方法，具体分析了新加坡建立 DEPA 并生效后对新加坡外国直接投资的影响。双重差分能够帮助分辨出新加坡建立并实施 DEPA 前后的影响，其他国家样本作为对照组能够充分控制其他变量的影响。

$$FDI_{it} = \beta_0 + \beta_1 GDP_{it} + \beta_2 wage_{it} + \beta_3 r_{it} + \gamma depa_i * time_t + year_t$$
$$+ country_i + \varepsilon_{it} \tag{3}$$

其中，FDI_{it} 为外国直接投资净流入，单位为亿元；GDP_{it} 为国内生产总值，单位为亿元；$wage_{it}$ 为以美元衡量的实际工资；r_{it} 为当地借款利率。$depa_i * time_t$ 为交乘项，$depa_i = 1$ 表示 DEPA 中包含该国家，否则 $depa_i = 0$。$time_t = 1$ 表示 DEPA 已经签订并执行，否则 $time_t = 0$。$depa_i * time_t = 1$ 表示该国家在 DEPA 范围内并且协定已经签订并执行对该国产生影响，否则 $depa_i * time_t = 0$。$year_t$ 为年份固定效应，$country_i$ 为国家固定效应。

本研究选择外国直接投资净流入作为被解释变量，外国直接投资是指一国或地区企业通过垄断优势（主要表现为无形资产）的国际转移，获得部分或全部外国企业控制权，以实现最终目标和直接目标高度统一的长期投资行为，能体现出新加坡国家政策对外商的吸引力。此外，本研究参考了 Mah 和 Yoon（2010）以及 Lee（2007），选取影响外国直接投资的变量作为控制变量，其中包括国内生产总值、以美元衡量的实际工资、当地借款利率和衡量新加坡实施 DEPA 的虚拟变量。其中以美元衡量的实际工资影响外商在该国家投资时的人力资本的成本，若当地工资升高，成本将升高进而外国直接投资将降低。当地借款利率影响外商在该国投资时实物资本的成本，若成本升高，投入量将降低，进而外国直接投资将降低。

对主要变量的描述性统计见附表 5-5。关于外国直接投资、国内生产总值和利率的数据来自世界银行，外国直接投资选取外国直接投资净流入数据，国内生产总值以 2015 年美元为基准，利率选取借款利率。此外，本研究还搜集了工资数据，资料来源为国际劳工组织，之后将数据合并，形成了包括 68 个国家、402 个观测值的面板数据。

在衡量 DEPA 对新加坡贸易的影响时，DEPA 对外国直接投资有正向的影响，进而促进新加坡与其他国家的贸易。回归结果（见附表 5-6）表明，协定的生效使相关国家外国直接投资增加 32 亿美元，有显著的正向影响，这表明 DEPA 能让更多外国直接投资进入新加坡，带动新加坡的经济发展。

附表 5-5　对主要变量的描述性统计——外国直接投资

变量名称	观测值	平均数	标准差	最小值	最大值
FDI	725	16.89	51.42	−330.3	332.9
GDP	727	612.5	1 562	0.177	14 617
wage	677	1 742	1 682	99.58	7 977
r	429	9.908	7.780	0.500	67.25

附表 5-6　回归结果——外国直接投资

	（1）
GDP	−0.010***
	（−3.77）
r	0.033
	（0.12）
wage	−0.002
	（−0.54）
depa * time	32.629*
	（1.78）
_cons	25.677***
	（4.19）
国家固定效应	是
时间固定效应	是
R^2	0.077
F	18.23***
观测值	402

第 6 章

结论与建议

6.1 主要结论

结论 1：我国促进高质量发展的合力更加强韧，要持续提升金融开放水平，有序推进人民币国际化。人民币国际使用规模保持历史高位，稳居主要国际货币行列，但也面临多重挑战。

截至 2022 年第四季度，人民币国际化指数（RII）达到 6.40，较上年末增幅约为 18%，继续保持长期向上趋势。面对复杂严峻的国内外形势和多重超预期因素的冲击，我国统筹疫情防控和经济社会发展，加大宏观调控力度，加强各类政策协调配合，积极推动高质量发展和高水平开放，人民币国际化的市场信心与价值基石更加稳固。

我国经济韧性强、潜力大、回旋余地广的优势进一步凸显，为人民币国际化再上新台阶添能蓄势。在 2017—2022 年期间，RII 平均年增长速度达到 16.73%，与其他主要国际货币相比一枝独秀，说明支撑人民币国际化的动力充足而且持久。

2022 年人民币国际化的推动力主要来自以下几个方面。第一，我国经济在疫情扰动下继续稳步复苏，贸易规模再创新高，连续 6 年保持货物贸易第一大国地位，为人民币国际化奠定了坚实基础。2022 年，跨境贸易人民币结算的认可度、接受度更高，经常账户下跨境贸易人民币结算业务发生 10.51 万亿元，比上年增加 2.57 万亿元，增长 32.4％。第二，金融开放明显提速，人民币成为国际资产配置的重要选项，境外主体人民币投资金额创历史新高。2022 年，人民币直接投资 6.76 万亿元，同比增长 16.55％；人民币国际债券和票据总发行额达 822.02 亿美元，在全球占比 1.95％，分别同比增长 41.90％和 74.62％；境内金融机构人民币境外贷款余额为 9 792.31 亿元，同比增长 38.94％。第三，稳步推进货币合作，为进一步便利本币计价结算创造条件。与多个货币当局续签双边本币互换协议，推动贸易与直接投资的本币结算。与香港金融管理局升级为常备互换安排，并显著扩大互换规模，为香港离岸人民币市场增加流动性保障。抓住 RCEP 生效的契机，继续扩大与相关国家人民币清算安排，为人民币跨境使用提供更多应用场景。第四，地缘政治改变经贸格局，也影响到国际货币格局。美元"武器化"动摇市场信任，在多国寻求国际支付和储备货币多元化之际，人民币成为安全资产和避险货币的备选项。2022 年，SDR 定值审查将人民币权重上调至 12.28％，第四季度人民币在全球央行外汇储备资产中的占比达到 2.69％。第五，数字经济快速发展，数字货币可能成为支付结算新工具。中国在央行数字货币研发领域走在世界前列，数字人民币或可在跨境支付方面抢占先机。第六，全球经济低碳转型，绿色金融成为人民币国际化新的突破口。绿色债券和碳市场平稳发展，不断增强人民币在国际金融市场中的影响力和话语权。

未来人民币国际化发展仍然面临多重挑战。首先，需求收缩、供给冲击、预期转弱三重压力仍然较大，经济恢复基础仍不牢固。投资和消费意愿不振，市场信心有待提升。其次，人民币国际使用的便利化程度有待进一步提高。当人民币国际化进入更高发展阶段，对资本自由流动的要求必然会提高，要为有序放开资本管制、有效管理跨境资本流动风险做好系统性安排。另外，从外部来看，在美欧央行持续加息的影响下，国际资本回流发达经济体，这使得债券投资等跨境资本流动和人民币汇率承受较大压力。而且地缘政治冲突已经侵蚀到全球经贸合作，冷战思维损害了正常的国际贸易投资。如果发生大规模"脱钩断链"，我国外贸活动势必承受较大压力，可能影响到人民币国际化的基石。不仅如此，我国跨境贸易和投融资活动仍然以美元结算为主。全球经济金融对美元的依赖程度同样还处于高位；并且越是局势动荡，美元作为最重要的避险货币，其国际地位越是巩固。

国际货币格局变迁是一个长期过程，主要货币力量对比不断演进分化。美元、欧元的优势地位在短期内难以被根本撼动。截至 2022 年末，美元国际化指数为 50.50，较上年降低 0.81，国际地位略有下降；欧元国际化指数为 25.16，较上年升高 2.14，国际地位与市场信心有小幅提高；英镑国际化指数低位徘徊在 4.38，较上年升高 0.06；日元国际化指数为 4.59，较上年升高 0.36。

结论 2：签订区域贸易协定推动国际经贸合作，可以促进区域经济一体化和货币合作。坚定不移对外开放，构建更广泛多层次经贸合作网络，是我国实现高质量发展和人民币国际化的有效路径。

跨国经验表明，随着一国与伙伴国区域经贸合作的增强，其货币在伙伴国相关交易中的重要性会不断提升。国际经贸合作可以通过直接和间接两个渠道作用于货币的国际使用。签订区域贸易协定，一方面直接增加了国际贸易和投资机会，为区域内贸易和投资主要国家的货币国际化创造有利条件；另一方面，由于广泛深入的国际合作有利于伙伴国经济和金融的稳定和发展，非居民市场主体对区域内国际货币发行国的信任与信心也随之增强，从而间接促进了货币的国际使用。

在直接影响方面，既有研究发现：（1）一国在全球贸易网络中的地位显著影响其货币的国际地位。一国贸易额占世界贸易总额的份额越大，则该国货币越有可能成为国际货币。当货币发行国与一国进出口贸易对该国至关重要或在其对外贸易总量中比重很高时，则对方国家的进出口商会有更多机会与货币发行国进行交易，从而更有可能使用其货币。（2）国际投资中的货币使用也是货币国际化的重要体现。一般而言，一国在全球国际投资中参与度越高，则其货币越容易成为国际货币。投资能够促进国际货币在流入国的使用，是货币国际化的重要因素。跨国资金的流动通常能够扩大国际货币在流入国的使用范围以及使用需求，从而降低其交易费用和转换成本。

区域贸易协定降低或取消了关税壁垒，提高了贸易投资便利化和自由化水平，大大降低了国际贸易过程中的可变贸易成本，对区域贸易有着显著的正效应。自 20 世纪 90 年代以来，区域贸易协定覆盖的内容早已远远超出贸易领域，协定内容开始增加政府采购、投资、金融服务、竞争政策、知识产权等多方领域。特别地，越来越多的区域贸易协定增加了投资自由化相关条款，包括减少国际资本流动的障碍、消除外国投资者在国内经济活动中的限制等多个方面。这些条款降低了投资领域相关政策的不确定性，在推动投资领域进一步开放的同时，减少了投资风险并增加了投资收益保护，同时也降低了投资成本，大大推动了跨国投资。

在间接影响方面，发行国的综合经济实力对其货币国际地位具有重要影响。可以认为，在货币国际化的各种决定因素中，经济和金融的发展与稳定至关重要。（1）国际货币发行国只有具备过硬的综合经济实力，有能力避免国际经济波动对本国产生不利影响，才能有效维持国际市场对其货币的信心。（2）从金融层面看，一个国家的金融发展、金融深度和金融稳定，以及与此相关的市场流动性、融资成本、金融交易成本，是实现该国货币国际化的重要因素。当且仅当货币发行国的金融深化是可持续的，该国货币的国际地位才能拥有稳定的根基。

区域贸易协定的签订可以推动成员间贸易经济一体化，同时刺激投资、促进技术外溢、提高资本回报率、实现并扩大研发部门的规模经济，产生持续性的技术推动型增长，进而推动成员的经济增长。区域贸易协定签订后，成员之间可以更好地配置资源，从而提高生产效率，扩大经济规模。区域贸易协定的签订也能够降低成员的经济波动。原因在于，贸易投资一体化有助于提高生产和出口产品的多样性，可以提高成员的对外开放程度和国家间的贸易和投资从而分散风险，可以强化成员宏观经济政策的可预测性和协调性从而抑制对经济增长的负面冲击，还有助于深化区域内成员的垂直分工专业化生产程度从而提高全球价值链嵌入水平。随着区域经济一体化的提升，区域内投资环境得到改善，可进一步推动区域金融合作。金融一体化可以促进成员金融市场进一步发展和完善，提高金融深度和效率，并在一定程度上缓解金融波动。

据统计，截至 2022 年，全球已有 360 个自由贸易协定（FTA）生效实施。自由贸易协定不仅数量众多，而且区域分布广泛，已形成跨地区、跨大洲、跨大洋、跨越不同经济发展程度和政治制度的区域贸易网络。

而且 FTA 陆续加入投资、竞争政策、知识产权政策、标准协调等新内容，条款覆盖的广度和深度不断深化。自由贸易协定数量不断增多、协定深度不断提高，说明全球经贸联系日益强化，开放合作是世界经济发展的主流方向。

以自由贸易协定为例进行实证研究的结果显示，两国之间贸易协定深度每加深一个单位，国际货币在其贸易协定伙伴中的使用占比平均提高 0.1%。两国之间贸易协定的深度在世界总深度中的占比每增加 1%，国际货币在其贸易协定伙伴中的使用占比平均提高 15.8%。1992—2019年的跨国经验证据表明，平均而言，在其他因素一定的情况下，通过自由贸易协定等贸易协定开展经贸合作，确实能够提升一国经济发展水平并降低其经济波动水平，确实能够提升一国金融发展水平并降低其金融波动水平。随着签订国际经贸合作协定的广度和深度的提升，一国经济发展水平和经济稳定性以及一国金融发展水平和金融稳定性均进一步提升。

这意味着，建立广泛且深入的国际经贸合作网络，将有助于我国实现高质量发展，并推动人民币国际化。高质量发展既可为人民币国际化提供坚实的基础和持久的动力，也可赋予人民币国际化以时代特征和中国属性。通过更广泛、多层次的经贸合作，更好地展现中国式现代化的效率、稳健和包容内涵，就是人民币国际化最好的名片和背书。

结论 3：《区域全面经济伙伴关系协定》应当在区域要素资源整合和产业链供应链重构等方面发挥更重要作用，也有条件发展成为促进人民币国际使用的重要机制平台。

RCEP 的正式生效标志着世界最大自贸区的启航，15 个成员汇总的经济规模、贸易总额和人口数量均占全球三分之一左右。RCEP 由 5 个发达国家、7 个发展中国家和 3 个欠发达国家组成。成员不仅在经济发展水平、发展模式和产业结构等方面存在巨大差异，而且在制度、法律、文化和发展理念等方面也截然不同。RCEP 是由东盟主导建立的传统的区域自由贸易协定，主要反映发展中国家的诉求，重点关注货物贸易以及贸易投资便利化等内容，规则标准相对较低。

RCEP 自实施以来，对区域内贸易和投资的促进作用明显。在贸易方面，2022 年我国与 RCEP 其他成员进出口总额同比增长 7.5%，占我国外贸总额的 30.8％。我们对其中 8 个成员的进出口增速达到两位数，对东盟进出口增长 15％。在投资方面，2022 年我国对 RCEP 其他成员的非金融类直接投资增长 18.9％，吸收直接投资增长 23.1％，双向投资增速都高于总体水平。在商务部《关于高质量实施〈区域全面经济伙伴关系协定〉（RCEP）的指导意见》的支持下，各地方、各行业和广大企业抢抓机遇，与 RCEP 成员的贸易投资合作还将继续扩大。

此外，RCEP 的全面实施对于强化东亚生产网络、提高区域供应链韧性而言具有更加重大的意义。但在 RCEP 成员中，东盟并非我国最重要的中间品贸易伙伴；韩国、日本、澳大利亚是最重要的中间品进口来源国，韩国和日本也是最重要的中间品出口市场。

随着中国与东盟的经贸合作不断深化，东盟对人民币的认可程度日益提高，为人民币的区域使用创造了条件。东盟是中国在境外的第二大人民币跨境收付地，人民币跨境收付金额从 2012 年的不足 5 000 亿元增长到 2021 年的 4.8 万亿元以上。目前，人民币已被大多数东盟国家纳入官方外汇储备，甚至在部分国家也有一定的民间接受度，成为流通货币和结算货币。东盟是较早开展跨境人民币结算的地区之一，中国与东盟已经建立起多层次、宽领域的货币金融合作框架。东盟企业和机构对使用人民币进行投融资的参与度很高，中资银行也已在东盟 10 国实现了人民币业务全覆盖。

人民币在其他 RCEP 成员中的使用条件也有所改善。宝钢股份于 2020 年与澳大利亚必和必拓完成首单铁矿石进口的跨境人民币结算近 1 亿元，又与力拓集团完成首单利用区块链技术实现的跨境人民币结算逾 1 亿元。目前，日本、韩国、澳大利亚等国银行已加入人民币跨境支付系统（CIPS），这些国家也已设立了人民币清算行，而且央行之间均签署了双边本币互换/合作协议。韩国、澳大利亚、新西兰等已将人民币纳入官方外汇储备。

在 RCEP 框架下推动人民币使用的可能路径包括：相互开放市场可以有效促进经贸合作深化，RCEP 成员间贸易投资增加会导致人民币需求增加；通过 RCEP 推动金融基础设施互联互通；通过 RCEP 实现市场规则和标准对接；利用 RCEP 促进产业链、供应链和需求链重构，中国力争成为区域生产网络和市场网络的中枢；通过 RCEP 框架下的更深度合作，打造区域要素资源强大的"引力场"。

必须看到，在 RCEP 框架下推动人民币使用仍然面临很多障碍和困难：与高标准自由贸易协定相比，RCEP 在推进区域经济一体化方面的作用有限，未来有较大提升空间；中国对 RCEP 区域产业链供应链的重塑有影响力，但无主导权，在美国技术出口管制和科技脱钩的影响下，我国在区域产业分工中的优势面临被弱化和稀释的风险；人民币在区域内的使用还处于较低水平，并且存在与其他国际货币的竞争，区域化仍任重道远；中国金融市场的发展水平、金融开放程度以及金融自由化程度尚不足以支撑人民币广泛的国际使用。

结论 4：《中欧全面投资协定》（中欧 CAI）对标高水平经贸规则，可为中国与欧盟强大的经济共生关系提供制度保障，为稳定全球经贸发展大局做出积极贡献，对人民币国际化是机遇也是挑战。重启协定符合双方共同利益，但前景尚不明朗。

中国与欧盟在 2013 年启动投资协定谈判，以期为双方投资者提供可预见的、长期进入欧盟和中国市场的渠道，保护投资者及其投资。中欧 CAI 是一项全面、平衡、高水平、互利共赢的协定，将取代既有的双边投资协定，为中欧双向投资提供统一的法律框架，核心内容涉及市场准入承诺、公平竞争规则、可持续发展与争端解决机制等。谈判中的焦点和难点主要集中在市场准入与公平竞争条款上。中欧双方经过 7 年 35 轮艰难谈判，在 2020 年 12 月 30 日宣布如期完成；但是在内外压力下，不到半年协定就被欧洲议会冻结，使其生效进程遭遇挫折。截至目前，协定审议程序能否重启仍不清楚，前景充满变数。

中欧 CAI 契合我国"以国内大循环为主体、国内国际双循环相互促进"这一新发展格局的战略部署，充分彰显中国政府积极推进更高水平、更高标准对外开放的决心和信心。该协定形成欧盟成员统一的对华经贸投资政策，符合欧盟行动一致和《里斯本条约》"共同投资政策"原则，反映出欧盟在经济、贸易领域提高自主行动能力、维护自身利益的意志和努力。该协定聚焦制度型开放，不仅惠及中欧双方，也将助力构建开放型世界经济。

除了首次以负面清单的形式做出市场准入承诺外，中欧 CAI 在环境保护、国有企业、劳工标准等问题上也达成了共识，在诸多层面都极具突破性。如能签署实施，必将成为中欧经贸关系的压舱石，通过双向投资进一步带动中欧双边贸易，为相关国家的经济发展注入增长动力，增添经济活力；同时也助力欧盟与中国开展区域合作和可持续互联互通，加强欧洲内部团结，进一步推动中国经济金融改革，促进中国与欧盟的紧密合作。

中国与欧盟分别为世界第二、第三大经济体，双方之间更高水平的经贸合作将极大地促进全球投资自由化，稳定全球经贸发展大局，提振市场信心，促进世界经济的恢复与成长。在"逆全球化"思潮涌动和地缘政治冲突加剧的背景下，中欧双方的谈判过程具有很好的示范效应和借鉴意义，证明了不同经济体制、不同发达程度的国家在考虑相互需求、做出适当让步、彼此协商合作中也可以达成一致的、有深度的经贸投资规则。中欧双方维护多边贸易体系的实际行动，既可通过区域合作将双方经贸关系提升至新高度，又有望重塑全球化经济格局，寻求世界经济的长远稳定发展。

中欧 CAI 有利于双方在金融领域加强合作，特别是有利于促进双方在绿色金融领域进一步开放合作，强化中欧金融体系合作互补关系。协定的生效实施将使中国与欧盟间巨大的市场潜力得以释放，中欧双向投资额与贸易额的提升必然考虑资产计价、贸易结算、融资等问题，给双边本币使用带来更多机会，发挥"欧元＋人民币"信用体系的重要作用。协定可助力中国金融市场进一步开放，有望拓展人民币使用的具体场景。

完成谈判仅是中欧 CAI 落地生根的重要一步，其在文本审核、各自批准通过再到落地执行等过程中仍然面临诸多挑战。协定的冻结不代表终结，中欧经贸合作是大势所趋，符合双方共同利益以及"和平与发展"的世界主题，但能否重启、何时重启都还充满变数。此外，中欧 CAI 对标国际高水平经贸规则，涉及的市场开放水平之高、规则约束之严，也将给国内经济金融发展带来新的挑战。

与发达经济体广泛开展高标准国际经贸合作，既是我国构建双循环新发展格局、推动高质量发展的应有之义，也是在人民币国际化进入纵深发展阶段后必须迈过的一道关卡。解决好类似中欧 CAI 所面对的困难和挑战，对于人民币成功晋级国际货币第一梯队具有重大而且深远的意义。

结论 5：《数字经济伙伴关系协定》旨在促进数字经济发展，制定与完善全球数字经济治理规则。申请加入该协定可将中国的数字经济发展成果和经验分享给世界，为中国争取数字贸易治理主动权，为人民币国际化的未来成长注入新动力。

新加坡等三国签订 DEPA 的主要目的在于促进数字经济的发展，加强成员在数字经济领域的合作与交流。该协定涵盖了数字经济领域的多个方面，包括数据流通、数据保护、电子商务和跨境数据传输等。这种新型的跨国数字经济合作协定致力于帮助建立数字贸易的新规则和实践，解决数字贸易的本质平衡，即数字资源使用效率最大化、基本个人隐私保护和国家数字主权三者间的平衡，并促进关于数字包容、包容性贸易和支持数字经济中的中小企业发展等前沿议题的持续讨论。DEPA 对其他 WTO 成员开放加入；并且作为一个动态协定，允许根据需要进行持续更新和现代化。DEPA 旨在补充和支持正在进行的 WTO 电子商务谈判，并以 APEC、OECD 及其他论坛正在进行的数字经济工作为基础。目前该协定只有三个成员，实际影响力尚且有限。

实证研究显示，DEPA 条款促进了成员之间的贸易往来。具体表现在：能够运用数字身份、电子发票等条款使端到端数字贸易水平进一步提升；运用信息保护、监管沙盒等规则实现可信的跨境数据流和创新。运用中小企业合作、人工智能等方法建立对数字系统的信任，促进和推动参与数字经济的机会。而且，DEPA 促使更多外国直接投资进入新加坡，从而推动新加坡对外贸易发展。DEPA 也带动了新加坡数字经济发展，2020 年新加坡数字经济收入增速达到 45%，2021 年增速为 35%。数字经济为全球经济增长注入新动能，成为推动全球经济复苏的重要引擎。

中国在数字经济发展方面呈现出快速增长、产业多样化、创新驱动、国际合作等特点，未来有望在全球数字经济领域扮演更重要的角色。2021 年 11 月中国正式申请加入 DEPA，特设工作组已经启动相关程序。申请加入 DEPA，充分表明中国在数字经济领域的开放与合作态度，能够扩大中国在数字贸易治理领域的话语权，并且提升数字贸易效率。中国加入 DEPA，将使协定覆盖面向大型开放经济体拓展，显著提升其影响力和吸引力，也将为其他成员带来与世界上最大的市场之一进行数字贸易的重要机会。由于此前中国已经与多个国家和地区建立了数字经济合作机制，共同应对数字经济领域的挑战和问题，所以中国的加入将为协定提供更广泛的专业知识和技术能力，从而为贸易和商业带来更具创新性的数字解决方案。中国的加入将为广大发展中国家的数字经济发展提供更好的支持与帮助，也会在数据隐私和知识产权等协议规则上带来更多中国智慧。

通过深化数字领域的多边合作，中国和 DEPA 各成员将为全球经济和贸易拥抱数字时代创造新的发展机遇。在促进数字经济蓬勃发展过程中，中国将有机会进一步拓宽人民币应用场景；贸易壁垒降低将助力跨境电子商务更快发展，有利于更加凸显以人民币计价结算的成本优势，为以数字人民币重塑跨境贸易结算奠定基础；可降低成员开展数字贸易的法律风险和政策成本，实现数字贸易流程标准化并降低货物通关、物流成本，推动跨境支付基础设施合作以进一步提高交易效率。要不断提高人民币国际使用的便利性和吸引力，以人民币国际化为各成员在 DEPA 框架下开展更高水平、更深层次经贸合作提供必要的全球公共产品。

虽然人民币国际化将受益于 DEPA 框架下的多边数字合作，但也必然面临一定的障碍和困难。其中包括但不限于：（1）由于不同国家的诉求与关切不同，DEPA 的未来发展方向和重心均存在不确定性；（2）贸易保护主义和地缘政治因素等使得国际合作面临很大风险，监管政策和法律法规的国别差异导致存在协调障碍和协调成本；（3）数据安全与数字技术不确定性是 DEPA 以及数字人民币发展需要克服的关键障碍，不仅数据安全的不确定性和隐私保护的不确定性形成巨大挑战，而且数字技术发展路径的不确定性以及数字技术应用路线的不确定性也对 DEPA 和数字人民币产生影响；（4）数字支付方式的合作与协同发展存在阻力。

6.2 政策建议

建议 1：国际货币竞争进入战略相持阶段，人民币国际化务必保持战略定力，内要积蓄力量、补齐短板，外要广泛合作、防范风险。着重提高人民币国际使用的便利性和安全性，进一步增加应用场景，为促成人民币货币区创造条件。

第一，保持经济稳定增长，为人民币国际化夯实基础。注重宏观政策的协调配合，大力恢复消费和投资，保持外贸外资稳定，加强科技创新自立自强，塑造国际合作和竞争新优势，持续释放我国经济发展活力。2023 年是全面贯彻落实党的二十大精神的开局之年，一系列战略机遇和有利条件，为高质量发展和确保 GDP 增长 5％左右提供了信心、底气和潜力，也为人民币国际化夯实了必要的经济基础。中国式现代化确定了人民币国际化的本质属性，为有序推进人民币国际化指明了方向。未来，要在变局中抓住机遇、抵御风险，回归人民币国际化本源，提升服务实体经济质效，整合并优化金融开放渠道，推动在岸、离岸市场良性互动发展，把握时代变革契机，强化人民币国际化新动能。

第二，抓住制度型开放带来的政策红利，提升我国金融市场优化配置国内外资源的广度和深度，扩大人民币投融资规模。党的二十大报告中提到推进高水平对外开放，要"稳步扩大规则、规制、管理、标准等制度型开放"，这是在商品和要素流动型开放基础之上的更高水平开放。在外部保护主义、单边主义抬头，国内经济下行压力加大的环境下，中国吹响了"制度型开放"的号角，彰显了我国进一步扩大开放的决心，同时也是高水平开放的必然要求和高质量发展的题中之义。要增强人民币权益资产配置的吸引力；要试点放宽债券融资限制，稳步加大债券市场对外开放力度，调动境外投资者参与中国债券市场的积极性；要探索征信机构依法开展跨境交流合作，推动人民币离岸市场发展，增强人民币信贷对全球投资者的吸引力。要打破对美元的路径依赖，除了继续提升人民币跨境贸易投资的便利性、鼓励中资企业和机构"本币优先"以外，还要在更广泛多层次经贸合作基础上推动形成人民币国际使用的网络效应。

第三，利用我国在数字支付领域的全球领先优势，努力抢抓先机，积极推动人民币在跨境电商、数字贸易等新业态、新模式中的广泛使用。通过输出数字支付和服务技术，推动多边数字支付项目早日落地投入正常使用，进一步优化国际贸易结算流程、降低贸易各方成本、增加国际金融的普惠性。要在完善国际金融基础设施的软、硬件建设以及推动现行国际支付体系改革等方面多做努力，不断提升全球贸易自由化、便利化水平。积极参与由国际清算银行领衔推动的国际支付体系改革以及基于央行数字货币（CBDC）的贸易、证券跨境支付平台建设，努力构建更加完善、适配性更高的国际金融基础设施，充分体现人民币国际化的全球公共产品属性。

第四，积极应对来自大国的货币竞争、全球经济周期不同步、国际金融市场波动等传统挑战和各种新挑战，保持人民币汇率相对稳定，为人民币国际化筑牢安全盾。一方面，贸易决定了人民币国际化的基本盘，要争取经常账户保持基本平衡。要注重提升服务贸易的质量，提高高技术服务和知识产权使用费出口的比重，减少服务贸易逆差，通过经常账户和汇率的良性互动维持经常账户平衡。另一方面，金融交易已经成为推动人民币国际化的主要力量，需要高度关注跨境资金流动的规模和方向，最大化资源跨境配置的好处。不断深化金融市场、加强体制改革，引导资本流向高科技行业、重点产业，获得资源优化配置的更多好处。同时要拓宽资本市场的广度和深度，用更多市场化手段防范资本非理性冲击，加强宏观审慎管理，多管齐下，采取有力措施防范系统性金融风险，维护人民币汇率在均衡水平上的基本稳定，守住风险底线，为有序推进人民币国际化筑牢安全盾。

第五，以人民币国际化维护国际货币体系稳定，为构建人类命运共同体做出中国贡献。作为一个负责任的大国，面对历史之问、时代之问、未来之问，习近平总书记发出了全球发展倡议、全球安全倡议、全球文明倡议，推动构建人类命运共同体。国际货币具有全球公共产品属性，多元制衡的国际货币竞争格局可为国际金融体系增添稳健性因素。人民币国际化是中国向国际社会提供全球公共产品，为维护国际货币体系稳定做出的实质性贡献。未来，人民币将在全球流动性提供、国际收支调节、国际金融稳定以及全球金融治理等方面发挥更大作用。

建议 2：以更广泛多层次经贸合作为抓手，有效提高对外贸易投资合作质量和水平，稳步扩大高标准制度型开放，不断提升国际经贸合作的广度和深度。依靠高质量发展和多边主义的经济全球化，推动人民币国际化走深走实。

第一，继续加强主要面向发展中国家的国际经贸合作，发挥区域内大国整合产业链供应链的核心作用，不断优化成员使用和持有人民币的硬件和软件条件。以区域经济金融一体化促进成员的经济发展和金融发展，不断提高资源整合效率，适时推进经贸规则升级，共享多边合作的发展红利,建设开放型世界经济,构建经贸领域的人类命运共同体。推动人民币在贸易计价结算、金融交易和储备资产等各方面更好地发挥全球公共产品职能,及时解决区域内成员对安全可靠的国际流动性资产的现实需求。继续完善跨境金融基础设施建设,兼顾硬件与软件,重视提高 CIPS 服务"一带一路"建设和全球人民币离岸市场发展的能力。

第二,积极推动主要面向发达经济体的国际经贸合作,以更高标准、更高水平的制度型开放促进形成双循环新发展格局,实现高质量发展,为人民币国际化提供坚实基础和持久动力。一方面,要在加强与世界经济联系的同时,进一步提高自身综合经济实力。在深化供给侧结构性改革的过程中,要特别重视培育适应更高开放水平的微观经济主体,全方位提高中资企业和金融机构的国际竞争力和抗风险能力。另一方面,要在参与重构国际经贸新规则的过程中,努力提高在全球经济金融治理中的话语权。对内聚焦建设更公平的营商环境,对外致力于构建更安全的国际环境。继续深化金融改革,大力发展和完善不同层次的金融市场,不断提高金融市场服务实体经济的能力。扩大经济金融双向开放,提高开放进程中的宏观金融管理能力。加强区域内贸易投资和货币金融深度合作,促进双边本币使用。加强与发达经济体在低碳经济转型和绿色金融发展方面的交流互鉴,重视开发人民币服务全球气候合作和低碳发展的潜力。

第三,主动参与面向未来的数字贸易规则制定和全球数字经济治理建设,发挥我国在数字化转型和央行数字货币研发测试方面的优势,做好数字经济时代国际货币供应的技术准备和制度准备。综合研判各种风险挑战,特别是数字货币跨境使用的技术路线选择、法律风险和流动性约束等重点难点,扎实推进理论创新和实践创新。支持香港建设全球数字金融中心,依托粤港澳大湾区推动金融科技创新发展和数字金融生态建设,为普惠金融、消费金融、产业金融、跨境互联互通以及技术应用、法制建设、机构培育、虚拟资产交易等关键问题探索解决之道。继续支持由国际清算银行牵头的多边央行数字货币桥项目,更好发挥技术委员会主席的作用,为推动数字货币跨境支付基础设施建设做出更大贡献。

建议 3:勇于担当大国责任,积极推动 RCEP 框架下的资源整合和产业链重构,适时促进经贸规则升级和深化货币金融合作。优化人民币在区域内使用的硬件与软件条件,为成员提供交易结算便利和储备资产

选择。

第一，推动 RCEP 规则真正落地生效并加快升级，建设高标准自由贸易区。尽快针对专业服务、经济技术合作、知识产权保护等概念性议题制定实施细则；尽快修订法律法规以在具体执行中落实 RCEP 文本要求；联合发达经济体共同策划旨在为区域内发展中国家提供更好支持的能力建设项目；看齐高标准自由贸易协定，加快研究和推动 RCEP 升级版。中国作为区域最重要的国家，理应承担起更重要的责任。尤其要主动深化国内改革，切实加强法制建设，提高法律法规和执行程序的透明度，适应国际经贸规则重构，建立与国际经贸规则相衔接的制度体系。

第二，深化与 RCEP 成员的互补合作，提升中国在区域产业链价值链中的位势。努力将我国的市场优势和制造能力与日韩等发达经济体的技术和服务充分结合，建立集成优势。深化中日韩在汽车、机械、电子等制造领域以及大数据、人工智能等新兴领域的合作。充分发挥我国数字经济发展优势，加强与东盟在数字经济领域的合作。加强与新加坡在电子、机械制造、生物医药以及绿色发展等领域的合作。

第三，加强金融基础设施的硬联通和制度规则的软联通，为便利人民币在区域内的广泛使用创造更适宜的条件。不仅需要加强金融基础设施硬件的联通，更需要在规则和制度层面加强联通、形成共识。可以率先在东盟完善跨境金融服务体系，继续扩大 CIPS 在各成员中的使用范围，增加接入方式，为各参与机构提供种类更加丰富的混合结算模式。健全和完善人民币跨境流出、境外流转、跨境回流渠道。通过加大货物及服务贸易进口、加大人民币贷款发放等渠道向东盟国家输出人民币，同时，创新金融产品，提升国内金融市场人民币投资产品供给能力以增强对境外投资者的吸引力。进一步开放资本市场，增加境外机构和个人的人民币金融资产投资工具，畅通人民币跨境回流渠道。

人民币国际化还要采取更多的扩大开放和自由化措施。比如，要进一步取消资本账户管制，允许人民币自由兑换程度有序提高，大力发展全球人民币离岸市场。然而一旦大量境外投资者持有人民币计价的境内、境外金融资产，必然会对国内宏观经济稳定形成巨大挑战。所以，要在提高人民币国际使用便利和风险防范之间寻求平衡，关键还是要练好内功。中国在成为强大"引力场"和区域生产网络及市场网络中心之后，应对外部冲击的能力便会更强。

第四，向 RCEP 成员推介使用数字人民币可能成为人民币区域化的突破口。按照 RCEP 服务贸易协议，成员在新金融服务领域可以享受国民待遇。这有利于消除数字人民币使用障碍，探索数字人民币在跨境支付中的应用，搭建人民币跨境支付新渠道。可以在 RCEP 区域内构建法定数字货币跨境支付国际清算体系，进一步提高跨境支付的便捷性与安全性，显著增强人民币在 RCEP 区域内的交易结算功能。由于 RCEP 达成了全面且较高水平的多边电子商务规则，降低了跨境电商成本，要充分利用中国全球最大电子商务出口市场的优势，在中国与东盟的跨境电子支付环节进一步提升人民币使用程度。

第五，力争与 RCEP 成员（尤其是东盟）达成货币金融合作协议。由于美国强力加息，当前各国深受美元流动性不足之苦，因此各国均加大了寻找替代方案的动力。在这种情况下，研究和提出区域货币金融合作方案恰逢其时。货币金融合作要求合作国让渡一部分经济政策的自主权，加强宏观经济政策协调。由于 RCEP 成员在发展水平、政治经济制度、价值观等方面差异较大，因此各成员全面达成货币合作难度极高。应重点加强与东盟国家的货币金融合作，同时也对其他成员保持开放态度。

建议推动建立和完善亚洲版货币金融合作机制。合作内容可以涉及亚洲货币基金、亚洲区域性金融组织建设、亚洲债券市场、双多边货币互换网络、货币和汇率政策协调等多个方面。尽管目前在亚洲推行货币联盟并不现实，但是在 RCEP 框架下深化各方货币金融合作的机会很大。在贸易投资及边境后规则等方面采用更高标准后，应积极推进协定创新升级，探讨增加区域货币和金融合作的议题，这有助于把以往软约束的合作倡议逐步转化为更有约束力的法律协定，在更紧密的区域内货币金融合作中增加人民币的使用机会和应用场景。

建议 4：与友好国家的政府和企业进一步加强经贸合作并巩固既有成果，促使欧盟内部真实感受到协定冻结造成的经济损失和危机感，鼓励协定复议尽早重启。依托中欧 CAI 高举多边主义与合作共赢的旗帜，促进高水平开放和高质量发展，继续提升人民币国际化的软实力与硬实力。

中欧 CAI 的艰难谈判过程和九曲磨难经历，充分映射出现阶段的国际经贸合作饱受各种非经济因素的严重干扰。想要打破中欧关系僵局、突破霸权围堵，不仅需要市场竞争实力和商务谈判技巧，而且需要配合以坚定而且智慧的政治外交努力。对于中欧 CAI 等主要面向发达经济体的经贸合作来说，首先要坚持系统思维，坚持全国一盘棋进行综合研判，协调各个部门发挥政策合力，保持战略主动和战略定力，做好打硬仗、打整体战、打持久战的充分准备；同时要坚持底线思维和斗争精神，积极应对世界百年未有之大变局和"脱钩断链"危机的考验，充分发挥我国在经济韧性和制度缓冲上的强大优势，做最坏打算，尽最大努力，不怕纵横捭阖分而化之，敢于育新机、谋新局，坚持到底就是胜利！

第一，稳步推进协定重启，加强中欧合作，妥善处理协定条款，开展更多制度性探索。中欧 CAI 符合欧盟开放战略自主的政策，其为欧盟带来的经济利好不会因为政治局势变化而被否定。因此，否决协定或推迟批约对欧盟造成的损失远远大于我国。只需继续加强中欧企业间的合作，巩固既有中欧经贸合作成果，使欧盟感受到协定延期的危机感，就有机会促使欧洲议会将协定复议提上日程。部分涉及国有企业、争端解决机制等的条款仍需认真研究，并有待双方进一步协商。可以考虑在协定基础上开展试点，鼓励国内自由贸易区在国有企业、技术转让、市场开放等领域先行先试，为未来中欧 CAI 落地积累实践经验。

第二，以中欧 CAI 更高标准、更高水平开放为契机，积极构建双循环新发展格局，大力推动高质量发展，夯实人民币国际化的物质基础。继续扩大 CIPS 在欧盟各成员的使用范围，加强与各国金融机构的合作，运用新一代网络技术升级跨境支付清算系统，提高人民币跨境支付基础设施地位。

第三，深化中欧绿色伙伴关系，提高中欧绿色资本跨境对接效率。中欧绿色金融领域的合作将成为人民币国际化的重要助推力。通过联合研发、技术共享等多种形式，强化中国同欧盟在绿色金融、绿色产业、节能减排等多个领域的合作。加大绿色金融领域标准的趋同性探索，为深化中欧乃至全球的绿色金融合作奠定基础。细化绿色产业目录，细化绿色金融产品的界定标准，扩大与欧盟的互认标准，借助《可持续金融共同分类目录》等文件积极输出标准理念，进一步拓展中欧绿色发展的融资空间。加快建设上海绿色金融离岸中心，鼓励并引导中欧绿色资本开展跨国投资，强化国内自贸区与欧盟自贸港、金融中心的互动对接，提高中欧绿色资本跨境对接效率。

第四，以双边货币合作、互联互通促进人民币国际化。鼓励中欧双方在经贸往来中更多使用双边本币，加强欧元与人民币的深度合作，提高人民币在欧盟的知名度和接受度。

第五，探索人民币国际化新路径。数字人民币的使用将进一步扩大金融普惠性和包容性，也更易于突破物理和地理界限，提高人民币的易获取性。加大与欧盟的沟通交流，加强双方法定数字货币合作。

建议 5：有序推动中国加入 DEPA 的谈判进程。抓住数字合作的历史机遇，积极应对技术安全、业务竞争、政策协调等多元挑战。深度参与面向未来的全球数字经济规划和治理，下好数字货币跨境使用的先手棋。

积极申请加入 DEPA，助力数字经济成为全球经济增长新引擎。加强在金融科技、数字贸易等领域的深度合作，在 DEPA 框架下提高人民币在国际贸易、投资和金融合作中的地位。推动全球货币互换体系建设，提高人民币在国际市场中的声誉和影响力。遵循开放包容、互惠共享的正确义利观、价值观指引，加强中国与 DEPA 成员在国际组织和多边政策平台上的合作，坚持为小国发声、为发展中国家发声，推动建立数字时代更加公平合理的国际经济秩序。

第一，创新数据安全与隐私保护规则，注重数据、知识产权等无形资产的处置规范。在 DEPA 框架下，建立跨境数据传输安全评估机制，确保数据在跨境传输过程中的安全；制定统一的数据保护法规，确保个人隐私得到有效保护；加强在国际数据治理平台的合作，共同应对全球数据安全与隐私保护挑战。此外，对无形资产、知识产权和数据等的估值、处置与监管，尚未做出明确清晰的规范化表述，需要进一步厘清并进行成文化规范。

第二，发挥中国优势，全面推动跨境税收合作与协调。中国在数字税务发票系统上的建设和发展，为解决跨境税收问题提供了可借鉴的模式：不仅提高了税收收取效率，也减少了偷税、骗税等行为，同时还提升了企业的经营透明度。若能推广中国经验，建立全球统一的数字税务发票系统，则可提高全球跨境税收的效率。

加强税收政策和法规的协调与沟通，探讨建立跨境税收信息交换平台和相互协助机制，在税收居民身份认定、跨境支付税收适用规则、避免双重征税等方面广泛开展国际合作。更积极地参与国际税收合作与协调机制，如 G20、OECD 等组织的税收改革议程。与 DEPA 成员共同制定跨境交易税收政策，明确税收征管的主体和范围，为我国数字支付方式在国际市场中的应用提供税收保障。进一步完善国内税收法律法规体系，以适应数字经济和人民币国际化带来的税收挑战。

第三，以数字金融监管能力建设为路径，提高数字金融服务普惠性与包容性。加强与成员在数字基础设施、政策法规和消费者保护等领域的合作与协调。在成员推动建设数字服务基站、提升数字通信水平和数字贸易知识普及水平等方面展开合作。关注弱势群体和中小企业在数字服务中的地位和需求，为他们提供定制化和便捷化的数字服务方案。与成员共同推动数字创新，发掘数字服务潜能。支持跨境金融科技企业合作、推动区块链等先进技术在数字服务领域的应用，提升数字服务的质量与效率。在保障贸易稳定和防范经济风险的前提下，推动监管政策和数字服务市场的协同创新。

第四，加强与 DEPA 成员的法规与标准协调。建立专门的政策协调机制，定期召开政策磋商会议；加强在国际标准制定组织中的合作，共同推动制定国际通用的数字经济领域法规与标准。批判性地审查越来越多的协定之间的相互作用，涉及数字空间中的国际商业监管，包括 DEPA、CPTPP、USMCA、RCEP 等。

第五，超越 DEPA 协定，由国际规则合作深入各国政策协调。由于对数字经济及其与社会连接的实质性监管内容大多是在协定谈判之外完成的，要重视推动更广泛的国际合作框架与视角，在多边和双边层面加强政策协调与合作。通过参与区域和全球性的政策论坛、世界贸易组织等平台，共同应对贸易保护主义和地缘政治风险。通过与 DEPA 后续成员签订自由贸易协定、投资保护协定等，深化长期而全面的经济合作。

附录 1　人民币国际化指数编制方法

1.1　指标体系

根据人民币国际化的定义，本报告选取能够反映人民币履行国际货币功能的两大类指标构建 RII 指标体系。这两类指标与国际货币基金组织（IMF）颁布的国际收支手册中定义的两大类国际经济交易是一致的。第一类指标反映人民币国际计价支付功能，具体包括国际贸易中使用人民币的指标，以及资本与金融交易中使用人民币的指标。第二类指标反映人民币的国际储备功能（见附表 1 和附图 1）。

从理论上讲，货币具有三种功能——价值尺度、支付手段和价值贮藏。考虑到在国际贸易中，计价货币通常就是结算货币，编制 RII 的目的之一是要侧重反映人民币在国际经济活动中的实际使用情况，因此本报告将价值尺度功能与支付手段功能合二为一。

根据 RII 编制的原则之一，即向实体经济交易流通功能方面加以引导，人民币在国际贸易中实现的结算功能是用于评价人民币国际化水平的指标的重要组成部分，具体指标选择世界贸易总额中人民币结算比重。

根据国际收支平衡表，金融账户囊括了居民与非居民之间的金融交易活动。金融交易包括直接投资、国际证券、国际信贷三大类。我们的指标体系中分别针对人民币在这三大类金融交易中的实际功能设置了相应的指标（见附表 1 和附图 1）。现对证券交易部分的指标设置做如下说明。

附表 1　人民币国际化指数指标体系

一级指标	二级指标	三级指标
国际计价支付功能指标	贸易	世界贸易总额中人民币结算比重
	金融	全球对外信贷总额中人民币信贷比重 全球国际债券和票据发行额中人民币债券和票据比重 全球国际债券和票据余额中人民币债券和票据比重 全球直接投资中人民币直接投资比重
国际储备功能指标	官方外汇储备	全球外汇储备中人民币储备比重

其中:

世界贸易总额中人民币结算比重＝人民币跨境贸易金额/世界贸易进出口总额

全球对外信贷总额中人民币信贷比重＝人民币境外信贷金额/全球对外信贷总额

全球国际债券和票据发行额中人民币债券和票据比重＝人民币国际债券和票据发行额/全球国际债券和票据发行额

全球国际债券和票据余额中人民币债券和票据比重＝人民币国际债券和票据余额/全球国际债券和票据余额

全球直接投资中人民币直接投资比重＝人民币直接投资额/全球直接投资

全球外汇储备中人民币储备比重＝人民币官方储备余额/全球外汇储备余额

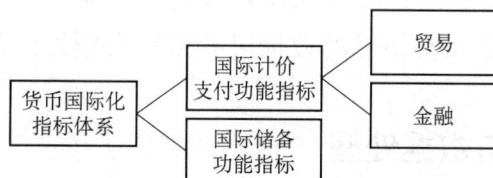

附图 1　人民币国际化指标体系

　　国际证券交易包括债券和股票两部分。由于国际金融存在巨大的信息不对称风险,具有固定收益的债券的风险可控性优于股票,因此国际债券市场规模远远超过股票市场规模,一直在国际证券市场中占据主导地位。而且主要国家股票市场规模往往以本币标价,缺乏按照币种对非居民股票投资的统计。从金融学原理和数据可获得性两方面考虑,本报告使用国际清算银行(BIS)的国际债券和票据指标来反映国际证券交易。按照 BIS 的统计分类标准,国际债券和票据包括:第一,所有由国内机构和非国内机构发行的非本国货币的债券和票据;第二,所有本国市场上由国外机构发行的本国货币的债券和票据;第三,所有非居民购买的本国市场上由本国机构发行的本国货币债券和票据。由此可见,国际债券和票据指标能够很好地反映一国货币在国际证券市场中的国际化程度。

为了更加全面、准确地反映人民币国际债券和票据交易情况，本报告采用两个指标：其一是存量指标，即债券和票据余额；其二是流量指标，即债券和票据发行额。这样做的理由在于，存量指标可以客观地体现人民币在国际债券和票据交易中的现实地位，流量指标则能够更好地捕捉人民币国际债券和票据的动态变化。当然，流量的累积形成存量，流量指标与存量指标之间的这种关系决定了存量指标本身含有流量指标的信息，因此，我们对人民币国际债券和票据交易的存量指标赋予了较大的权重。

国际储备功能是国际货币职能最典型、最集中的体现。通常，一国货币在国际储备中的比重是一个最直接、最明了的货币国际化衡量指标。目前，IMF 只统计了美元、欧元、日元、英镑、瑞士法郎等主要货币在官方外汇储备中的比重情况，人民币因其在官方外汇储备中的使用规模太小而不在 IMF 的单独统计之列。此外，世界上绝大多数政府从自身利益出发，一般不公布官方外汇储备中具体的货币结构，这就给人民币国际储备功能指标的数据搜集造成极大困难。事实上，已有近十个国家将人民币作为本国外汇储备中的一种货币。随着我国统计制度的不断完善，以及国际合作的深入，人民币官方储备指标的数据可获得性有望得到改善。

1.2 资料来源与数据处理

RII 指标的资料来源与数据处理详见附表 2。

附表 2　RII 指标的资料来源与数据处理

指标	资料来源	数据处理
世界贸易总额中人民币结算比重	人民币跨境贸易金额：中国人民银行；世界贸易进出口总额：国际货币基金组织 IFS 数据库	汇率换算采用人民币兑美元期间平均汇率（IFS）
全球对外信贷总额中人民币信贷比重	中国人民币境外贷款：中国人民银行；香港人民币存款：香港金融管理局；全球对外信贷总额：国际清算银行	人民币境外信贷金额＝中国人民币境外贷款＋香港人民币存款
全球国际债券和票据发行额中各币种债券和票据比重；全球国际债券和票据余额中各币种债券和票据比重	国际清算银行	各币种国际债券和票据发行额/全球国际债券和票据发行额；各币种国际债券和票据余额/全球国际债券和票据余额

指标	资料来源	数据处理
全球直接投资中人民币直接投资比重	人民币外商直接投资与对外直接投资：中国人民银行货币政策执行报告；全球直接投资规模：经济合作与发展组织	汇率换算采用人民币兑美元期间平均汇率（IFS）
全球外汇储备中主要币种储备比重	国际货币基金组织 COFER	各币种储备规模/可区分储备规模（allocated reserves）
世界贸易总额中主要币种结算比重	各国贸易全球占比：国际货币基金组织；各国贸易结算币种结构：Goldberg and Tille（2008）；Kamps（2006）	以美国、欧元区、中国、日本、英国贸易规模构成全球贸易总量，以此贸易比重与国别贸易中币种结构占比加权估算各币种全球贸易结算占比
全球对外信贷总额中主要币种信贷比重	世界银行业国际资产负债币种结构：国际清算银行	以世界银行业国际资产负债币种结构替代
全球直接投资中主要币种直接投资比重	直接投资国别占比：国际货币基金组织 IFS 数据库、经济合作与发展组织	以直接投资国别规模占比替代

  RII 编制中面临的最大难题来自资料来源方面的限制。由于中国的资本账户没有完全开放，人民币不是完全可兑换货币，因此人民币在国际经济活动中的使用程度较低，各项指标在全球所占的比重微不足道。例如，人民币官方外汇储备币种占比、银行业国际资产负债的人民币占比等指标都未超过 1%，因此主要国际金融组织（IMF、BIS）在进行指标的国际货币结构统计时都没有将人民币进行单列统计，而是归入了"其他"或"剩余部分"。本报告对无法获得币种结构的指标采取了两种处理方式。其一，对于某些指标，有较可靠的渠道来估计人民币比重，依据尽可能详细的现有信息与数据进行加总，对这些指标进行估计。虽然这些估计值与真实值有所出入，但是我们相信这些差异并不会对 RII 造成实质性影响。而且随着人民币国际化进程的深化，这些指标的资料来源与数据质量将会得到改善，因此这些指标被保留在指数体系中。其二，部分指标没有可靠的渠道进行估计。本课题组查找了主要国际组织（IMF、世界银行、WTO 等）、主要国家的统计局、央行、贸易部门等网站与数据库，发现各国在贸易计价结算、直接投资、证券投资、银行信贷等方面普遍没有进行币种结构统计。尽管日本、英国政府也曾在某些

报告中发布了本国贸易中使用不同货币规模的报告，但是这些报告不是连续的年度报告，仅是一些专项调查统计，缺乏持续性。考虑到 RII 的客观性要求，我们放弃了那些虽然体现货币国际化程度，但是数值难以估计的指标，例如本币股票规模的全球占比。本报告最终选取具有代表性的、资料来源可靠的 6 项指标来体现货币国际化程度。

随着国际货币体系的改革以及人民币国际化程度的提高，本报告相信未来国际金融统计指标会有所改进，不仅统计指标将进一步细化到币种结构分析，并且人民币也将单独统计。因此，展望未来，RII 的指标体系有可能随着国际金融统计指标的改进与细化进一步纳入更多的指标，并且在指标赋权上进行适当的调整。当然，在未来我们将尝试抽取样本国家进行调查，从而更好地估计各项指标的币种结构。例如抽选各国银行的贸易结算数据，分析各国对外贸易的币种结构，从而提高贸易币种结构指标的精确度。

1.3　人民币国际化指数模型

RII 指标体系中的每一个指标本身都是比重，不存在数量级差别，因此无须进行无量纲化处理，可以直接进行加权平均并编制 RII，即：

$$RII_t = \frac{\sum\limits_{j=1}^{5} X_{jt} w_j}{\sum\limits_{j=1}^{5} w_j} \times 100$$

其中，RII_t 表示第 t 期的人民币国际化指数，X_{jt} 表示第 j 个变量在第 t 期的数值，w_j 为第 j 个变量的权数。

由于每个指标都是在全球总量中的占比，因此在此基础上构造的指数具有完全的横向可比性和动态可比性，满足 RII 的编制原则。

1.4　人民币国际化指数的含义

对于 RII 的含义应做如下解读：如果人民币是全球唯一的国际货币，则 RII 指标体系中的各项指标的数值就应该等于 100%，此时 RII 为 100。

反之，如果人民币在任何国际经济交易中均完全没有被使用，则其各项指标的数值就等于 0，此时 RII 为 0。RII 的数值变大表明人民币在国际经济活动中更多地发挥了货币职能，人民币国际化程度更高。

需要指出的是，由于我国部分跨境支付通过人民币跨境支付系统（CIPS）进行，而 CIPS 的直接参与行并不通过 SWIFT 系统传递信息，因此来自国际组织的统计数据无法涵盖此类情况。这表明人民币跨境支付规模被低估了，从而本报告计算得出的 RII 在一定程度上也被低估了，人民币国际化的实际水平应当更高。

当然，国际货币体系日益呈现多元化趋势。除了美元、欧元、日元、英镑、瑞士法郎等传统国际货币外，一些新兴市场国家的货币，例如俄罗斯卢布、巴西雷亚尔，也在国际经济中的部分领域开始有所使用。因此，按照本报告的指数编制方法及其含义解释，不可能有哪一种货币的国际化指数能够达到 100：目前美元不能，今后人民币也不能。

附录 2 《人民币国际化报告》年度主题概览

　　《人民币国际化报告 2012》是该系列研究的第一份报告。其中选取跨境贸易人民币结算、香港人民币离岸金融市场套利活动等若干重大问题，从政府决策和市场发展两个视角进行了解读；并围绕资本账户改革、人民币汇率等热点问题展开深入的理论分析。我们认为，人民币国际化最大的长期挑战来自中国实体经济，实现自主创新的技术突破和产业升级，是夯实人民币国际化经济基础的关键；金融体系市场化程度不足和效率低下，降低了人民币国际使用的吸引力和竞争力，构成人民币国际化的中期挑战；人民币离岸金融市场尚未形成规模，是导致人民币国际化在低水平上徘徊的短线制约。报告建议，不能用搞运动的方式来推进人民币国际化；要将人民币国际化与利率市场化、汇率市场化以及资本账户有序开放等有机地结合在一起；资本账户开放尤其应该谨慎，在加快提高名义开放度的同时，应通过技术手段和程序设置把握实际开放度，将投机性热钱流动控制在经济金融安全运行的可承受范围内。

　　《人民币国际化报告 2013》以"世界贸易格局变迁与人民币国际化"为主题，通过对世界贸易格局调整、货币替代以及国际货币体系演变的历史经验分析，总结货币国际化与实体经济国际化之间的理论联系与一般规律。我们发现，历史上曾经出现过的货币强国都是以贸易强国为前提的，但未必贸易格局调整总能引起国际货币格局变化；在当前的国际经济金融形势下，人民币国际化肩负着重大历史使命，或可破解"一超多元"国际货币体系滞后于多元竞争世界贸易格局而导致的"新特里芬难题"。报告认为，应当抓住世界贸易格局调整的有利时机，以东盟10＋3、上合组织、金砖国家、拉美、非盟等多个新兴经济体为突破口，充分利用区域贸易、双边贸易等各种便利条件强化人民币贸易计价功能；要通过人民币直接投资、人民币对外信贷等资本流出方式，带动贸易人民币计价结算份额的继续提高；要深刻反思阻碍跨境贸易人民币计价结算份额进一步提高的主要因素，尽可能地为国内外企业和机构主动选择人民币创造机会、提供方便。

《人民币国际化报告2014》的主题是"人民币离岸市场建设与发展"。根据对历史经验和相关文献的梳理，深入探讨了离岸金融市场促进货币国际化的内在逻辑，重点分析了当前人民币离岸市场发展的意义和影响，并对其全球布局问题进行了初步讨论。报告指出，完善、高效的离岸市场机制为国际交易使用第三方货币提供了便利性和安全性，对于巩固国际货币地位至关重要；短期内人民币离岸市场的快速发展，既将跨国资本流动的风险控制在有限范围内，又以变相的放松资本管制来助推人民币国际化，同时为资本账户改革赢得了必要时间和创造了有利条件；从长远来看，伦敦、法兰克福等主要国际金融中心的人民币离岸金融业务规模与交易比重，将是检验人民币是否已经成为主要国际货币之一的重要标志。我们建议，近期要处理好离岸市场与实体经济的关系，强调人民币离岸市场建设服务于中资企业和中资金融机构的国际化战略；中远期则要处理好人民币在岸-离岸金融市场的关系，逐步实现在岸市场价格引导离岸市场价格的理想模式。

《人民币国际化报告2015》以"'一带一路'建设中的货币战略"为主题。报告指出，"一带一路"和人民币国际化是中国在21世纪提出的两项重大国家发展战略，符合中国国家利益，可为新兴大国提供必不可少的支撑力量；同时也符合全球利益，是对现行世界经济秩序和国际货币体系的进一步完善，体现出中国提供全球公共产品的大国责任与历史担当。报告从理论探讨、历史经验和实证检验等多个角度系统梳理了"一带一路"与人民币国际化两大战略相互促进的逻辑，强调二者应当协同发展。我们认为，大宗商品计价结算、基础设施融资、产业园区建设、跨境电子商务等应当成为借助"一带一路"建设进一步提高人民币国际化水平的有效突破口；且"一带一路"建设中的人民币国际化必须继续坚持"改革开放"——国内经济成功转型、技术进步和制度创新是"一带一路"建设和人民币国际化的根本保障，以更高标准对外开放，坚持包容的发展理念，动员全球资源，造福沿线各国，才能为"一带一路"和人民币国际化两大战略的最终成功创造有利条件。

《人民币国际化报告 2016》将主题确定为"货币国际化与宏观金融风险管理"。我们认为，随着人民币加入 SDR 货币篮子，人民币国际化即将开始新的发展阶段，表明我国已经进入汇率管理、资本流动管理等重大宏观政策的调整敏感期。历史经验表明，德国和日本的货币国际化起点虽然相似，但是由于各自选择的政策调整路径不同，对国内经济和金融运行产生了迥然不同的深刻影响，使其货币国际化成果大相径庭，因此要特别重视提高宏观管理能力，以免成为制约人民币国际化继续推进的短板。报告强调，在政策调整过程中必须处理好汇率波动对国内经济金融运行的冲击，还要尽快适应跨境资本流动影响国内金融市场、金融机构以及实体经济的全新作用机制，尤其要重视防范和管理系统性金融风险。我们建议：应当基于国家战略视角构建宏观审慎政策框架，以其作为制度保障，将汇率管理作为宏观金融风险管理的主要抓手，将资本流动管理作为宏观金融风险管理的关键切入点，全力防范和化解极具破坏性的系统性金融危机，确保人民币国际化战略最终目标的顺利实现。

《人民币国际化报告 2017》以"强化人民币金融交易功能"为主题，原因是国际金融交易人民币计价综合占比的上升势头明显，继跨境贸易人民币结算之后成为驱动 RII 的又一重要因素。鉴于国际金融市场上或将开启一个以跨国银行、跨国公司甚至货币当局为主体积极配置人民币资产的有利窗口期，我们认为：应当充分利用人民币加入 SDR 的制度红利深化国内金融改革，以完善的金融市场为对外贸易和资本输出提供"后勤保障"；通过顶层设计和相关法律、政策的国际协调，充分发挥直接投资对贸易、离岸市场等的杠杆撬动效应；将人民币债券市场作为中国提供全球"安全资产"的主渠道，以提高国际债券市场的人民币占比作为阶段性任务；发挥银行主导的优势，将贸易路径作为人民币信贷拓展的主要策略选择；构建多层次外汇市场，为人民币全面发挥国际货币职能创造条件；以人民币跨境支付清算体系建设、金融相关法律制度建设以及征信和信用评级体系建设作为当前完善金融基础设施、便利人民币国际使用的工作重点。

《人民币国际化报告2018》的主题为"结构变迁中的宏观政策国际协调"。报告指出，每一次主要国际货币的更替都导致国际政策协调的发展演变，在一定程度上，创新协调机制的成败决定了新兴国际货币的地位高低；国际政策协调效率与货币国际化相互促进、相辅相成；由于大国特别是货币强国的政策溢出效应更加明显，所以大国政策协调是决定世界经济发展和全球金融稳定的关键。我们认为：要正确看待人民币国际化进程中的调整，越是面对压力，越要保持定力，不骄不躁，苦练内功，努力提升实体经济效率和国际竞争力，倡导本币优先，重点服务实体经济发展与国内改革开放进程；要实现高质量经济发展，获得人民币国际化所需的国际网络效应，迫切需要全方位、高效率的宏观政策国际协调；应当将贸易、货币政策作为短期国际协调的重点，并将结构改革、宏观审慎政策逐步纳入协调范畴；应当重视多层次国际组织，积极寻求在新兴国际协调平台上发挥中国的引领作用。报告强调，要在"一带一路"上开展内容丰富的区域合作机制创新，为国际协调理论和实践提供新样本、新模式；要妥善处理中美贸易摩擦和政策分歧，这是实现无危机可持续发展和人民币国际化的关键，也是当前我国进行国际政策协调需要解决的主要矛盾。

《人民币国际化报告2019》的主题为"高质量发展与高水平金融开放"。报告认为，高质量发展的内涵在于富有效率、稳健有序和包容共享，高质量发展决定着人民币国际化的未来。高质量发展的效率内涵和稳健内涵可增强国家整体经济实力，稳定市场信心；高质量发展的包容内涵是人民币国际化的最好背书。高质量发展赋予人民币国际化以时代特征和中国属性，有利于实现与中国经济贸易地位相匹配的货币地位。报告指出，高质量发展要求与之适配的金融体系，高水平金融开放有助于实现高质量经济发展。由于金融开放对经济发展进程影响巨大，在条件不成熟的情况下贸然开放，可能会因负面冲击而发生灾难性后果，所以高水平金融开放要在进一步改革中实现。当前工作重点包括：培育适应高水平金融开放的微观经济主体，重点是提高企业和金融机构的国际竞争力和抗风险能力；大力发展金融市场，以货币市场、债券市场、股票市场、外汇市场的深化改革为主要任务；抓紧建设安全、高效、国际化的金融基础设施，兼顾硬件与软件，重视发挥 CIPS 对金融市场双向开放和"一带一路"建设的服务功能；不断完善负面清单制度，以宏观审慎政策防范跨境资本流动风险，提高开放中的金融管理能力，确保国家经济金融安全和产业优势。

《人民币国际化报告 2020》的主题为"上海如何建设全球金融中心"。报告系统阐述了上海建设全球金融中心的必要性与紧迫性；在揭示全球金融中心建设与人民币国际化之间逻辑关系的基础上，从世界与中国、历史与现实、机遇与挑战等多个维度全面深入地探讨了上海建设全球金融中心的模式选择、基础条件和发展策略等重要问题。报告认为：上海应当抓住第四次工业革命的有利时机，充分发掘改革开放以来在金融深化和创新发展过程中积累的深厚基础，建设成为科创中心、经济中心、金融中心、贸易中心、航运中心协同发展的全球中心城市，引领中国高质量发展和高水平开放，为人民币国际化提供坚实的基础和持久的动力。报告强调：上海建设全球金融中心要坚持五位一体的发展模式；坚持金融服务实体经济和高水平开放，将"上海价格"打造为全球人民币资产以及人民币计价大宗商品的定价基准；完善营商环境，集聚世界高端企业和高级人才，吸引全球优质资本和优势资源，不断追求科技进步，引领全球产业升级，促进各国共同发展；运用金融科技手段构建鼓励创新、平衡风险的金融监管体系，提高应对投机冲击和管理重大风险的能力。

《人民币国际化报告 2021》的主题为"双循环新发展格局与货币国际化"。报告系统阐述双循环、高质量发展与人民币国际化之间的理论逻辑和历史逻辑，并在此基础上探讨构建双循环新发展格局的若干工作重点。报告认为：高水平的经济内、外双循环才能支撑起主权信用货币的高水平国际使用；加快形成双循环新发展格局，是中国经济把握新发展阶段、贯彻新发展理念、实现高质量发展的重要战略规划，关系到我国现代化建设全局，将全方位地增强人民币硬实力与软实力，为人民币国际化再上新台阶创造重大历史机遇。报告强调：畅通国内大循环要选准生产端和市场端突破口，抓住提升供给创造需求能力和提高国家治理水平两个关键问题，释放国内大市场的潜力与魅力，保障人民币资产的盈利性和安全性；畅通国际大循环要以立足中国本土的高水平开放为突破口，保障人民币供给充裕和使用便利，通过多种形式的贸易创新重塑中资企业和机构的国际经济合作与竞争新优势，提高话语权；要充分发挥"一带一路"和离岸人民币市场对国内国际双循环相互促进的积极作用，基于制度规则和市场使用加速形成人民币国际化的网络效应。

　　《人民币国际化报告2022》的主题为"低碳发展的机遇与挑战"。报告详细阐述了中国经济实现低碳转型的必要性和紧迫性，从机遇和挑战两个角度系统论证了低碳发展与人民币国际化之间的逻辑关系，并在此基础上深入探讨推进低碳发展的重点难点。报告认为：低碳发展既是应对气候变化的必然要求，也是中国经济实现可持续高质量发展的必由之路，从长远看可增强人民币硬实力与软实力，是人民币国际化行稳致远的重大机遇；资源禀赋和发展阶段使我国减排降碳任务更加艰巨，如不能妥善解决减排成本过高、制约经济发展、增加转型风险等问题，双碳目标可能受阻，也对人民币国际化形成巨大挑战。报告强调抓住三个重点方向做好低碳转型相关工作：一是构建全面支持低碳发展的政策体系，基于国情建立健全工作推进机制和监督考核机制，形成"政府搭台，市场主导"的低碳转型模式；二是对内有序推进实体经济和金融体系的低碳转型，积极应对可能出现的各种风险和挑战，改革提升我国碳市场成熟度和开放度，为人民币未来争取国际碳定价主导权奠定基础；三是中国可以在"一带一路"低碳化投资、绿色低碳政策协调和弥补全球治理缺口等对外工作方面扮演更加积极的角色，推动低碳发展的全球治理改革，从而扩大影响力，为未来打造人民币货币区创造条件。

参考文献

[1] 陈雨露，马勇，阮卓阳．金融周期和金融波动如何影响经济增长与金融稳定?．金融研究，2016（2）：1-22.

[2] 丁一兵，钟阳．货币国际化的影响因素：基于交换结构矩阵的实证研究．国际经贸探索，2013，29（6）：49-58.

[3] 范小云，陈雷，王道平．人民币国际化与国际货币体系的稳定．世界经济，2014（9）：3-24.

[4] 高海红，余永定．人民币国际化的含义与条件．国际经济评论，2010（1）：46-64.

[5] 韩剑，王灿．自由贸易协定与全球价值链嵌入：对 FTA 深度作用的考察．国际贸易问题，2019（2）：54-67.

[6] 韩剑，许亚云．RCEP 及亚太区域贸易协定整合：基于协定文本的量化研究．中国工业经济，2021（7）：81-99.

[7] 林梦瑶，张中元．区域贸易协定中竞争政策对外商直接投资的影响．中国工业经济，2019（8）：99-117.

[8] 卢圣亮，张黎光．发展中欧贸易的若干思考．财贸经济，2000（4）：68-72.

[9] 马亚明，陆建明，李磊．负面清单模式国际投资协定的信号效应及其对国际直接投资的影响．经济研究，2021，56（11）：155-172.

[10] 全毅．CPTPP 与 RCEP 协定框架及其规则比较．福建论坛（人

文社会科学版），2022（5）：53 - 65.

[11] 史龙祥，孙海鸣，武皖，等．欧元区国家向中国出口商品结算货币选择的影响因素．世界经济，2016（5）：98 - 121.

[12] 宋科，侯津柠，夏乐，等."一带一路"倡议与人民币国际化：来自人民币真实交易数据的经验证据．管理世界，2022（9）：49 - 62.

[13] 宋科，朱斯迪，夏乐．双边货币互换能够推动人民币国际化吗：兼论汇率市场化的影响．中国工业经济，2022（7）：25 - 43.

[14] 孙瑾，施成杰，封于瑶．亚太区域贸易协定的经济增长效应：基于 RTAs 数量与质量的对比研究．经济理论与经济管理，2018（12）：70 - 83.

[15] 天大研究院课题组，王元龙，马昀，等．中国绿色金融体系：构建与发展战略．财贸经济，2011（10）：38 - 46.

[16] 铁瑛，黄建忠，徐美娜．第三方效应、区域贸易协定深化与中国策略：基于协定条款异质性的量化研究．经济研究，2021，56（1）：155 - 171.

[17] 涂永红，吴雨微．人民币国际化亟需增强金融推动力．理论视野，2017（8）：37 - 40.

[18] 杨继军，艾玮炜．区域贸易协定服务贸易条款深度对增加值贸易关联的影响．国际贸易问题，2021（2）：143 - 158.

[19] 云倩．RCEP 框架下在东盟实现人民币国际化的路径探析．亚太经济，2023（1）：31 - 40.

[20] 赵金龙，崔攀越，倪中新．全球价值链视角下深度自由贸易协定对经济波动的影响．国际贸易问题，2022（8）：120 - 135.

[21] 赵晶，曹晋丽，刘艺卓．RCEP 协定签署背景下人民币国际化的机遇、挑战与对策．国际贸易，2021（6）：89 - 96.

[22] 中国人民银行．2022 年人民币国际化报告．北京：中国金融出版社，2022.

[23] 钟红．基于货币国际化视角的国际债券市场研究文献综述．国际金融研究，2018（7）：64 - 77.

[24] Acemoglu D, Zilibotti F. Was Prometheus unbound by chance? Risk, diversification, and growth. Journal of Political Economy, 1997,

105 (4): 709 - 751.

[25] Adams C. The IMF approach to the Asian currency crises: An alternative view. Exchange Rate Regimes and Macroeconomic Stability, Springer, 2003: 55 - 60.

[26] Allayannis G, Brown G W, Klapper L F. Capital structure and financial risk: Evidence from foreign debt use in East Asia. The Journal of Finance, 2003, 58 (6): 2667 - 2710.

[27] Arteta C, Eichengreen B, Wyplosz C. When does capital account liberalization help more than it hurts?. NBER Working Paper, 2001, No. 8414.

[28] Bacchetta M, Beverelli C, Hancock J, et al. The WTO and preferential trade agreements: From co-existence to coherence. WTO World Trade Report, 2011.

[29] Bacchetta M, Jansen M. Adjusting to trade liberalization: The role of policy, institutions and WTO disciplines. WTO Special Studies, 2003.

[30] Bacchetta P, van Wincoop E. A theory of the currency denomination of international trade. Journal of International Economics, 2005, 67 (2): 295 - 319.

[31] Baier S L, Bergstrand J H, Feng M. Economic integration agreements and the margins of international trade. Journal of International Economics, 2014, 93 (2): 339 - 350.

[32] Baldwin R, Seghezza E. Trade-induced investment-led growth. National Bureau of Economic Research Working Paper 1996. No. 5582, National Bureau of Economic Research, Cambridge, MA.

[33] Baron D P. Fluctuating exchange rates and the pricing of exports. Economic Inquiry, 1976, 14 (3): 425 - 438.

[34] Bergsten C F. Dilemmas of the dollar: The economics and politics of United States international monetary policy. ME Sharpe, 1996.

[35] Bergsten C F. The dollar and the euro. Foreign Affairs, 1997, 76 (4): 83 - 95.

[36] Boffa M, Jansen M, Solleder O. Do we need deeper trade agreements for GVCs or just a BIT?. The World Economy, 2019, 42 (6): 1713 – 1739.

[37] Braun M, Raddatz C. Trade liberalization, capital account liberalization and the real effects of financial development. Journal of International Money and Finance, 2007, 26 (5): 730 – 761.

[38] Calvo G A, Leiderman L, Reinhart C M. Inflows of Capital to Developing Countries in the 1990s. Journal of Economic Perspectives, 1996, 10 (2): 123 – 139.

[39] Cardamone P, Scoppola M. The impact of EU preferential trade agreements on foreign direct investment. The World Economy, 2012, 35 (11): 1473 – 1501.

[40] Carrere C. Regional agreements and welfare in the South: When scale economies in transport matter. Journal of African Economies, 2014, 23 (3): 321 – 345.

[41] Cavallo E A, Frankel J A. Does openness to trade make countries more vulnerable to sudden stops, or less? Using gravity to establish causality. Journal of International Money and Finance, 2008, 27 (8): 1430 – 1452.

[42] Chan E, Chui M, Packer F, et al. Local currency bond markets and the Asian Bond Fund 2 Initiative. BIS Paper No. 63, 2012.

[43] Cheung Y W, Yiu M S. Offshore renminbi trading: Findings from the 2013 Triennial Central Bank Survey. International Economics, 2017, 152 (C): 9 – 20.

[44] Chiţu L, Eichengreen B, Mehl A. When did the dollar overtake sterling as the leading international currency? Evidence from the bond markets. Journal of Development Economics, 2014, 111: 225 – 245.

[45] Ciuriak, D. Digital trade: Is data Treaty-Ready? . CIGI Paper No. 162, 2018.

[46] Cohen B. The geography of money Cornell University Press. New York, 1998.

[47] Cui Y. The internationalization of the RMB: A perspective vis a vis East Asian economic and financial integration. Asia Pacific Business Review, 2017, 23 (3): 317 – 335.

[48] Davis G D. Regional trade agreements and foreign direct investment. Politics & Policy, 2011, 39 (3): 401 – 419.

[49] Devereux M B, Engel C, Storgaard P E. Endogenous exchange rate pass-through when nominal prices are set in advance. Journal of International Economics, 2004, 63 (2): 263 – 291.

[50] Ductor L, Leiva-León D. Fluctuations in global output volatility. Journal of International Money and Finance, 2022, 120 (C) .

[51] Dür A, Baccini L, Elsig M. The design of international trade agreements: Introducing a new dataset. The Review of International Organizations, 2014, 9 (3): 353 – 375.

[52] Ederington J, Ruta M. Non-tariff measures and the world trading system. Handbook of Commercial Policy, North Holland, 2016.

[53] Edwards J A. GDP growth volatility and regional free trade agreements. Applied Econometrics and International Development, 2010, 10 (2): 73 – 86.

[54] Egger P, Pfaffermayr M. The impact of bilateral investment treaties on foreign direct investment. Journal of Comparative Economics, 2004, 32 (4): 788 – 804.

[55] Eichengreen B, Flandreau M. The Federal Reserve, the Bank of England, and the rise of the dollar as an international currency, 1914 – 1939. Open Economies Review, 2012, 23 (1): 57 – 87.

[56] Eichengreen B. Exorbitant privilege: The rise and fall of the dollar and the future of the international monetary system. Oxford University Press, 2011.

[57] Eichengreen B, Gullapalli R, Panizza U. Capital account liberalization, financial development and industry growth: A synthetic view. Journal of International Money and Finance, 2011, 30 (6): 1090 –1106.

[58] Engel C. Equivalence results for optimal pass-through, optimal

indexing to exchange rates, and optimal choice of currency for export pricing. Journal of the European Economic Association, 2006, 4 (6): 1249 - 1260.

[59] Falianty T. Renminbi in ASEAN Economy: How ASEAN responds to renminbi internationalization. Journal of Economic Cooperation & Development, 2019, 40 (3): 1 - 24.

[60] Flodén M, Wilander F. State dependent pricing, invoicing currency, and exchange rate pass-through. Journal of International Economics, 2006, 70 (1): 178 - 196.

[61] Frankel J. Internationalization of the RMB and historical precedents. Journal of Economic Integration, 2012, 27 (3): 329 - 365.

[62] Giovannini A. Exchange rates and traded goods prices. Journal of International Economics, 1988, 24 (1 - 2): 45 - 68.

[63] Goldberg L S, Tille C. Vehicle currency use in international trade. Journal of International Economics, 2008, 76 (2): 177 - 192.

[64] Grassman S. Currency distribution and forward cover in foreign trade: Sweden revisited, 1973. Journal of International Economics, 1976, 6 (2): 215 - 221.

[65] Grossman G, Helpman E. Innovation and growth in the global economy. The MIT Press, 1993.

[66] Hartmann P. Currency competition and foreign exchange markets: The dollar, the yen and the euro [M]. Cambridge University Press, 1998.

[67] He Q, Korhonen I, Guo J, et al. The geographic distribution of international currencies and RMB internationalization. International Review of Economics & Finance, 2016, 42: 442 - 458.

[68] Henrekson M, Torstensson J, Torstensson R. Growth effects of European integration. European Economic Review, 1997, 41 (8): 1537 - 1557.

[69] Ho C S, Karim N A. Exchange rate, macroeconomic fundamentals and international trade. In 2012 IEEE Colloquium on Humani-

ties, Science and Engineering (CHUSER) (pp. 534 – 538). IEEE, 2012.

［70］Kamps A. The euro as invoicing currency in international trade. Working Paper Series 665, European Central Bank, 2006.

［71］Kao C, Chiang M H, Chen B. International R&D spillovers: An application of estimation and inference in panel cointegration. Oxford Bulletin of Economics and Statistics, 1999, 61 (S1): 691 – 709.

［72］Kenen P. The theory of optimum currency areas: An eclectic view. In Mundell R A, Swoboda A K. Monetary Problems of the International Economy. Chicago, 1969: 41 – 60.

［73］Kerner A. Why should I believe you? The costs and consequences of bilateral investment treaties. International Studies Quarterly, 2009, 53 (1): 73 – 102.

［74］Khandelwal A K, Schott P K, Wei S J. Trade liberalization and embedded institutional reform: Evidence from Chinese exporters. American Economic Review, 2013, 103 (6): 2169 – 2195.

［75］Kindleberger C P. European integration and international corporation. Columbia Journal of World Business, 1966, 1 (1): 65 – 73.

［76］Kindleberger C P. The politics of international money and world language. International Finance Section, Department of Economics, Princeton University, 1967.

［77］Klein M W, Olivei G P. Capital account liberalization, financial depth, and economic growth. Journal of International Money and Finance, 2008, 27 (6): 861 – 875.

［78］Kose M A, Prasad E S, Terrones M E. How do trade and financial integration affect the relationship between growth and volatility?. Journal of International Economics, 2006, 69 (1): 176 – 202.

［79］Kpodar K, Imam P. Does a Regional Trade Agreement Lessen or Worsen Growth Volatility? An Empirical Investigation. Review of International Economics, 2016, 24 (5): 949 – 979.

［80］Krugman P R. The international role of the dollar: Theory and prospect. Exchange Rate Theory and Practice. University of Chicago

Press, 1984: 261 - 278.

[81] Kutan A M, Yigit T M. European integration, productivity growth and real convergence. European Economic Review, 2007, 51 (6): 1370 - 1395.

[82] Laget E, Osnago A, Rocha N, et al. Deep trade agreements and global value chains. Review of Industrial Organization, 2020, 57: 379 - 410.

[83] Lee, J. An Analysis of Korea and Singapore Foreign Direct Investment Determinants. The e-Business Studies, 2007, 8 (2): 271 - 289.

[84] Lesher M, Miroudot S. Analysis of the economic impact of investment provisions in regional trade agreements. OECD Trade Policy Papers 36, OECD Publishing, 2006.

[85] Levchenko A A, Ranciere R, Thoenig M. Growth and risk at the industry level: The real effects of financial liberalization. Journal of Development Economics, 2009, 89 (2): 210 - 222.

[86] Levchenko A A, Zhang J. Comparative advantage and the welfare impact of European integration. Economic Policy, 2012, 27 (72): 567 - 602.

[87] Levine R. International financial liberalization and economic growth. Review of International Economics, 2001, 9 (4): 688 - 702.

[88] Lim E G. The euro's challenge to the dollar: Different views from economists and evidence from COFER and other data. IMF Working Papers, 2006/153.

[89] Lim J Z, Toh M-H, Xie T. Impact of digital economy agreements on ASEAN development: Estimates from a CGE model. Conference papers 333441, Purdue University, 2022.

[90] Luo Y, Zhang C, Zhu Y. Openness and financial development in China: The political economy of financial resources distribution. Emerging Markets Finance and Trade, 2016, 52 (9): 2115 - 2127.

[91] Mah J S, Yoon S C. Determinants of FDI Flows into Indonesia and Singapore. International Area Review, 2010, 13 (1): 63 -73.

［92］McCauley R N, Park Y-C. Developing the bond market(s) of East Asia: Global, regional or national?. BIS Papers chapters, 2006, (30): 19 – 39.

［93］McKinnon R I, Kenen P B. Optimum Currency Areas and Key Currencies. The Open Economy Macromodel: Past, Present and Future, Springer, 2002: 189 – 219.

［94］McKinnon R I. Foreign trade regimes and economic development: A review article. Journal of International Economics, 1979, 9 (3): 429 – 452.

［95］McKinnon R I, Pill H. International overborrowing: A decomposition of credit and currency risks. World Development, 1998, 26 (7): 1267 – 1282.

［96］McNamara K R. A rivalry in the making? The Euro and international monetary power. Review of International Political Economy, 2008, 15 (3): 439 – 459.

［97］Medvedev D. Beyond trade: The impact of preferential trade agreements on FDI inflows. World Development, 2012, 40 (1): 49 –61.

［98］Mundell R A. What the euro means for the dollar and the international monetary system. Atlantic Economic Journal, 1998, 26: 227 – 237.

［99］Orefice G, Rocha N. Deep integration and production networks: An empirical analysis. The World Economy, 2014, 37 (1): 106 – 136.

［100］Ozeki Y, Tavlas G S. The internationalization of currencies: An appraisal of the Japanese yen. IMF Occasional Papers, No. 1992/001, 1992.

［101］Papaioannou E, Portes R. The international role of the euro: A status report. European Commission, Directorate-General for Economic and Financial Affairs, 2008.

［102］Park H S. China's RMB internationalization strategy: Its rationales, state of play, prospects and implications. M-RCBG Associate Working

Paper Series，2016，63：1－182.

[103] Portes R，Rey H. The emergence of the euro as an international currency. Economic Policy，1998，13（26）：306－343.

[104] Prasad E，Rumbaugh T，Wang Q. Putting the cart before the horse? Capital account liberalisation and exchange rate flexibility in China. Globalisation and Economic Growth in China，2006：115－138.

[105] Raff H. Preferential trade agreements and tax competition for foreign direct investment. Journal of Public Economics，2004，88（12）：2745－2763.

[106] Rey H. International trade and currency exchange. The Review of Economic Studies，2001，68（2）：443－464.

[107] Rivera-Batiz L A，Romer P M. Economic integration and endogenous growth. The Quarterly Journal of Economics，1991，106（2）：531－555.

[108] Rivera-Batiz L A，Xie D. Integration among unequals. Regional Science and Urban Economics，1993，23（3）：337－354.

[109] Schott J，Hufbauer G. NAFTA revisited. Policy Options，2007.

[110] Silva J M C S，Tenreyro S. The log of gravity. The Review of Economics and Statistics，2006，88（4）：641－658.

[111] Sohn C H，Lee H. Trade structure，FTAs，and economic growth. Review of Development Economics，2010，14（3）：683－698.

[112] Stack M M，Pentecost E J. Regional integration and trade：A panel cointegration approach to estimating the gravity model. The Journal of International Trade & Economic Development，2011，20（1）：53－65.

[113] Stasavage D，Guillaume D. When are monetary commitments credible? Parallel agreements and the sustainability of currency unions. British Journal of Political Science，2002，32（1）：119－146.

[114] Swoboda A K. The euro-dollar market：An interpretation. The International Monetary System. Routledge，2019：93－133.

[115] Tavlas G S，Ozeki Y. A internacionalização do iene. Finanças & Desenvolvimento，1991，11（2）：2－5.

［116］Tavlas G S, Ozeki Y. The Japanese yen as an international currency. IMF Working Paper No. 1991/002, 1991.

［117］Urata S, Kiyota K. The impacts of an East Asia FTA on foreign trade in East Asia. NBER Working Papers 10173, 2003.

［118］Wacziarg R. Measuring the dynamic gains from trade. The World Bank Economic Review, 2001, 15 (3): 393 - 429.

［119］Wang Y, Tsai J, Lu X. Analyzing factors driving cross-border RMB settlement based on panel data of 65 countries via Heckman two-step and panel regression models. 2021 5th Annual International Conference on Data Science and Business Analytics (ICDSBA). IEEE, 2021: 421 - 427.

［120］Zhang L, Tao K. The economics of RMB internationalization. Asian Economic Papers, 2016, 15 (1): 104 - 123.

后　记

　　《人民币国际化报告》由中国人民大学自 2012 年起每年定期发布，忠实记录人民币国际化历程，深度研究各个阶段的重大理论问题和政策热点。本报告以特别编制的人民币国际化指数（RII）为抓手，动态反映人民币在国际范围内的实际使用程度，剖析 RII 变化背后的市场、政策、制度原因，为国内外各界人士及时、全面掌握人民币国际地位的发展变化提供科学依据。

　　《人民币国际化报告 2023》的主题为"更广泛多层次经贸合作"，从主权信用货币的市场信心与信任来源出发，在文献梳理、经验比较和实证研究的基础上，按照从一般到特殊的分析逻辑，系统阐述了构建覆盖全球范围的全方位经贸合作网络对于高质量发展和人民币国际化的重要意义和作用机制。报告聚焦《区域全面经济伙伴关系协定》《中欧全面投资协定》《数字经济伙伴关系协定》等三个不同面向、不同层次的国际合作协定，根据不同阶段的建设重点和发展路径分别讨论人民币国际化所面临的机遇与挑战。报告认为：对于主要面向发展中国家的国际经贸合作，要充分发挥区域内大国整合要素资源及产业链供应链的核心作用，不断优化成员国使用和持有人民币的硬件和软件条件，使之发展成为促进人民币国际使用的重要机制平台；对于面向未来的数字贸易规则制定和全球数字经济治理建设，要发挥我国在数字化转型和央行数字货币研发测试方面的优势，做好数字经济时代国际货币供应的技术准备和制度准备。报告强调，国际货币竞争进入战略相持阶段，人民币国际化要保持战略定力、坚持有序推进，内要积蓄力量、抓紧补短板，外要广泛合作、重视防风险，为促成人民币货币区创造条件。

《人民币国际化报告》由中国人民大学国际货币研究所组织撰写，得到财政金融学院尤其是国际金融团队的全力支持，以及国内外学者的通力合作。多位本校研究生、本科生参与了数据采集、信息处理等基础性工作。特别感谢中国人民大学国际货币研究所学术委员会前主任委员、《人民币国际化报告》前任主编、南开大学校长陈雨露教授对报告选题、写作、评审、修改等各个环节给予的学术指导。感谢中国人民银行总行、商务部、中国银行研究院、中国出口信用保险公司、南开大学金融学院等机构在数据获取、市场调研以及政策信息核对等多方面所给予的全面支持。王信、崔莹、陈超、傅波、高莹磊、陈卫东、鄂志寰、贺晓博、王殊等各界专家及其研究团队对报告修改完善提出了中肯的意见和建议；南开大学金融学院范小云院长、王博教授，中国人民大学财政金融学院庄毓敏院长、中国人民大学国际货币研究所宋科副所长和中国人民大学国际金融团队也多次参与课题组研讨，为提升报告质量贡献良多，对此我们表示由衷的感谢！

特别感谢重阳投资教育基金对中国人民大学国际货币研究所和《人民币国际化报告》的长期资助！

本报告各章节分工如下：
导　论：王芳
第 1 章：涂永红，赵雪情，任屹颖，张畅，许界天，刘嘉玮，陈俊良
第 2 章：钱宗鑫，李越秋，郭一鸣，石慧敏
第 3 章：曲凤杰
第 4 章：陆利平，尚文婷，肖静，郑海涛
第 5 章：罗煜，陈习明，李逸辰
第 6 章：王芳，涂永红，钱宗鑫，曲凤杰，陆利平，罗煜
附录 1：涂永红，王芳
附录 2：王芳

中国人民大学国际货币研究所
2023 年 7 月

"IMI·大金融书系" 书目

1. 《欧元的故事——一个新全球货币的激荡岁月》

〔英〕戴维·马什 著，向松祚 宋姗姗 译

出版时间：2011 年 5 月第 1 版第 1 次印刷

出 版 社：机械工业出版社

2. 《财政危机下的金融困局与突破：国际金融形势评论 2013》

曹彤 编著

出版时间：2013 年 5 月第 1 版第 1 次印刷

出 版 社：机械工业出版社

3. 《后金融危机时代全球货币治理的坚守与革新：国际金融形势评论 2014》

曹彤 编著

出版时间：2014 年 5 月第 1 版第 1 次印刷

出 版 社：机械工业出版社

4. 《人民币国际化报告 2012》

中国人民大学国际货币研究所 著

出版时间：2012 年 9 月第 1 版第 1 次印刷

出 版 社：中国人民大学出版社

5. 《人民币国际化报告 2013：世界贸易格局变迁与人民币国际化》

中国人民大学国际货币研究所 著

出版时间：2013 年 11 月第 1 版第 1 次印刷

出 版 社：中国人民大学出版社

6. 《人民币国际化报告 2014：人民币离岸市场建设与发展》

中国人民大学国际货币研究所 著

出版时间：2014 年 7 月第 1 版第 1 次印刷

出 版 社：中国人民大学出版社

7.《人民币国际化报告 2015："一带一路"建设中的货币战略》

中国人民大学国际货币研究所 著

出版时间：2015 年 7 月第 1 版第 1 次印刷

出 版 社：中国人民大学出版社

8.《人民币国际化报告 2016：货币国际化与宏观金融风险管理》

中国人民大学国际货币研究所 著

出版时间：2016 年 10 月第 1 版第 1 次印刷

出 版 社：中国人民大学出版社

9.《人民币国际化报告 2017：强化人民币金融交易功能》

中国人民大学国际货币研究所 著

出版时间：2017 年 7 月第 1 版第 1 次印刷

出 版 社：中国人民大学出版社

10.《人民币国际化报告 2018：结构变迁中的宏观政策国际协调》

中国人民大学国际货币研究所 著

出版时间：2018 年 7 月第 1 版第 1 次印刷

出 版 社：中国人民大学出版社

11.《人民币国际化报告 2019：高质量发展与高水平金融开放》

中国人民大学国际货币研究所 著

出版时间：2019 年 7 月第 1 版第 1 次印刷

出 版 社：中国人民大学出版社

12.《人民币国际化报告 2020：上海如何建设全球金融中心》

中国人民大学国际货币研究所 著

出版时间：2020 年 7 月第 1 版第 1 次印刷

出 版 社：中国人民大学出版社

13.《人民币国际化报告 2021：双循环新发展格局与货币国际化》

中国人民大学国际货币研究所 著

出版时间：2021 年 7 月第 1 版第 1 次印刷

出 版 社：中国人民大学出版社

14.《人民币国际化报告 2022：低碳发展的机遇与挑战》

中国人民大学国际货币研究所 著

出版时间：2022 年 7 月第 1 版第 1 次印刷

出　版　社：中国人民大学出版社

15. *The Internationalization of the Renminbi*：*2012 Annual Report*

International Monetary Institute，Renmin University of China

出版时间：2012 年 12 月第 1 版第 1 次印刷

出　版　社：中国人民大学出版社

16. *Internationalization of the RMB*：*2013 Annual Report*

International Monetary Institute，Renmin University of China

出版时间：2014 年 4 月第 1 版第 1 次印刷

出　版　社：Enrich Professional Publishing，Inc.

17.《人民币国际化报告 2012》（日文版）

中国人民大学国际货币研究所 著

出版时间：2014 年 2 月第 1 版第 1 次印刷

出　版　社：科学出版社东京株式会社

18.《人民币国际化报告 2015》（俄文版）

中国人民大学国际货币研究所 著

出版时间：2017 年 11 月第 1 版第 1 次印刷

出　版　社：机遇国际出版公司

19.《大国货币Ⅰ：政治篇》

涂永红，戴稳胜 著

出版时间：2014 年 7 月第 1 版第 1 次印刷

出　版　社：科学出版社

20.《大国货币Ⅱ：军事篇》

戴稳胜，涂永红 著

出版时间：2014 年 7 月第 1 版第 1 次印刷

出　版　社：科学出版社

21.《大国货币Ⅲ：文化篇》

涂永红 著

出版时间：2014 年 7 月第 1 版第 1 次印刷

出　版　社：科学出版社

22.《欧洲的未来》

［英］大卫·马什 等 著，许钊颖 译

出版时间：2014 年 7 月第 1 版第 1 次印刷

出 版 社：中国经济出版社

23. 《布雷顿森林体系 70 年：国际货币体系重构与人民币国际化——2014 国际货币论坛会议文集》

中国人民大学国际货币研究所 编

出版时间：2015 年 3 月第 1 版第 1 次印刷

出 版 社：中国金融出版社

24. 《负利率效应下的中国经济》

伍聪 著

出版时间：2015 年 6 月第 1 版第 1 次印刷

出 版 社：中国人民大学出版社

25. 《人民币作为计价货币：理论与政策分析》

涂永红 著

出版时间：2015 年 9 月第 1 版第 1 次印刷

出 版 社：中国金融出版社

26. 《"新特里芬难题"与人民币国际化战略》

王芳 著

出版时间：2015 年 10 月第 1 版第 1 次印刷

出 版 社：中国人民大学出版社

27. 《全球货币政策的分化与协调——供需再平衡：国际金融形势评论 2015》

曹彤 编著

出版时间：2015 年 11 月第 1 版第 1 次印刷

出 版 社：机械工业出版社

28. 《2015 中资银行国际化报告》

贲圣林，俞洁芳，顾月，吕佳敏 等 著

出版时间：2015 年 12 月第 1 版第 1 次印刷

出 版 社：中国金融出版社

29. 《新秩序——美联储货币互换网络重塑国际货币体系》

徐以升 著

出版时间：2016 年 4 月第 1 版第 1 次印刷

出 版 社：中国经济出版社

30.《"一带一路"战略与人民币国际化——2015 国际货币论坛会议文集》

中国人民大学国际货币研究所 编

出版时间：2016 年 8 月第 1 版第 1 次印刷

出 版 社：中国金融出版社

31.《2016 中资银行国际化报告》

贲圣林，俞洁芳，顾月 等 著

出版时间：2016 年 12 月第 1 版第 1 次印刷

出 版 社：中国金融出版社

32.《新常态下北京金融可持续发展研究》

涂永红，赵雪情 著

出版时间：2016 年 12 月第 1 版第 1 次印刷

出 版 社：中国金融出版社

33.《资产价格、产出波动与货币政策》

闫先东，朱迪星 著

出版时间：2016 年 12 月第 1 版第 1 次印刷

出 版 社：中国财政经济出版社

34.《黄达传略》

宋科 编著

出版时间：2017 年 3 月第 1 版第 1 次印刷

出 版 社：中国人民大学出版社

35.《守住底线——全球金融安全网及中国作为》

曲双石 著

出版时间：2018 年 6 月第 1 版第 1 次印刷

出 版 社：机械工业出版社

36.《大金融思想沙龙》（第一辑）

中国人民大学国际货币研究所 编

出版时间：2018 年 7 月第 1 版第 1 次印刷

出 版 社：中国经济出版社

37.《大金融思想沙龙》（第二辑）

中国人民大学国际货币研究所 编

出版时间：2019 年 8 月第 1 版第 1 次印刷

出 版 社：中国经济出版社

38.《大金融思想沙龙》（第三辑）

中国人民大学国际货币研究所 编

出版时间：2021 年 8 月第 1 版第 1 次印刷

出 版 社：中国经济出版社

IMI 财经观察，只分享最有价值的财经观点！

围绕大金融理念，专注传播优秀学术成果！

图书在版编目（CIP）数据

人民币国际化报告 . 2023：更广泛多层次经贸合作 /
中国人民大学国际货币研究所著 . -- 北京：中国人民大
学出版社，2023.7

ISBN 978-7-300-31958-2

Ⅰ. ①人… Ⅱ. ①中… Ⅲ. ①人民币-金融国际化-
研究报告- 2023 Ⅳ. ①F822

中国国家版本馆 CIP 数据核字（2023）第 128779 号

IMI · 大金融书系

人民币国际化报告 2023：更广泛多层次经贸合作

中国人民大学国际货币研究所　著

Renminbi Guojihua Baogao 2023

出版发行	中国人民大学出版社			
社　　址	北京中关村大街 31 号	**邮政编码**	100080	
电　　话	010 - 62511242（总编室）	010 - 62511770（质管部）		
	010 - 82501766（邮购部）	010 - 62514148（门市部）		
	010 - 62515195（发行公司）	010 - 62515275（盗版举报）		
网　　址	http://www.crup.com.cn			
经　　销	新华书店			
印　　刷	唐山玺诚印务有限公司			
开　　本	787 mm×1092 mm　1/16	**版　　次**	2023 年 7 月第 1 版	
印　　张	14.5 插页 1	**印　　次**	2023 年 7 月第 1 次印刷	
字　　数	219 000	**定　　价**	68.00 元	